乡村振兴　创意田园

——田园综合体规划设计实战

陈　放　韩纪升　编著

中国农业出版社
北　京

图书在版编目（CIP）数据

乡村振兴 创意田园：田园综合体规划设计实战 /
陈放，韩纪升编著．—北京：中国农业出版社，2019.4（2019.12重印）
ISBN 978-7-109-25181-6

Ⅰ．①乡… Ⅱ．①陈…②韩… Ⅲ．①农村-社会主
义建设-建设规划-研究-中国 Ⅳ．①F320.3

中国版本图书馆CIP数据核字（2019）第019838号

中国农业出版社出版
（北京市朝阳区麦子店街18号楼）
（邮政编码 100125）
责任编辑 张丽四

北京通州皇家印刷厂印刷 新华书店北京发行所发行
2019年4月第1版 2019年12月北京第2次印刷

开本：700mm × 1000mm 1/16 印张：17.5 插页：10
字数：335 千字
定价：60.00 元

中国特色小镇与乡村振兴联盟根据党的十九大乡村振兴战略及中央1号文件精神，以特色小镇和乡村振兴为核心，围绕特色小镇、乡村振兴及乡村旅游建设开展产业导入、投资运营等内容，在多家央企、中国农业金融委员会、华诚博远工程技术集团有限公司、中央电视台、新华网等单位大力支持下成立。中国特色小镇与乡村振兴联盟本着“品牌共享、专业互补、资源整合、产业融合”的宗旨，发挥联盟优势特长，促进全国乡村振兴、城乡融合、特色小镇和乡村旅游规范发展，通过协同合作，促进联盟成员的共同进步，实现共赢共荣。

中国特色小镇与乡村振兴联盟充分发挥自身优势与资源优势，贯彻国家关于乡村振兴与特色小镇建设的政策和要求，开展学术交流活动，活跃学术思想；加强各方资源有效对接，建立长效合作机制，统筹谋划、科学推进乡村振兴战略，推动特色小镇产业发展，促进产镇融合；总结推广各地在美丽乡村建设过程中的成功经验，定期举办宣讲活动，按照乡村振兴战略的工作部署，围绕新农村建设的实践经验、特色小镇产业发展，为中国乡村振兴战略谏言献策，为乡村振兴发展路径进行积极探索，树立标杆。

中国特色小镇与乡村振兴联盟相关活动

中国特色小镇与乡村振兴联盟相关活动

5·19中国旅游投资盛典暨项目对接会——“徐霞客旅游奖”颁奖典礼

2018乡村振兴+田园综合体+特色小镇开发运营总裁峰会

中国特色小镇跨界产业大会

陈放作为特邀嘉宾在兰州市黄河文化旅游节上作主题演讲

陈放在第三届中国传统村落·黔东南峰会上作主题演讲

功能分区图

主题娱乐区： 热果果主题乐园

万国水果博览园

产业示范区： 水果农场

农庄体验区： 果样年华

创意体验农庄

乐活市场

生态旅养区： 田园牧歌

田园休疗

休闲商业区： 水果城

水果学院

风情小镇

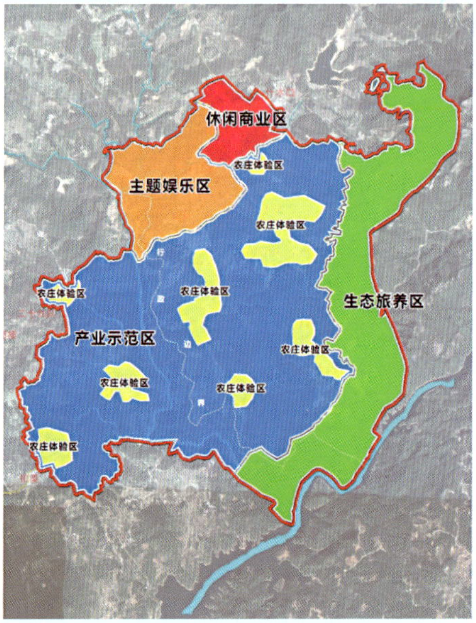

空间结构图

一心： 休闲商业区核心

一环： 水果之路环线

三轴线： 游乐体验轴线

农庄体验轴线

生态体验轴线

多组团： 水果城（休闲商业区）

水果学院（休闲商业区）

风情小镇（休闲商业区）

热果果主题乐园（主题娱乐区）

万国水果博览园（主题娱乐区）

水果农场（产业示范区）

果样年华（农庄体验区）

创意体验农庄（农庄体验区）

乐活市场（农庄体验区）

田园牧歌（生态旅养区）

田园休疗（生态旅养区）

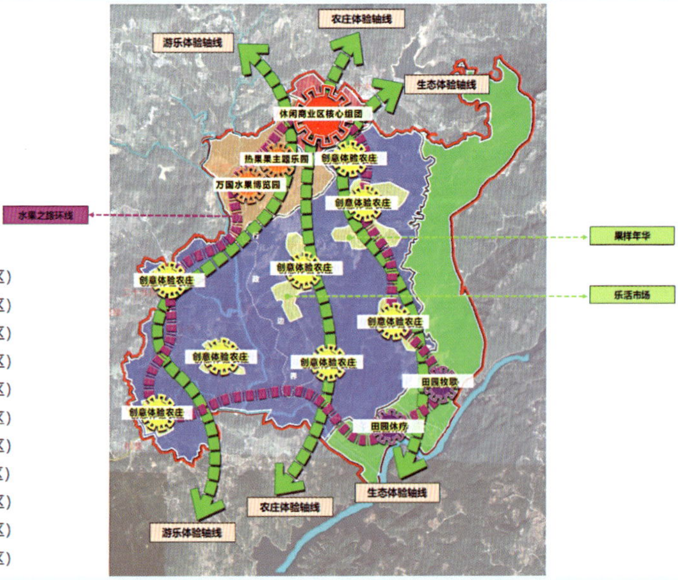

海南西三亚热果果王国（2017年）

海南西三亚热果果王国（2017年）

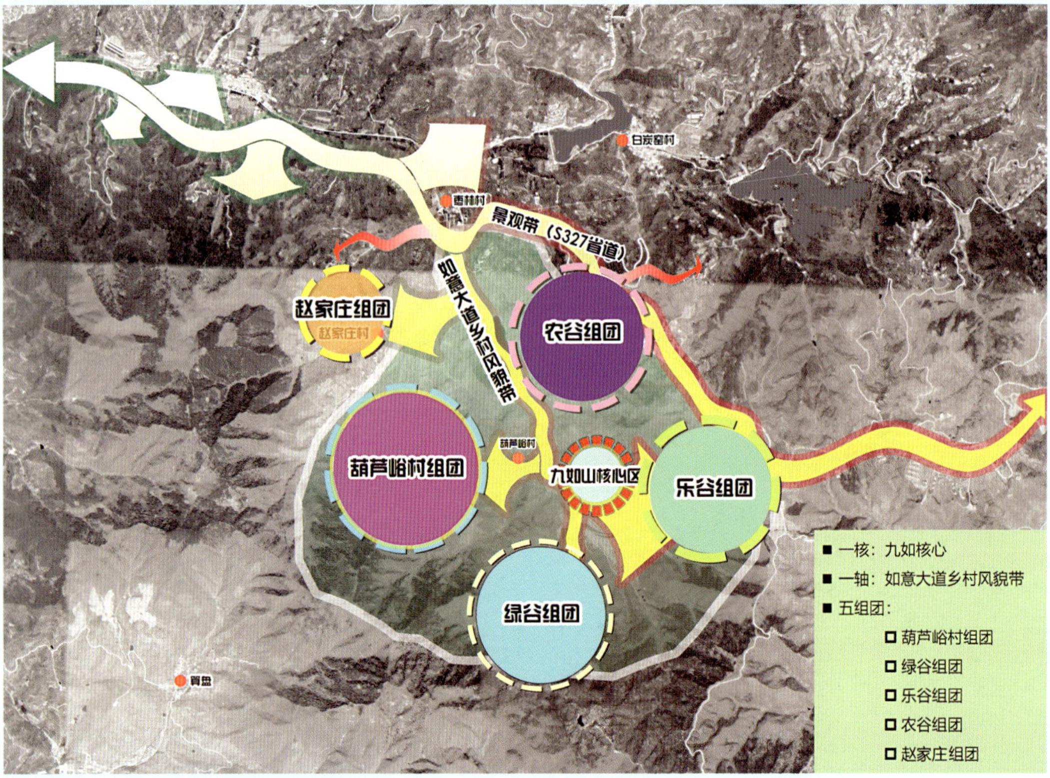

山东济南葫芦峪“两山”乡村振兴实践区（2018年）

山东济南葫芦峪“两山”乡村振兴实践区（2018年）

山东济南葫芦峪“两山”乡村振兴实践区（2018年）

山东济南葫芦峪“两山”乡村振兴实践区（2018年）

山东板栗小镇（2018年）

浙江象山海稻田餐厅（2016年）

云南罗平油菜花（2010年）

贵州加榜梯田（2017年）

兰州百年红枣园（2012年）

浙江象山海稻田园（2016年）

云南蘑菇小镇（2012年）

河北大名花果果部落（2018年）

创意江山旅游规划设计院为全国各地做的规划设计案例

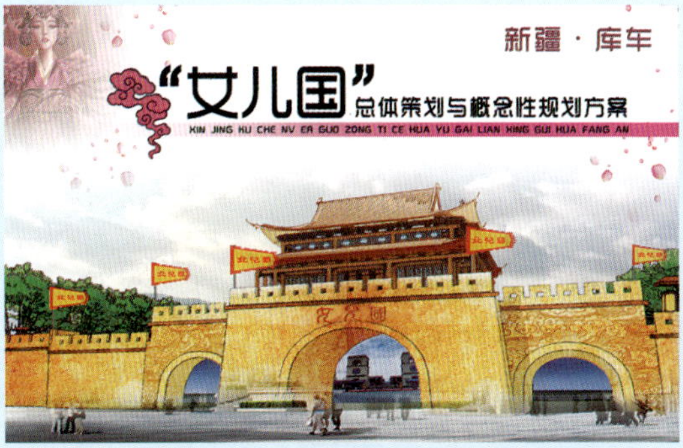

创意江山旅游规划设计院为全国各地做的规划设计案例

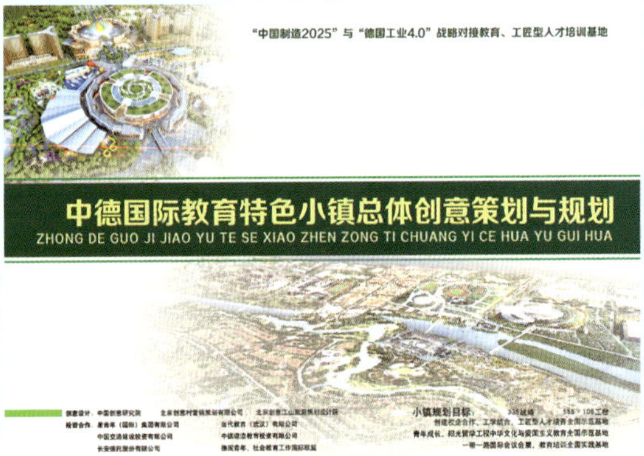

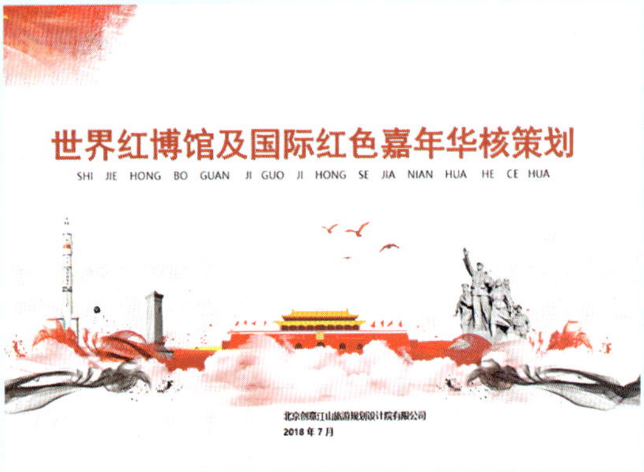

创意江山旅游规划设计院为全国各地做的规划设计案例

昆明子君山麓城——2016年，自然生态复原项目，获2016全球人居环境规划设计奖，是国内仅有的两个大奖获得项目之一

临江药都特色小镇概念规划（2016年12月）

青岛佳诺华康养小镇（2017年）

浙江金华中国婺文化博览园规划（2015年12月）

广东惠阳家居特色小镇概念规划（2018年）

中国曾春山居生态旅游度假区概念规划（2010年）

昆明颐明泉养生小镇规划设计（原云南白药职工住宅）（2011年）

撰稿人员

陈　放　韩纪升　邱殿武　徐梦竹
黄　婷　谭伙新　喻贤明　冯白璐
张利娟　张　于　张士强　李　莹
张　航　杨文飞　王小飞　周曙光
蔡　虎　王牧野

统稿人员

徐梦竹　黄　婷

序

中国是个农业大国，有着悠久的历史，乡村在国家中占有重要地位。新中国成立后，我们经历了工业化进程，政策导向以城市和工业为核心，乡村为工业和城市的发展做出了巨大贡献。

党的十九大报告首次提出乡村振兴战略，并把它列为决胜全面建成小康社会需要实施的七大战略之一，庄严地写入党章。这是以习近平总书记为核心的党中央，立足社会主义初级阶段基本国情，站在新的历史起点上，顺应时代发展需要，在深刻认识把握我国城乡关系变化特征的基础上，着眼于确保如期全面建成小康社会，着眼于实现“两个一百年”奋斗目标和补齐农业农村短板的问题导向，用新发展理念作指导，对未来我国“三农”工作作出的重大战略部署。乡村振兴战略的提出，对于解决“三农”问题意义重大。

乡村振兴战略是加快农业农村现代化、提升亿万农民获得感和幸福感、巩固党在农村的执政基础和实现中华民族伟大复兴的必然要求，为新时代农业农村改革发展指明了方向、明确了重点。

2018 年中央 1 号文件发布，文件围绕实施乡村振兴战略定方向、定思路、定任务、定政策，坚持问题导向，对统筹推进农村经济建设、政治建设、文化建设、社会建设、生态文明建设和党的建设作出全面部署。文件描绘了加快推进农业农村现代化，走中国特色社会主义乡村振兴道路的宏伟政策蓝图，提出“产业兴旺、生态宜居、乡风文明、治理有效、生活富裕”“让农业成为有奔头的产业，让农民成为有吸引力的职业，让农村成为安居乐业的美丽家园”。

乡村田园建设要求突出农业特色，发展现代农业，促进产业融合，提高农业综合效益和现代化水平，保持农村田园风光，留住乡愁，保护好青山绿水，实现生态可持续。利用当地原生态资源，创建农业、文化、旅游“三位一体”的美丽田园，使农民充分参与和受益，以此推动农业供给侧结构性改革，推进农旅融合和现代农业产业发展，促进农民增收、农村增绿，把绿水农田变成金山银山。

创意田园是美丽乡村的升级版，具备七大要素，涵盖“新农民、新农村、新农业”三大方面。休闲化农村是实现农业现代化的崭新途径，是以庄园、农场等为载体，因地制宜、因地而异来承载服务业与农业，为居民提供休闲、娱乐、度假等功能的特色新型农村。利用田园的一朵花、一只鸟、一块地、一片果园，把乡村建设得更美丽，助力实现乡村振兴。本书作者在田园乡村策划行业潜心行走20余年，研究并策划了完整的田园综合体规划体系。本书作者将从田园综合体、共享农庄、全享农业、乡村民宿、都市农业、智慧农业、田长制及山长制、乡村创意工程等方面，提出独特的理论体系、见解及观点，供广大读者借鉴和参考。

目录

序

第一章　乡村振兴战略大商机——乡村富矿 / 1

第一节　习近平总书记关于乡村振兴战略的讲话 / 1
第二节　中央 1 号文件中的乡村振兴战略 / 2
第三节　乡村振兴战略各地的举措 / 7
第四节　乡村振兴战略带来的商机 / 10

第二章　大农业与四五六七产业 / 16

第三章　精准扶贫与百村百企工程 / 20

第一节　产游融合发展助力国家扶贫攻坚战 / 20
第二节　传统村落资源保护与扶贫攻坚 / 26

第四章　美丽乡村 4.0 / 29

第五章　田园综合体的升级和企业运营 / 37

第一节　田园综合体的升级 / 37
第二节　田园综合体企业运营管理 / 42

第六章　田园综合体打造技巧 / 45

第一节　总体思路定位技巧 / 45
第二节　功能规划布局技巧 / 49
第三节　乡村及偏远地区基础设施及装配式建筑建设技巧 / 53

第七章　农家乐的创意与策划 / 56

第一节　农家乐的起源 / 56

第二节 农家乐的定义与内涵 / 56
第三节 农家乐的类型与模式 / 59
第四节 农家乐成功案例分析 / 61
第五节 我国农家乐存在的问题 / 67
第六节 我国农家乐开发与策划 / 68

第八章 家庭农场 / 73

第一节 家庭农场的相关概念 / 73
第二节 家庭农场的相关政策 / 77
第三节 家庭农场的案例 / 79

第九章 乡村民宿的创意与运营 / 83

第一节 如何认识乡村民宿 / 83
第二节 乡村民宿的创意运营 / 87
第三节 乡村民宿的创意价值 / 98

第十章 定制农业与品牌农业 / 99

第一节 定制农业 / 99
第二节 品牌农业 / 101

第十一章 农民专业合作社与农业联合体 / 109

第一节 农民专业合作社 / 109
第二节 农业联合体 / 114

第十二章 都市农业的商业模式 / 121

第一节 都市农业的概念 / 121
第二节 都市农业的功能及意义 / 127
第三节 都市农业的发展现状及发展模式 / 131
第四节 都市农业的国外模式 / 133
第五节 都市农业发展的思路对策 / 137

第十三章 乡村创意工程 / 141

第一节 创意的思维与视野 / 141
第二节 乡村案例分析 / 144
第三节 乡村景观设计的原则及方法 / 146

第十四章　物联网农业 / 151

第一节　物联网概述 / 151
第二节　物联网产业链分析 / 152
第三节　物联网农业概述 / 155
第四节　我国物联网农业发展现状及存在的问题 / 160
第五节　发达国家物联网农业发展经验启示 / 165
第六节　物联网农业发展的对策及保障措施 / 170

第十五章　农业区块链 / 174

第十六章　共享农庄与“农立方”“花立方” / 178

第一节　“共享农庄”新概念 / 178
第二节　共享农庄规划运营思路 / 180
第三节　共享农庄开发模式研究 / 185
第四节　国外共享农庄发展模式及案例解析 / 188
第五节　“农立方”产业模式解析 / 192

第十七章　全享农业与全享农产品 / 194

第一节　全享农业基本理论基础 / 194
第二节　全享农业的研究 / 203
第三节　全享农产品 / 213

第十八章　全享大农业变成盈利大风口 / 216

第一节　全享农业发展趋势 / 216
第二节　盈利大风口 / 216

第十九章　农村宅基地利用 / 218

第一节　新形势下宅基地的利用 / 218
第二节　开垦造地 / 219
第三节　土地升级 / 220
第四节　土地复垦及增减挂钩 / 222
第五节　退耕还林还草还湿 / 227
第六节　小流域综合治理 / 228
第七节　荒漠化防治 / 230

第八节 关于土地流转 / 230

第二十章 农旅小镇打造策略 / 233

第一节 农业特色小镇概述 / 233
第二节 农旅特色小镇的定义 / 237
第三节 农旅小镇的整体打造 / 238
第四节 农旅小镇的打造模式 / 245
第五节 农旅特色小镇经典案例——白坪飞龙 / 250

第二十一章 田长制及山长制 / 255

第一节 河长制的实践经验 / 255
第二节 田长制的实践经验 / 259
第三节 山长制的实践经验 / 265
第四节 花长制的实践经验 / 270

后记 **/ 272**

第一章　乡村振兴战略大商机
——乡村富矿

第一节　习近平总书记关于乡村振兴战略的讲话

习近平总书记在党的十九大报告中首度提出实施乡村振兴战略。农业农村农民问题是关系国计民生的根本性问题，必须始终把解决好“三农”问题作为全党工作重中之重。要坚持农业农村优先发展，按照产业兴旺、生态宜居、乡风文明、治理有效、生活富裕的总要求，建立健全城乡融合发展体制机制和政策体系，加快推进农业农村现代化。巩固和完善农村基本经营制度，深化农村土地制度改革，完善承包地“三权”分置制度。保持土地承包关系稳定并长久不变，第二轮土地承包到期后再延长30年。深化农村集体产权制度改革，保障农民财产权益，壮大集体经济。确保国家粮食安全，把中国人的饭碗牢牢端在自己手中。构建现代农业产业体系、生产体系、经营体系，完善农业支持保护制度，发展多种形式适度规模经营，培育新型农业经营主体，健全农业社会化服务体系，实现小农户和现代农业发展有机衔接。促进农村一二三产业融合发展，支持和鼓励农民就业创业，拓宽增收渠道。加强农村基层基础工作，健全自治、法治、德治相结合的乡村治理体系。培养造就一支懂农业、爱农村、爱农民的“三农”工作队伍。

实施乡村振兴战略，是开启全面建设社会主义现代化国家新征程的必然选择。由于历史欠账太多，再加上多种因素制约，我国城乡发展不平衡不充分的矛盾比较突出，表现在城乡居民收入差距较大、农业基础仍不稳固、农村社会事业发展滞后等方面。可以说，城乡发展不平衡不充分，是现阶段我国经济社会发展中最为突出的结构性矛盾，也是我们面临的许多问题的总病根。这些问题不仅制约农业农村发展，也制约城镇化水平和质量的提升，是全面建设社会主义现代化国家进程中无法回避的挑战。党的十九大报告提出实施乡村振兴战略，就是要始终坚持把解决好“三农”问题作为全党工作重中之重，并通过采取更加有力的举措，切实改变农业农村落后面貌，拉长“四化同步”发展中农业这条短腿，补齐全面小康社会中农村这块短板。

实施乡村振兴战略，必须坚持农业农村优先发展。我国已成为世界第二大经济体，综合国力显著增强，具备了实施乡村振兴战略的物质、技术条件。适应我国发展的阶段性特征，宜坚持工业反哺农业、城市支持农村和多予少取放活的方针，建立健全城乡融合发展体制机制和政策体系，加快形成城乡经济社会发展一体化新格局，让农业成为有奔头的产业，让农村成为安居乐业的家园，让农民成为有吸引力的职业。根据党的十九大报告的要求，各级党委和政府将把认识和行动统一到中央这一重大决策上来，落实到政策制定、工作部署、财力投放、干部配备等各个方面，不断开创农业农村工作新局面。

实施乡村振兴战略，应按照产业兴旺、生态宜居、乡风文明、治理有效、生活富裕的总要求，加快推进农业农村现代化。产业兴旺，就是要以推进农业供给侧结构性改革为主线，以构建现代农业产业体系、生产体系、经营体系为抓手，促进农村一二三产业融合发展，延伸农业产业链、价值链，提高农业综合效益和竞争力。生态宜居，就是要适应生态文明建设要求，因地制宜发展绿色农业，搞好农村人居环境综合整治，尽快改变许多地方农村污水乱排、垃圾乱扔、秸秆乱烧的脏乱差状况，促进农村生产、生活、生态协调发展。乡风文明，就是要大力弘扬社会主义核心价值观，抓好农村移风易俗，坚决反对铺张浪费、婚丧大操大办等陈规陋习，树立文明新风，全面提升农民素质，打造农民的精神家园。治理有效，就是要通过健全自治、法治、德治相结合的乡村治理体系，坚持系统治理、依法治理、综合治理、源头治理，确保广大农民安居乐业、农村社会安定有序。生活富裕，就是要努力保持农民收入较快增长的势头，不断缩小城乡居民收入差距，让广大农民群众和全国人民一道进入全面小康社会。

实施乡村振兴战略，需要深入推进农村各项改革，破解“三农”发展难题。巩固和完善农村基本经营制度，深化农村土地制度改革，完善承包地“三权”分置制度，保持土地承包关系稳定并长久不变，第二轮土地承包到期后再延长 30 年。深化农村集体产权制度改革，保障农民财产权益，壮大集体经济。完善农业支持保护制度，在增加农业支持总量的同时，着力优化支持结构，提高支农政策的效率。积极培育新型农业经营主体，发展多种形式适度规模经营，健全农业社会化服务体系，实现小农户和现代农业发展有机衔接。加快农业转移人口市民化，促进农民工在城镇落户。

第二节 中央 1 号文件中的乡村振兴战略

改革开放以来第 20 个、21 世纪以来第 15 个指导“三农”工作的中央 1 号文件于 2018 年 1 月 2 日由新华社受权发布。文件题为《中共中央国务院关于实施乡村振兴战略的意见》，对实施乡村振兴战略进行了全面部署。

实施乡村振兴战略，是党的十九大作出的重大决策部署，是决胜全面建成小康社会、全面建设社会主义现代化国家的重大历史任务，是新时代“三农”工作的总抓手。

实施乡村振兴战略，是解决人民日益增长的美好生活需要和不平衡不充分的发展之间矛盾的必然要求，是实现“两个一百年”奋斗目标的必然要求，是实现全体人民共同富裕的必然要求。

文件从提升农业发展质量、推进乡村绿色发展、繁荣兴盛农村文化、构建乡村治理新体系、提高农村民生保障水平、打好精准脱贫攻坚战、强化乡村振兴制度性供给、强化乡村振兴人才支撑、强化乡村振兴投入保障、坚持和完善党对“三农”工作的领导等方面进行安排部署。

走中国特色社会主义乡村振兴道路，让农业成为有奔头的产业，让农民成为有吸引力的职业，让农村成为安居乐业的美丽家园。文件确定了实施乡村振兴战略的目标任务：到 2020 年，乡村振兴取得重要进展，制度框架和政策体系基本形成；到 2035 年，乡村振兴取得决定性进展，农业农村现代化基本实现；到 2050 年，乡村全面振兴，农业强、农村美、农民富全面实现。

坚持农业农村优先发展。把实现乡村振兴作为全党的共同意志、共同行动，做到认识统一、步调一致，在干部配备上优先考虑，在要素配置上优先满足，在资金投入上优先保障，在公共服务上优先安排，加快补齐农业农村短板。

2018 年 2 月 25 日，由农民日报社、中华农民报协会主办的“宣传贯彻中央 1 号文件精神暨 2018 中国三农发展大会”中，时任中央农村工作领导小组办公室主任、中央财经领导小组办公室副主任韩俊对 2018 年中央 1 号文件精神进行解读。

一、新旗帜：管全面，管长远

全面贯彻党的十九大精神，为实施乡村振兴战略定方向、定思路、定任务、定政策，“今年的中央 1 号文件，全面贯彻党的十九大精神，以习近平新时代中国特色社会主义思想为指导，认真贯彻落实习近平总书记‘三农’思想，围绕实施乡村振兴战略定方向、定思路、定任务、定政策，谋划新时代乡村振兴的顶层设计”，韩俊表示。

2018 年的中央 1 号文件结构上共分为 4 个板块、12 个部分。4 个板块分别着眼于新时代实施乡村振兴战略的重大意义和总体要求、乡村振兴的重点任务、乡村振兴的保障措施、强调坚持和完善党对“三农”工作的领导并作出全面部署。

韩俊说："今年的中央 1 号文件有两个重要特点，一是管全面，二是管长远。"

管全面。乡村振兴是以农村经济发展为基础，包括农村文化、治理、民生、生态在内的乡村发展水平的整体性提升，是乡村全面的振兴。按照党的十九大提出的"产业兴旺、生态宜居、乡风文明、治理有效、生活富裕"的总要求，对于统筹推进农村经济建设、政治建设、文化建设、社会建设、生态文明建设和党的建设，中央 1 号文件都作了全面部署。

管长远。乡村振兴既是一场攻坚战，更是一场持久战，作为党和国家的大战略，是一项长期的历史任务。中央 1 号文件按照党的十九大提出的决胜全面建成小康社会、分两个阶段实施第二个百年奋斗目标的战略安排，按照"远粗近细"的原则，对实施乡村振兴战略的三个阶段性目标作了部署。分别是到 2020 年，乡村振兴取得重要进展，制度框架和政策体系基本形成；到 2035 年，乡村振兴取得决定性进展，农业农村现代化基本实现；到 2050 年，乡村全面振兴，农业强、农村美、农民富全面实现。

二、新时代"五个有"：奠定乡村振兴基础，坚定信心

准确把握"三农"发展新的历史方位，坚持问题导向、坚持农业农村农民优先发展。

在中国特色社会主义新时代，乡村是一个大有可为的广阔天地，迎来了难得的发展机遇。韩俊说："我们有党的领导的政治优势和社会主义的制度优势，有亿万农民的创造精神，有强大的经济实力支撑，有历史悠久的农耕文明，有旺盛的市场需求，为实施乡村振兴奠定了深厚的基础。"

党的十八大召开以来的 5 年，是农业转型升级、质量效益明显提高的 5 年，是农民得实惠多、公平发展机会和权利得到更好保障的 5 年，是农村面貌变化大、城乡一体化提速的 5 年，是"三农"发展的又一个黄金期。农业农村发展取得的历史性成就、发生的历史性变革，为党和国家事业开创新局面提供了重要支撑，为实施乡村振兴战略奠定了良好基础。

当前，发展不平衡不充分问题在乡村最为突出。中央 1 号文件对当前"三农"发展面临的问题进行了准确概括。实施乡村振兴战略要坚持问题导向，有的放矢。当前，"三农"发展面临的问题主要表现在五个方面：农产品阶段性供过于求和供给不足并存，农业供给质量亟待提高；农民适应生产力发展和市场竞争的能力不足，新型职业农民队伍建设亟须加强；农村基础设施和民生领域欠账较多，农村环境和生态问题比较突出，乡村发展整体水平亟待提升；国家支农体系相对薄弱，农村金融改革任务繁重，城乡之间要素合理流动机制亟待健全；农村基层党建存在薄弱环节，乡村治理体系和治

理能力亟待强化。

如期实现第一个百年奋斗目标并向第二个百年奋斗目标迈进，最艰巨最繁重的任务在农村，最广泛最深厚的基础在农村，最大的潜力和后劲也在农村。实施乡村振兴战略，就是要坚持把解决好“三农”问题作为全党工作重中之重，坚持农业农村农民优先发展，让农业成为有奔头的产业，让农民成为有吸引力的职业，让农村成为安居乐业的美丽家园。

三、责任制“五级书记”：层层传导压力，层层压实责任

党领导乡村振兴，抓紧研究制定乡村振兴法，研究制定中国共产党农村工作条例。

加强党对农村工作的领导，是实施乡村振兴战略的根本保证。韩俊说，要发挥党的领导的政治优势，压实责任，完善机制，强化考核，把党中央部署要求落实下去。

农业农村优先发展原则体现在各个方面。在干部配备上优先考虑，在要素配置上优先满足，在资金投入上优先保障，在公共服务上优先安排，确保党在农村工作中始终总揽全局、协调各方。

完善党的农村工作领导体制机制。健全党委统一领导、政府负责、党委农村工作部门统筹协调的农村工作领导体制。五级书记抓乡村振兴，各省区市党委政府每年要向党中央、国务院报告推进实施乡村振兴战略进展情况。建立市县党政领导班子和领导干部推进乡村振兴战略的实绩考核机制，将考核结果作为选拔任用领导干部的重要依据。

加强“三农”工作队伍建设。把懂农业、爱农村、爱农民作为基本要求，加强“三农”工作干部队伍培养、配备、管理、使用。建立选派第一书记工作长效机制，全面向贫困村、软弱涣散村和集体经济薄弱村党组织派出第一书记。

强化乡村振兴法制保障。文件提出，抓紧研究制定乡村振兴法的有关工作，把行之有效的乡村振兴政策法定化。

要始终坚持以党的领导为核心统揽乡村振兴全局。根据新时代做好“三农”工作的新任务、新要求，将研究制定中国共产党农村工作条例，党领导农村工作的传统、要求、政策等以党内法规形式确定下来，确保乡村振兴战略有效实施。

四、制度供给“人地钱”：促进公共资源城乡均衡配置、要素平等交换

不得违规违法买卖宅基地，严格禁止下乡利用农村宅基地建设别墅大院和私人会馆。

长期以来，资金、土地、人才等各种要素单向由农村流入城市，造成农村严重“失血”“贫血”。韩俊说，实施乡村振兴，要抓住“人、地、钱”等关键环节，破除体制机制障碍，推动城乡要素自由流动、平等交换，促进公共资源城乡均衡配置和要素平等交换，建立健全城乡融合发展的体制机制和政策体系，加快形成工农互促、城乡互补、全面融合、共同繁荣的新型工农城乡关系。

文件围绕巩固和完善农村基本经营制度、深化农村土地改革、完善农业支持保护制度、全面建立职业农民制度等，部署了一系列重大改革举措和制度建设。

解决“人”的问题，关键是畅通智力、技术、管理下乡通道。文件提出创新乡村人才培育引进使用机制，大力培育新型职业农民，加强农村专业人才队伍建设，造就更多乡土人才，发挥科技人才支撑作用。

处理好农民与土地的关系，是深化农村改革的主线，也是实施乡村振兴战略的重要政策问题。文件就深化农村土地制度改革部署了许多重大改革任务。比如，部署完善农民闲置宅基地和闲置农房政策，探索宅基地所有权、资格权、使用权“三权”分置改革。适度放活宅基地和农民房屋使用权，不是让城里人到农村买房置地，而是吸引资金、技术、人才等要素流向农村，使农民闲置住房成为发展乡村旅游、养老、文化、教育等产业的有效载体。前提是不得违规违法买卖宅基地，严格实行土地用途管制，严格禁止下乡利用农村宅基地建设别墅大院和私人会馆。

文件对解决“钱从哪里来的问题”有全面的谋划：确保财政投入持续增长，提高金融服务水平，拓宽资金筹集渠道。改进耕地占补平衡管理办法，建立高标准农田建设等新增耕地指标和城乡建设用地增减挂钩节余指标跨省域调剂机制，将所得收益通过支出预算全部用于巩固脱贫攻坚成果和支持实施乡村振兴战略。

五、四梁八柱“五个保障”：关键小事上下足绣花功夫

要充分发挥农民主体作用，持之以恒地干，真金白银地投。

一个规划，一项条例，一部法律，确立了乡村振兴的政治保障和制度保障。中央1号文件围绕实施好乡村振兴战略，确立了乡村振兴战略的四梁八柱。

原中央农村工作领导小组办公室主任韩俊表示，2018年的中央1号文件确立了乡村振兴战略的四梁八柱，在该顶层设计中，有最基础性的三个支撑是：一是制定国家乡村振兴战略规划，制定国家乡村振兴战略规划（2018—2022年），以规划指导各地各部门有序分类推进乡村振兴；二是制定中国共产党农村工作条例，完善党的农村工作领导体制和机制；三是抓紧研究制定乡村

振兴法的有关工作，把行之有效的乡村振兴的政策法定化。

有国家战略性规划引领保障。制定国家乡村振兴战略规划（2018—2022年）。规划通过与文件对表对标，分别明确至2020年全面建成小康社会和2022年召开党的二十大时的目标任务，细化实化工作重点和政策措施，指导各地各部门分类有序推进。

有党内法规保障。党管农村工作是重大传统。党内法规将明确加强对农村工作领导的指导思想、原则要求、工作范围和对象、主要任务、机构职能、队伍建设，完善领导体制和工作机制。

有日益健全的法制保障。将抓紧研究制定乡村振兴法有关工作，把行之有效的政策法定化。

有重要战略、重大行动和重大工程支撑保障。重要战略方面，深入实施“藏粮于地、藏粮于技”战略，实施食品安全战略，部署制定和实施国家质量兴农战略规划、实施数字乡村战略等。在重大行动方面，部署实施农村人居环境整治三年行动、打好精准脱贫攻坚战三年行动、产业兴村强县行动等。在重大工程方面，大规模推进农村土地整治和高标准农田建设等。

有全方位的制度性供给保障，有投入体制机制保障。韩俊指出，通过改革创新，最大限度激发乡村各种资源要素活力。

乡村振兴，讲究的是实干，要在关键小事上下足绣花功夫。韩俊说：“要充分发挥农民主体作用，持之以恒地干，真金白银地投。乡村振兴是党和国家的大战略，喊是喊不出来的，干几年就收官结账也是不行的。”

全面部署安排农民关心的关键小事。针对农村厕所这个影响农民群众生活品质的突出短板，部署推进农村“厕所革命”。部署推进畜禽粪污处理、农作物秸秆综合利用、废弃农膜回收。文件提出，在村庄普遍建立网上服务站点，逐步形成完善的乡村便民服务体系。部署集中清理上级对村级组织的考核评比多、创建达标多、检查督查多等突出问题。部署推进村级小微权力清单制度，加大基层小微权力腐败惩处力度。

2018年是实施乡村振兴战略元年，也是中国农村改革40周年。乡村振兴，产业兴旺是关键。休闲农业和乡村旅游因其产业综合性、兼容性，能够为应对我国乡村发展落后六大主要问题提出有效解决办法，因此，必将在我国新时代乡村振兴战略中发挥重大作用。

第三节　乡村振兴战略各地的举措

实施乡村振兴战略，是解决人民日益增长的美好生活需要和不平衡不充分的发展之间的矛盾的必然要求，是实现“两个一百年”奋斗目标的必然要求，是实现全体人民共同富裕的必然要求。

各地政府 2018 年工作报告纷纷出炉。其中，乡村振兴战略已成为各地政府工作报告一大关键词。在先后召开的地方两会上，各地政府工作报告在部署 2018 年重点工作时，均将实施乡村振兴战略置于重要位置，并且明确了诸多举措。

北京市政府工作报告不仅把“实施乡村振兴战略，促进城乡融合发展”纳入“深入推进京津冀协同发展，提高城乡区域协调发展水平”之中予以阐述，而且明确提出要把城乡统筹、区域协调放到京津冀协同发展大格局中谋划，在确保生态安全的前提下，提升城乡协调发展、绿色发展的质量和水平。

山东乡村如何振兴？山东省政府工作报告提出，要发挥农业大省优势，开拓乡村振兴新途径。如何让农业农村发展更具活力，农民更加富裕？报告提出，要培植壮大农业“新六产”，坚持产业链相加、价值链相乘、供应链相通，让乡村成为生态宜居的家园。山东省政府工作报告也提出了聚焦生态宜居，开展农村人居环境三年整治行动，提升美丽乡村标准化建设水平。

浙江省政府报告中，明确了今后五年发展的目标任务，“三农”工作依然是重头工作。未来五年，浙江将大力实施乡村振兴战略，高水平推进农业农村现代化，打造一批电商镇、电商村，培育一批优质农产品品牌。力争到 2022 年，浙江农村居民人均可支配收入超过 3.5 万元。

2018 年，云南省大力实施乡村振兴战略，发展高原特色现代农业，打造“绿色食品品牌”。2018 年把提高脱贫质量放在首位，向深度贫困地区聚焦发力，确保全年完成 145 万贫困人口脱贫、27 个贫困县摘帽任务。

福建省政府工作报告中，表示要加快推进农业农村现代化，让农业成为有奔头的产业，让农民成为有吸引力的职业，让农村成为安居乐业的美丽家园。

江西省政府工作报告在部署大力实施乡村振兴战略任务中，明确提出将继续抓好“整洁美丽、和谐宜居”新农村建设。

安徽省 2018 年要集中力量抓好农村环境“三大革命”，目标是：完成自然村 80 万常住农户卫生厕所改造，农村生活垃圾无害化处理率达 60%，完成 200 个乡镇政府驻地污水设施建设。

湖北省则提出要解决农村 200 万人安全饮水问题，改造农村危房 8 万户，新建改建农村公路 1 万千米，建设 1 000 个绿色示范乡村，完成 1 000 个村的环境综合整治。

天津将加大农村基础设施建设力度，建成 324 个村的污水处理设施，继续实施居民饮水提质增效工程。

辽宁省提出大力推进“互联网+农业”，促进农业与旅游、文化、康养等产业融合发展。

从2018年起，广西着重聚焦乡村振兴，进一步促进城乡区域协调发展。首先就是要实施乡村振兴三年行动计划，广西财政要每年统筹安排60亿元，开展乡村产业发展、基础设施和公共服务设施能力提升专项行动。大力推进“种养加”一体化发展，引进一批龙头企业，培养农民专业合作社、家庭农场、专业大户等新兴经营主体。

2018年，各地乡村振兴号角已经吹响，按照党中央决策部署，坚定信心、咬定目标，苦干实干、久久为功，扎扎实实把乡村振兴战略向前推进。

党的十九大报告首次提出乡村振兴战略，乡村振兴战略是重大发展统筹抓手。特色小镇、田园综合体、美丽乡村建设、扶贫攻坚工程，在这一战略下整合发展。乡村振兴战略，是党的十九大与旅游第一关联战略。

要实施乡村振兴战略，促进农村一二三产业融合发展，支持和鼓励农民就业创业，拓宽增收渠道。构建现代农业产业体系、生产体系、经营体系，完善农业支持保护制度，发展多种形式适度规模经营，培育新型农业经营主体，健全农业社会化服务体系，实现小农户和现代农业发展有机衔接。

2017年，农业部、国家发展和改革委员会、财政部、国土资源部、人民银行、税务总局联合印发了《关于促进农业产业化联合体发展的指导意见》（以下简称《意见》），指出要培育发展一批带农作用突出、综合竞争力强、稳定可持续发展的农业产业化联合体，成为引领我国农村一二三产业融合和现代农业建设的重要力量，为农业农村发展注入新动能。《意见》提出了一系列政策“红包”，从优化政策配套、加大金融支持、落实用地保障等方面，支持家庭农场、现代农业、休闲农业、乡村旅游发展。《意见》的出台，为乡村振兴战略实施提供了政策支持，农业产业化联合体也将成为新形势下乡村旅游、休闲农业、家庭农场发展的新模式。

《意见》指出：当前，我国农业农村发展进入新阶段。各地顺应新型农业经营主体蓬勃发展的新形势新要求，探索发展农业产业化联合体，取得了初步成效。农业产业化联合体是龙头企业、农民专业合作社和家庭农场等新型农业经营主体以分工协作为前提，以规模经营为依托，以利益联结为纽带的一体化农业经营组织联盟。

第一，有利于构建现代农业经营体系。通过“公司＋农民专业合作社＋家庭农场”组织模式，让各类新型农业经营主体发挥各自优势、分工协作，促进家庭经营、合作经营、企业经营协同发展，加快推进农业供给侧结构性改革。

第二，有利于推进农村一二三产业融合发展。通过构建上下游相互衔接配套的全产业链，实现单一产品购销合作到多元要素融合共享的转变，推动订单农业和“公司＋农户”等经营模式创新，促进农业提质增效。

第三，有利于提高农业综合生产能力。通过推动产业链上下游长期合作，降低违约风险和交易成本，稳定经营预期，促进多元经营主体以市场为导向，加大要素投入，开展专业化、品牌化经营，提高土地产出率、资源利用率和劳动生产率。

第四，有利于促进农民持续增收。通过提升农业产业价值链，完善利益联结机制，引导龙头企业、农民专业合作社和家庭农场紧密合作，示范带动普通农户共同发展，将其引入现代农业发展轨道，同步分享农业现代化成果。

为此，《意见》提出一系列政策“红包”：

一是优化政策配套。可将现有支持农村一二三产业融合、农业综合开发等相关项目资金，向农业产业化联合体内的新型农业经营主体适当倾斜。

二是加大金融支持。鼓励地方采取财政贴息、扩大抵（质）押物范围等综合措施，解决新型农业经营主体融资难题。

三是落实用地保障。落实促进现代农业、新型农业经营主体、农产品加工业、休闲农业和乡村旅游等用地支持政策。

《意见》强调，在培育和发展农业产业化联合体过程中，要把握基本特征，坚持市场主导、农民自愿、民主合作、兴农富农的原则，成熟一个发展一个。要建立多元主体分工协作机制，增强龙头企业带动能力，提升农民专业合作社服务能力，强化家庭农场生产能力，完善内部组织制度，组建农业产业化联合体。要健全资源要素共享机制，发展土地适度规模经营，引导资金有效流动，促进科技转化应用，加强市场信息互通，推动品牌共创共享，推动联合体各成员融通发展。要完善利益共享机制，提升产业链价值，促进龙头企业、农民专业合作社和家庭农场互助服务，探索成员相互入股、组建新主体等联结方式，实现深度融合发展。

《意见》要求，各地各有关部门要充分认识发展农业产业化联合体的重要意义，优化政策配套，加大金融支持，落实用地保障，开展示范创建，做好相关指导、扶持和服务工作，营造良好发展环境。

第四节 乡村振兴战略带来的商机

习近平总书记在党的十九大报告中指出：“中国特色社会主义进入新时代，我国社会主要矛盾已经转化为人民日益增长的美好生活需要和不平衡不充分的发展之间的矛盾。”这个重大政治论断，实质上也指出了“三农”问题在中华民族实现“两个一百年”奋斗目标、走向伟大复兴过程中的历史性地位和意义。我国的社会主义现代化建设必定是农村与城市、东南西北中、各民族均衡的、充分的现代化，只有一二线城市的繁荣和部分东南沿海农村的振兴，绝不是全面的现代化，而农业、农村、农民问题的解决与否将是中国特色社会主义进入新时代的战略性目标任务。

以历史的眼光看乡村振兴，会发现我国城乡之间的“二元分割”有其存在的独特背景和复杂原因。几千年来的小农经济和户籍分割，形成了我国城乡之间经济发展、文化水平的巨大差异。农民以往是一种被动赋予的身份认知，在农民与土地绑缚并相互依存的同时，农村和农民成为落后的代名词。改革开放以来，城市化进程的繁荣像磁铁一样源源不断地抽取广大农村的人才和发展资源，虽然农村的面貌也在日新月异，但其发展速度和潜力远未被充分发掘。党的十九大提出的“乡村振兴战略规划”之所以具有划时代的意义，就在于它正式宣告了中国农村所面对的空前的历史性发展机遇。以我国目前基础建设、科技研发、经济发展和社会管理的强大能力和坚强意志，未来农村的发展必将是一次轰轰烈烈、大浪淘沙的宏伟革命。

一、未来农村发展的有利条件

(1)“莫道君行早，更有早行人”，“三农”已经开始吸引资本的注意。资本市场一直有“聪明的钱”的理论，资本的勇敢、果断、敏锐、取舍都是其“聪明”的表现，而聪明的钱正在流向农村和农业，农民的经济活力正在被激发。除了京东、阿里巴巴、苏宁近几年在大力布局农村市场外，全国各地兴起的农村电商创业平台也如雨后春笋般蓬勃发展，依靠互联网和大交通将农产品、农村特色旅游项目在城乡之间的壁垒完全打破，农村的智慧经济蛋糕已经越来越大，成为很多欠发达地区精准扶贫的重要抓手。

(2) 党的十九大确认农村第二轮土地承包期限再延长 30 年，为农村搞活土地流转、实现集约化经营、发展大农业提供了历史契机。以往，农民由于对土地的依附关系所造成的发展桎梏正在变成优势。有了土地承包经营权的中长期稳定，未来的农民将从原来由地域、户籍、土地等因素决定的身份识别，转变为一种以产业经营、组织盈利为特征的职业识别。农业可以将大量的农村劳动力从经济回报率低的小作坊式农业中解放出来，依靠现代农业技术和新兴农业合作社等方式，发展经济效率更高的规模化农业和特色农产品产、供、销一体化全产业链的新型农村经济，并以此成为未来解决农村区域性贫困的重要切入点。

二、乡村振兴战略队伍建设

乡村振兴战略是中央关于农村发展的总体战略规划，而任何战略规划的落地实施都需要经过各级任务分解、过程控制、效果测评、实践反馈等实际操作阶段，需要政府匹配相应的行政、财政、人力等资源对战略实施予以支撑。其中，队伍建设起着至关重要的作用。党的十九大报告指出，“要培养造就一支懂农业、爱农村、爱农民的‘三农’工作队伍”。“三农”工作队伍建设的主体责任在政府，工作效果评估权在人民。

首先，肩负乡村振兴战略任务具体实施责任的是县级领导干部，要提高县领导班子主要成员的认知水平和行政管理能力。班子要团结、行政要廉洁、执行要快捷。要深刻认识到乡村振兴战略实施对本地区发展的意义、影响，能够结合本地区实际找到振兴之路、致富之门。一个地区的产业发展有时不是缺乏资源，而是缺乏思路。只有班子的意志和思路统一了，各方面的资源、渠道、人才才能够快速汇集起来为班子所用。县级干部需要增加市场意识、营销意识，甚至要有一点 CEO 的经营意识。近年来利用论坛、会议、互联网代言本县特色农产品、特色旅游资源的县领导越来越多，取得了很好的效果，也得到了老百姓的认可。

其次，县乡两级政府主要领导干部的自我认知要转变。随着互联网社会的深入发展，农民的自我认知正在发生改变，“围墙意识”“权威意识”已经不能适应现有农村的社会管理，行政公务人员应该与时俱进增强自己的服务意识、公众互动意识。领导干部的形象也要向亲民、务实、透明、互动转变，既能上台代言、又能下地调研。县长、乡长要走到群众中间、住到群众家里，主动为群众提供服务，靠文件、靠开会并不能了解真正的农村和农民，也不能真正找到乡村振兴的致富之门。

再次，“三农”队伍建设应充分发挥各类人才的作用。一方面应该加强现有县乡两级公务员的系统培训。系统的公务员培训应包括持续的思想道德教育、行政能力素质教育、专业知识教育等，以培训和专项进修的方式快速形成工作共识，提升工作实效；另一方面应在县级及以下公务员招录中有侧重地吸引大量学历层次高、有农业技能专长、管理素质和经营意识强的人员进入公务员队伍。乡村振兴战略实施虽然是政府主导，但政府不可能包办和主导一切，乡村振兴需要依赖外力推动，实现农村和农民的自我革命。应该充分吸引各类企业家到农村发展事业，鼓励大学生青年创业者、各类创业精英到农村发展事业，应该充分调动农村当地各类技术能人、手工艺人、各类小商小贩、合作社负责人的创业干事热情和积极性，县乡两级政府的服务职能应该是有效聚合上述人才，为他们的事业提供无缝、高效的政策支持，做好宣传引导、评估指导、市场搭建等各项扶助支持。

家国兴旺，人才先行。在乡村振兴的新背景下，如果干部、人才、企业家积极自愿、争先恐后到农村去发展，能成为中国人建功立业的新潮流，那么横亘在城乡之间的人民日益增长的美好生活需要和不平衡不充分的发展之间的矛盾就一定会化解在无形之中，两个一百年奋斗目标的实现则会指日可待。

三、农村双创利好

党的十九大强调，坚持农业农村优先发展，实施乡村振兴战略。这是重大的政策导向。农村双创的利好有几个方面：

（1）国家扶持力度将越来越大。政策环境会越来越完善，给农村双创带来更大的空间、更好的机遇。

（2）基础条件越来越好。农村水电路气房讯等基础设施和科教文卫等公共服务条件逐步改善，以全程冷链为代表的现代物流向农村加快延伸，改善了农村设施条件，提升了流通效率。

（3）对接主体越来越成熟。种养大户、家庭农场、农民专业合作社等新型经营主体蓬勃发展，总量已达到 290 万家，农村的经纪人、供货商、分销商、共享农庄等大量涌现，为农村双创提供了更多平台载体。

（4）更重要的是市场机会越来越多。随着工业化、城镇化深入发展，城乡居民消费结构快速升级，人们对绿色优质农产品、休闲旅游观光、农耕文化体验等的需求越来越旺盛，为农村双创带来了无限商机。

现在到农村吃喝玩住、赏花摘果、农事体验已经成为一种时尚，2018 年全国乡村旅游接待游客近 30 亿人次，营业收入超过 8 000 亿元，引导返乡下乡人员发展“互联网＋”现代农业，农产品网络销售额接近 3 000 亿元。所有这些，都为农村双创提供了前所未有的发展机遇。

四、农村双创以新理念进行

新时代，农村双创不能再沿用村村点火、户户冒烟的老办法，不能搞坐等上门、一成不变的旧模式，要特别注意创意创新，要树立大农业融合发展理念。

（1）现在人们对农业的功能要求发生了明显变化，不再满足于提供吃饱喝足穿暖的原料，更需要一些文化体验、休闲娱乐、教育科普、健康养生等生态文化功能。需要树立大农业融合发展理念，发展“农业＋”旅游、康养、文化、教育、休闲等多种模式，推进农村一二三产业融合发展，让农业有文化说头、景观看头、休闲玩头。要树立大市场抱团发展理念。

（2）现在的市场是买全国卖全国、买全球卖全球的大市场，要搞出名堂、树立品牌，仅靠单个主体“唱独角戏”“跑单帮”已很难实现，尤其很多新主体是搞农业的“新手”，难以抵御农业的自然风险、市场风险、质量安全风险。这就需要通过联合与合作模式开展双创，组建合作制、股份合作制和股份制等形式的双创联盟，抱团闯市场。要树立大生态绿色发展理念。

绿色是农业的本色，稻田就是湿地，麦田就是绿地，油菜田就是花海。农业本身就是生态产业，能够给人们提供清心、养眼、洗肺的好去处。搞双创，要把农业的绿色价值挖掘出来，不仅生产各种绿色优质安全的农产品，还要提供更多清新的空气、洁净的田园，打造“蓝天白云、稻花麦浪、绿草牛羊、荷花锦鲤”相映成趣的生产生态新景观。

（3）现在，物联网、大数据、人工智能、机器人等现代信息技术快速发展，“机器换人”“电商换市”等一系列新的变革，正在深刻地改变着人们的生产生活方式。

在这样的背景下，推进农村双创，要树立互联网思维、用好信息化手段，把小农户和种养大户、家庭农场、农民专业合作社、农业企业连在一起，把千变万化的大市场和千家万户的小生产连在一起，把生产、加工、流通、管理、服务和消费等各环节连在一起，实现产品相通、信息相通、服务相通、利益共享，打造“互联网＋”农村双创新模式。要大力推进农业信息化，完善农村互联网基础设施和物流体系，加快建设农村双创电商园区，大力推进信息进村入户，打通农村信息服务“最后一公里”；大规模开展农民手机培训，提升双创人员运用新技术能力，培育一批中小微网商，催生一大批网商企业家。

农业要搭上信息化这班快车，农村不能成为信息化的孤岛。要依托信息技术发展新产业新业态新模式，大力发展电子商务、众筹农业、网上农场、网上农家乐等，把农民的好东西卖出去、卖出好价钱，把农村的好景点推出去、让农家乐火起来。将来，会有越来越多的农民通过动动鼠标、点点手机，获取信息、买卖产品，会有越来越多的城里人在网上感知农业、体验农业，过去藏在深山无人知的土特产品将更多地摆上城里人的餐桌。

城市化发展到一定水平，农村就是稀缺资源，就是发展机遇。改革开放之初，全国城镇化率不到18％，城市是稀缺资源；现在，城市化快速推进，城镇化率很快将超过60％，农村就成了稀缺资源。

当前，大批返乡下乡人员到农村创业创新，大量工商资本下乡投资农业，这些都是好现象，为促进农业农村发展注入了新要素。

发展休闲农业、乡村旅游、农产品加工物流、电子商务等新产业新业态，需要有先进的经营理念、一定的资金投入、专业的营销能力，但普通农户在这些方面先天能力不足，运用现代生产技术、信息手段、金融服务的能力不强，在激烈的市场竞争中难以抢占先机、把握机会。

农业是农民的立身之本，农村是农民的美丽家园，在家乡搞双创是他们的权利，也是他们分享发展机遇和发展成果的重大机会。实现小农户和现代农业发展的有机衔接，是党的十九大提出的明确要求。

中国农民很本分，不怕吃苦，就怕吃亏，要高度重视保护好小农户利益，保障他们的发展机会，不能产业链延长了，但离农民越来越远了，不能农业效益上去了，但和农民没关系了。

欢迎各类主体下乡创业，但一定要与农民共享收益。老板下乡，要带动老乡一块干，不能简单地代替老乡甚至排斥老乡，不能只是简单的劳动雇佣关系、产品买卖关系，也不能只是土地流转，“一转了之”。要完善利益联结机制，鼓励农民将承包地经营权、四荒地使用权、集体建设用地、政府补贴等通过折股量化参与到产业化经营中，形成利益共同体，共同分享农村双创、乡村振兴的成果。

近年来，农业部门积极发挥牵头作用，抓政策、建机制、育主体、树典型、搭平台，推动农村双创取得了一定成效，发布了 1 096 个农村双创园区，创建了 41 个现代农业产业园，组织了 3 万多人参加农村双创项目创意大赛，每年培训农村双创人员 100 多万。但也要看到，农村双创仍处于起步阶段，面临支持政策散、服务指导缺、创业融资难、人才留不住等问题。

各级农业部门要适应新形势新要求，转变观念、创新思路，为农村双创主体清障搭台、营造环境。要在政策、产业、人才、服务等方面下工夫，构建起相互协同的支撑体系，将农村双创引向深入。要健全政策体系，贯彻落实国办下发的《意见》，加大督导力度，推动落实金融服务、财政税收、用地用电等“八大政策礼包”，构建全链条优惠政策体系，尽快形成政府激励创业、社会支持创业、农民勇于创业、各方参加创业的新机制。要打造产业链条，结合产业发展规划和当地资源禀赋，积极对接“三区三园”建设，培育一批农村双创园区，鼓励在采摘分拣、物流保鲜、电商营销等环节开展创业创新，打造从低端到高端梯次发展的产业链条。要培育双创人才，抓住双创主体培育这个“牛鼻子”，把支持农村双创与新型职业农民培育工程结合起来，完善培训内容，改进培训方式，提高培训质量，到 2020 年要培育 1 000 万人次农村双创人才。

欢迎和支持创新创业的企业到农村培育新型职业农民和基层农技推广员。要完善公共服务，打造一批标准高、服务优、带动作用强的公共服务平台，推动市县政府设立农村双创联合服务窗口，建立健全农村双创协调推进机制，开展全国农村双创指数分析，讲好双创故事，宣传好模式好经验，营造创业创新良好氛围。

当年，乡镇企业异军突起，为改变农村贫困落后面貌发挥了历史性作用；如今，农村双创风生水起，一定能为农业农村发展再造新的辉煌。我们要抓住这一历史机遇，深入推进农村双创，迅速在全国农村掀起创业创新的热潮。

第二章　大农业与四五六七产业

产业是随生产力发展及社会分工的深化而产生发展的，由于社会生产力的不断发展，社会分工的形式转换及不断向深层次发展，会形成多层次的不同的产业范畴。

另外，产业作为一个经济单位元素，产业与产业之间存在着极其复杂的直接、间接、因果、再生、链生、关联等关系，如果在产业结构方面没有清醒的认识，在产业实践中就会犯下大错或发展不力。

产业理论的形成可以追溯到F. 魁奈在1758年和1766年的《经济表》《经济表分析》等著作，随后佩蒂、亚当·斯密、费夏、C. 克拉克、里昂惕夫、S. 库兹涅漠、关满博等也在各自的领域做出了他们杰出的贡献。

但是，随着20世纪70年代信息产业的突飞猛进，一系列绿色产业、资源产业、环境产业、创意产业、大健康产业、金融产业风起云涌，原来的一二三产业理论与模型已越来越不能适应社会分工、产业演变及经济发展的需要。

从产业大系统工程及各个产业结构单位广义关联协同看，需要对固有的产业结构在新形势下作顺势拓展，这既是产业经济学、产业结构理论，又是产业演进实践的客观需要，更是产业实践经济发展现实的企盼。

一、第四产业：信息＋互联网＋物联网＋

自20世纪70年代起，基于计算技术的信息革命、互联网大智慧产业、物联网、大数据以排山倒海之势席卷传统经济的每一个角落，并且产生了巨大的主导性、驱动性。微软、苹果、谷歌、亚马逊、阿里巴巴、腾讯、百度等许多巨无霸企业崛起，特别是他们产生的关联效应、驱动效应、链式效应，以及手机及移动互联网的普及应用，表明大数据已走进人们日常生活，信息产业、互联网根本不同于传统的一二三产业模型，成了众所周知的第四产业。

“互联网＋”是数字化、自动化融合的升级版，将互联网作为当前信息化发展的核心特征提取出来，并与工业、商业、金融业等服务业的全面融合。这其中关键就是创新，只有创新才能让这个＋真正有价值、有意义。正因为此，“互联网＋”被认为是创新2.0下的互联网发展新形态、新业态，是知识社会创新 2.0 推动下的经济社会发展新形态演进。通过互联网实现物、服务与人的互联，能够改进数据分析、提高生产率、增强可靠性、节约能源、降低成本，并通过创新商业模式带来新的创收机会。

物联网通过智能感知、识别技术与普适计算等通信感知技术，广泛应用于网络的融合中，也因此被称为继计算机、互联网之后世界信息产业发展的第三次浪潮。“物联网＋”是互联网的应用拓展，应用创新是物联网发展的核心，以用户体验为核心的创新 2.0 则是物联网发展的灵魂。制造业改进并不完全局限于工业的自动化、机器人的自动化，而是整个价值链上各个子系统互联互通以后，带来的整个生态系统效率提升，从而实现更大的客户价值。

二、第五产业：创意、创新产业

发展于 20 世纪 50 年代美国的创意风暴，兴起于 60 年代、70 年代日本的动漫，90 年代的美国、加拿大、德国、新西兰、印度创意产业横跨十几个产业领域，同样以模扫千军之势影响着传统的农业、工业、服务业，催生了类似于游戏、动漫、文学、影视、音乐等许多新兴产业，由于创意、创新的无极限性，它在改造传统产业要素、产品的同时，自身便形成了类似影视、娱乐、动漫、文创、传媒等核心产业矩阵，从而超出了原来一二三产业结构的牢笼，成了新一轮产业演进的旗手、标杆、里程碑。

创意是人的创造力以及最大限度地发挥人的创造力。创意是产生新事物的能力，这些创意必须是独特的、原创的以及有意义的。在“内容为王”的时代，无论是电视影像这样的传统媒介产品，还是数码动漫等新兴产业，所有资本运作的基础就是优良的产品，而在竞争中脱颖而出的优良产品恰恰来源于人的丰富的创造力。因此文化创意产业其本质就是一种“创意经济”，其核心竞争力就是人自身的创造力。由原创激发的“差异”和“个性”是“创意产业”的根基和生命。

从宏观到中观再到产品的微观，从产业渗透到有核心影响力、竞争力的类似于动漫、游戏、泛旅游、休闲、环境、体育、传媒等产业形式，无不彰显出此“第五产业”在未来经济中主力军、开路先峰之角色。

三、第六产业：大金融产业

金融业指的是与银行相关的产业，包括银行业、保险业、证券业、租赁业等。传统意义上，金融也仅仅只是第三产业的一个分支。从 1979 年起，中国开始对金融业进行体制改革。中国人民银行摆脱了具体的工商信贷业务，开始行使中央银行的职能；国家专业银行逐一成立；保险公司重新成立并大力发展国内外业务；股份制综合性银行和地区性银行开始建立；信托投资机构大量发展；租赁公司、财务公司、城市信用合作社、合作银行、证券公司、证券交易所、资信评估公司、中外合资银行、外资银行等都得到一定程度的发展，形成一个以专业银行为主体，中央银行为核心，各种银行和非银行金融机构并存的现代金融体系。

人类已经进入金融时代、金融社会，因此，金融无处不在并已形成一个庞大体系。金融学涉及的范畴、分支和内容非常广，如货币、证券、银行、保险、资本市场、衍生证券、投资理财、各种基金（私募、公募）、国际收支、财政管理、贸易金融、地产金融、外汇管理、风险管理等。

金融是所有产业、企业、品牌、项目的血液，离开了金融，任何商业活动无从谈起。可以说，市场上每一个巨无霸企业的诞生，每一次经济浪潮，每一个新兴产业的崛起，幕后都有金融的作用。尤其在所有产业关联进一步加大的今天，金融业正在泛产业、泛消费、泛生活中起着越广泛的应用，比特币、Q 币、百度币、京东币及支付宝、微信支付特别是区块链技术得到普及。一方面金融的形式正在转变，另一方面，其作为一个子产业在社会生活、经济活动、企业经营中的支撑作用和主导作用非传统职能所比拟。反过来，资本化、数字化、证券、创新金融也要求为每一个项目、每一款产品考虑它的金融属性、资本收益及其资本化的创新。因此，金融产业、资本产业在产业大分化的今天也粉墨登场，成了时代的宠儿。在商业实践中，如果谁忽略了金融产业，谁不会巧用“资本杠杆”，谁就不可能做大，也不可能做远，这是世界产业演化的残酷现实。

四、第七产业：平台产业、系统高次产业

如果说第四、第五、第六产业都有一种主体、核心产业为主导，那么，第七产业则更多依赖于平台、跨界的项目、产业、区块链，它是依托于目前的大数据、人工智能、区块链、信息技术及跨界、跨国产业融合的大趋势，根据 $1+1\geqslant 2$ 的系统科学原理，在每一个大产业下有无数子产业、子项目、子产品、子元素、子要素、子信息、子数据、子区块进行跨界大杂交、大交流、大反应、大三八线合、大融合、大集成背景下的“高次产业”。

高次产业是根据农产品的种植、采摘、加工、运输、贮藏、销售等一体化的产业链，整合创意农业和多维度产业融合发展的创新模式，从一产农业、二产农品、三产农业相关服务业扩展到四产网络、五产创意、六产金融、七产平台。以多元化的产业新业态打造新生活和新追求，传播泛农文化，构建泛农业多层次创新品牌生活圈。

第七产业，与其说是单个产业，更确切地说，它是基于新一代大数据、物联网、区块链及资源经济平台经济下的平台产业、复合产业、生态圈产业、化

合集成产业、融合立方产业。像特色小镇、特色乡村、产业园、城市综合体、田园综合体，阿里、京东等电商平台，推特、微信等社交平台亦是这种高次产业的一个代表。如特色小镇、田园综合体，它已不是简单的造房子、种庄稼，而是要把旅游、康养、景观、动漫、品牌、文化、娱乐、商业、居住、农业、庄园、影视、互联网、金融等诸多元素、项目、空间、业态有机地化合、复合、融合在一起，形成一种新的产业方式、生活方式、消费方式，甚至构成新的社会方式，它早已超出了原来简单的产业驱动方式，打破了传统行业链、地区链、文化链、市场链、大国家链壁垒，正在产生完全意想不到的“化合效应”“融合效应”。

比如说比特币的出现，特别是区块链技、移动技术，正在给传统金融产业带来巨大的变化革命，金融将发生巨大的“地震”。人工智能、大数据的发展，同样在催生传统农业、工业制造的革命与升级。

因此，新时代背景下的田园综合体、特色小镇，特别是 3.0、4.0 版的田园综合体将有这种大系统大化合、大产业大融合机制，有可能做到 1×2×3×4×5×6＝720，而不是像日本今村奈良臣 6 次产业（1＋2＋3＝6，1×2×3＝6），其系统融合效果（特别是产业维度短阵化，产品项目诸多要素自织织化后）会大大超出线性思维所想象，而且，由此也可以判定，目前诸多特色小镇、高新产业园、田园综合体是 3.0 版，而不是 4.0、4.5、5.0、5.5、6.0、6.5、7.0 版，要平台升级、产业升级还有不少空间。

以前的田园单从农业角度看十分简单，种庄稼就是了，现在是果园、庄园、花园、智园、乐园、网园、校园等 N 个产业叠加；同样，从空间上不仅仅是简单的农业生产空间，而且农旅、农养、农娱、农居、农创、农网 N 个空间的叠加。因此，根据大系统化合原理，简单的 1＋1＝2 已经是资源的浪费了，现在要的是 1×2×3×4×5×6×7＝720 的叠加效果、复合效果，就是“第七产业”或高次产业。

第三章 精准扶贫与百村百企工程

第一节 产游融合发展助力国家扶贫攻坚战

一、背景概述

贫穷是社会的伤疤，减贫是政府的天职，扶贫济困是人类的良心。

2018 年是国家脱贫攻坚战的第三年，脱贫攻坚作为“十三五”时期的头等大事，受到了党中央国务院的高度重视，以中央领导关于新时期扶贫开发工作的战略思想为指导，紧紧围绕区域产业发展现状，牢牢抓住国家、省、市、县新一轮扶贫开发战略机遇，坚持以连片开发为抓手，以整村推进为载体，积极整合人力、财力、物力，凝聚社会各方力量，不断创新工作方式，加大扶贫资金争取力度，精心组织实施产业项目，打好新一轮扶贫开发攻坚战。确保农民收入稳步提高、贫困人口不断减少，脱贫攻坚主导产业逐步形成是扶贫开发工作的首要政治任务。

通过对贫困地区的基础研究以及大数据的分析，我们得出结论：贫困地区的首要问题是缺思想——缺乏能够根治贫困的产业发展思想。

精准扶贫需要做到从项目发起抓起，为多门类资金的进入打通环节，建立标的。用逆向思维方法，瞄准资金来源，进行定向的项目策划设计。以创意思维形成落地项目，然后撬动产业发展；用供给侧改革的原理，产游融合发展，有效推动村镇的脱贫解困。通过产游融合发展农民专业合作社，建立由点集结成面的产游联动体系，将是目前脱贫攻坚战的有效突破途径。

百企百村工程的流程关系：

调研策划—项目规划—业态设计—引资建设—村民合作—辅导运营—经营周期。

二、项目运作方式

（一）村民合作社

按照国家相关政策，以目前已经成功运营的农民专业合作社为参考，可以自然村落为范围，成立村民旅游发展合作社。由原来的单打独斗式的旅游发展，变成抱团出击和联动发展，相当于成立属于村民自己的旅游公司，让村落的发展利益最大化。合作社的成立，使得外来的资金资源得以在以村民为主体的体系下有效调配和使用。针对村民的很多发展设施工程，包括民宿、景观治理、公共卫生、文化教育、居家养老等项目发起，得以用工程包的形式，去对接外来的资金。按照中央 1 号文件倡导的，打造田园综合体，形成一个具有旅游接待和旅游体验功能的旅游目的地。

（二）村民服务中心

通过一对一的精准配对，引入一家企业或机构作为社会资本方，与政府合作成立 SPV 公司，在每一个自然村落或者是一个相应的村落范围内，设立一个村民服务中心。该中心有多项复合功能，包括农副产品云销、民宿运营服务、文卫职技培训、荣誉村民之家、居家养老服务、游客服务中心等。该中心将由统筹运营机构总体负责，直接面对每个村民，进行所有功能的平台式服务。村民中心是完全服从于村民组织，以及与政府职能部门价值观统一的民间自营运营体，是一个扁平化管理的、直接面向国际的产品和旅游发展的营销中心。

（三）村寨项目发起

民宿，是乡村旅游发展的核心命题。按照每一户村民打造 2 个床位计算，一个 150 户的村落，可以形成 200～300 个床位的接待能力。可以设立多个级别的现代农庄功能体，从普通的民宿功能，到餐饮服务及农耕体验休闲活动等。村舍建筑的棚危改，从智慧化和安全化等角度，用前瞻性的视野对古旧村落进行修旧如旧、穿衣戴帽等工程，该项工程不只是从形态上进行整治，更是从整体村落的基础设施，以及智慧村镇、安全村寨等概念上去进行工程建设，包括整体村落的景观治理和美化。

（四）三产融合项目

包括基本农田和林地在内的产游融合项目的设计，稻田养鱼和林下经济等项目，也是目前乡村发展的经济增长点。由合作社统一发起的现代农业作业下的农业经济发展，与文化旅游融合发展。

（五）公共基础设施

采用 PPP 模式，与政府合作下的高等级基础设施项目建设合作。发展经济从基础抓起，旅游开发交通先行，旅游开发环保先行，旅游开发智慧先行。

（六）创业发展基金

设立面向外出务工回流村民的回乡创业的创业基金。村落的建设，缺少不了原住民，特别是少壮派文化青年回家乡建设。20 世纪 80 年代的外出打工潮，到现在的乡村回流潮，可以为乡村自身循环供血发展提供根本条件，避免目前大部分村落空心村现象日益严重、地域文化传承流失的社会衰落状况。

在深入调研的基础上，以供给侧改革原理、产游融合发展，进行村落相关项目的发起和打造，是村镇发展的第一要务。有了具体的项目，才可以去瞄准相应的资金，进行有效的引导，使项目能够尽快落地建设，也才能够尽快形成项目的产能，在该区域内形成现金流，进而直接带动村庄发展，带来村民的收益。

三、具体实施步骤

（1）招募志愿者或对应产业的企业，以帮扶为首要前提的，以合作共赢为价值观的前期工作。由企业发起，以少量的资金资助对应的村落，进行前期开发项目的策划和规划，这是所有工作的最前端发起步骤。以创意策划为先，以思想为先导发起设计工作，是撬动整个扶贫攻坚战的首要任务。从战略和战术上进行精准的定位和项目确定，形成一个单体村落旅游发展的规划和项目设计。该部分工作，直接精准指向各类引导资金的项目倾向需求，为村民负责，为政府负责，为自身合作的社会资本方负责。

（2）方案形成后，就可以将方案中的项目对应相应的资金，然后引导进入项目公司与村民中心的合作，进行全面的投资建设。该部分的合作模式，可以是以 PPP 机制架构下的多元化的投融资合作开发模式。项目方案设计的前提，是运营业态的前置设计，以确保项目全面落地运营，真正能够做到项目的立竿见影。

（3）项目落成后，将由村民中心进行专家辅导和按照产业体系标准下的服务。包括一体化项目的引入、运营机构的优选、盈利模式的核定、村民利益的保证，以及相关城市化运营下的发展等。

（4）村民中心的政策指导和法规监督机构是镇以上人民政府，盈利模式为全商业运营，但原则是在该区域落户扎根式的合作和运营，这样能够保证项目的落地和经营成本的最优化。在成熟运营机构总体管理下，可以充分招募本地的回乡知识青年，这样的团队架构更符合为农民办实事的原则，能够把事情办成功。

（5）本模式的推进，将是一个多资源体的联合行动，包括与国家扶贫办志愿机构的合作，包括大量的项目业态机构的合作和民宿运营、健康养生、居家养老、农副产品经销、大数据采集、农民淘宝、教育培训等企业机构，以市级系统总部为服务控制平台，以村民中心为落地点，实现全面的扁平化高效管理，为村民提供复合式、一站化直达服务。

四、国家课题

目前以课题组的形式立项，将中国乡村发展和扶贫攻坚战作为试验田。选择几个样板村，用课题的形式进行全面的脱贫打造。

由相关机构发起课题组，将邀请国内顶级专家，包括金融、PPP、运营、策划规划等领域，以及扶贫办相关职能部门，进行联合研究和推进。

通过课题组的建立，由国家级专家智库对一个个小村落的脱贫攻坚问题进行诊断，并提供全面的解决方案，也由此引起高层的重视。形成的项目成果和经验，更是目前阶段全国性的扶贫攻坚战的重要思想和方式指导，将成为乡村旅游发展和脱贫攻坚的样板和标杆。

五、工作次序

(1) 第一阶段为发动和选择样本定点期，选择多类型乡村为样本，进行现状调研，形成阶段性报告。该部分工作可以由专业公司与当地学校组织，联合进行摸底工作。从留守人口、外出务工人员、占地和古建筑、现有产业、文化卫生基础条件等多方面进行调查，是面向产业升级和移植、文化卫生教育等方面的辅导，以及产业运营服务等方向的基础调研。

(2) 在调查报告的基础上，针对每一个样本的基础情况，进行专家会诊和产业策划，形成一个初步的发展方案。该部分工作需要将村落的产业和发展需求去对应相应的企业或工匠名人，进行精准的帮扶工作。为村落确定发展规划，提出项目方案，然后为企业的帮扶进行量化，这是从战略方面展开的首要工作。

(3) 在企业或工匠专家对应的帮扶下，进行前期深度方案的策划和设计工作。该阶段是制订战术方案的主要工作，可以联合设计院所及扶贫志愿者促进会等机构进行合作，为每一个村落的升级改造提出精准的产业、景观以及文化发展的策划和规划方案。

(4) 在具体的方案前提下，引入多门类的资金，包括国家扶贫资金、对口扶贫单位或城市能够解决的资金、社会资本方的资助资金，以及 PPP 模式等，全面解决村落的发展改造资金缺口问题。

(5) 在制订战略方案的同时，引入具体的项目运营机构，进行商业化运营，包括与政府合作、采用 PPP 模式、联合发起村民合作社、成立村民中心、进行所有项目的统筹和资源对接，以及建设和运营工作等。该机构将是一个复合化的产业运营机构，为每一位村民解决农产品营销、民宿客源服务、健康养老服务、公共景观整治等工作中的问题。

(6) 第二阶段为建设期，包括村民中心的运营体组建和试运营阶段，以及相关产业系统的建立等工作。

(7) 在具有一定建设成果的前提下，邀请国家相关机构领导前来考察和指导，为树立样板区指明方向。

(8) 形成创建方案和实操经验总结等，汇编后成为传统村落保护和脱贫发展的白皮书，直接呈报给国家相关机构。

六、运营预算

（1）前期启动费用，每个村落20万元，主要用于调研发动、初期策划及资源对接等。

（2）在与企业对接后，鼓励其以合作形式进行设计费用的资助，该阶段费用，每个村落约40万～60万元。可以以工程分包抵扣等形式，进行志愿合作方的招募。

（3）建设费用，从多门类的扶贫相关资金通道方面进行募集和建设。

（4）运营费用，均是企业和政府合作前提下的自筹，在未来的运营收益中扣除。具体需要在进程过程中研究和确定，目前只是确定一个战略方向。

七、发展愿景

以创意策划为先导的产业发展之路，是目前阶段国家扶贫攻坚战的一个重要突破口，是针对大量沉淀的扶贫资金和公益资金的最好出口，资本的选择是项目。在这个大通道下，设计一种层层撬动的杠杆原理，用微量的资金撬动前期项目引入方案，又以项目方案去吸引规模性的投资，以项目的落地运营让区域产生新的动能，新的动能能够带来村民的收入增长。这样的开发路径，是目前阶段国家扶贫攻坚战的重要突破口。

按照一般体量的村庄，平均每户的投入不高于50万元，通过村民合作社的经营回报周期10年。村民的月收入不低于500元，高的会超过3 000元，甚至更多，这主要看村落的资源情况和区位。针对交通资源匮乏的村落，前期的基础投资可能会大些，回报周期也会延长，如果走PPP模式的话会是20～30年的周期。

百村百企工程示范区

百村百企工程，是一个策划、运营、投融三位一体，针对贫困地区的乡村发展量身制定的发展模式。

模式从项目发起抓起，用供给侧改革原理，采用PPP模式的合作机制，引入社会资本方，与村民合作社结合，简称为PPP＋合作社。有多元化的投融资渠道，将强调落地的项目与资本精准对应，解决了精准扶贫资金和资源下拨与贫困村落资本和资源诉求的对接轴点。全面助力传统村落产游融合发展，从前期顶层设计到招商运营，以及投融资的一体化平台式服务模式。该模式将成为我们脱贫攻坚战的重要突破口。

传统的开发模式，都是以土地和延伸物溢价为根本诉求和对价的，而在乡村，特别是偏远的贫困山村，在无法实现土地资源的对价前提下，以村为单位的项目体量太小，盈利模式不清，招商引资的难度较大。

单一的村落，很难形成产业的规模化发展。之前的村落打造均是单打独斗，没有与周边村落集群相关的全域旅游规划。单一村落无论规模、人力均无法形成产业化优势，而且体量有限，无法支撑市场推广，成不了稳定供货源，只有将每一个村串联成带，然后形成片区，再与整体的大区域旅游联动发展，进行全域旅游产业联动发展前提下的产业开发，才能形成面向大区域市场的产业。

而百村百企扶贫模式要求以村民利益为根本，引入有公益精神的社会资本方和运营资源体，与州县政府进行平台合作，资源和资本全域统筹。以智慧村民中心为着力基点，以文化旅游为抓手，形成多产业融合发展，全面助力乡村振兴战略，让贫困山村获得文化和产业的新动能。

其中针对贵州黔东南州独特的人文环境，可对部分传统村落进行实地摸底调查和文化研究，参与调研的有前期策划和文化调研人员、整体建筑规划和产业规划人员、项目运营机构人员，还包括多个金融投资机构及多个社会资本方等。在深入调研南猛村、交汪村、返召村、柳基村、塘边村，掌握了一手资料的前提下，进行全产业链解决方案的编制。

该方案包括三个方面的核心内容：一是整体的规划，包括建筑规划、功能规划、景观规划、产业规划、旅游规划、交通规划等。从一定意义上，实现了村级的多规合一方案。二是商业运营设计，指项目涉及的运营

黔东南州雷山县南猛村

黔东南州雷山县格头苗寨

资源的对接，其中有多家业态运营机构，包括民宿运营机构、电商机构、农业游乐机构等，均安排了专业团队进行了现场摸底和对接。三是金融模式的架构设计，通过先后引入多个金融机构进行了现场调研和洽谈，也包括宋庆龄基金会相关负责人，进行了深度的对接。在公益项目方面，将其作为合作主体，并且初定建立一个传统村落的公益基金，作为这个百村百企模式中的关键组合体。

在获得黔东南州传统村落样板工程的试点经验后，可将百村百企工程模式向全国的乡村进行推广。计划用一年时间，使得目标村彻底告别贫困，并且过上富裕的乡村幸福生活。

这是一个行之有效的落地解决方案，将成为国家倡导的乡村振兴战略的一块重要基石。

第二节　传统村落资源保护与扶贫攻坚

贵州省有545个村落列入中国传统村落名录，占全国4 153个的13.1%，数量位居全国第二位。其中，黔东南州共有309个村落列入中国传统村落名录，入选数量在全国市（州、地、盟）这一级排名第一，占全国4 153个传统村落的7.44%，占贵州省545个的56.70%，是中国传统村落分布最密集、保存最完整、最具民族特色的地区。

第三届“中国传统村落·黔东南峰会”于2017年9月12～13日在贵州省黔

东南州雷山县西江·苗界举办，峰会以“保护·传承·发展——传统村落资源的可持续利用”为主题，旨在以“创新、协调、传承、开放、共享”五大发展理念为指引，在做好传统村落保护上攻坚克难，破解发展难题，厚植发展优势，复苏传统村落，传承农耕文明，持续激发传统村落的发展活力，不断将传统村落保护传承发展工作引向深入，以传统村落的可持续发展带动更多的贫困群众脱贫致富奔小康，实现“百姓富”与“生态美”有机统一的目标。同时，黔东南州紧紧围绕“守住发展和生态这‘两条底线’，用好民族文化和生态环境这‘两个宝贝’，打造国内外知名民族文化旅游目的地”这个战略定位，在推进传统村落保护传承发展的全过程中，将传统村落资源的可持续利用落到实际工作中。

贵州雷山县西江千户苗寨

贵州雷山县西江千户苗寨

传统村落资源保护包括以下三个方面：

一是研究“保护”新措施。通过总结全国各地成功经验，将重点推进传统村落保护发展规划编制、消防基础设施建设、垃圾污水治理、绿色村庄创建“四个全覆盖”，实现打造传统村落保护传承发展的升级版，推动传统村落在活态保护方面的理论创新，总结提炼形成传统村落保护发展新的理论成果，促使传统村落保护传承发展迈进新阶段。

二是探索“传承”新模式。探寻积极有效的传承模式，通过建设“传统村落数字博物馆”，推进传统村落的活态传承。目前，黔东南州已经启动传统村落数字博物馆建设，结合“大数据”成果，充分运用网络、信息、新媒体等数字化手段，围绕村落概况、传统建筑、民俗文化、村志族谱等，集权威性、知识性、趣味性、实用性于一体，正在建设黔东南州凯里市南花、雷山县郎德等10个传统村落数字博物馆，用以展示传统村落的村落风貌、传统建筑、非物质文化遗产，作为展现辉煌灿烂农耕文明的名片，建立传统村落文化保护发展新模式，推进形成传统村落保护传承发展长效机制。

三是开拓“发展”新思路。传统村落资源保护始终突出扶贫主题，聚焦脱贫攻坚、同步小康。正在通过建立“百企·百村”合作机制，打开在传统村落可复制、可推广的扶贫新思路。黔东南州与国务院扶贫开发协会、中国扶贫志愿服务促进会等国家级扶贫机构取得了合作，联合发达地区企业和社会资本方，对具有特色和打造潜质的村落，进行一对一精准帮扶和活态工作，充分利用传统村落特有的民族文化、生态环境、农耕文明等稀有资源，率先在全国推出传统村落保护、活化示范区和旅游项目集群区，促进传统村落原住民脱贫致富。同时，着重将传统村落资源保护与精准扶贫、精准脱贫相结合，与推动传统村落保护传承发展相结合，真正实现传统村落保护传承发展和当地群众脱贫致富，带动更多传统村落及早实现小康。

第四章　美丽乡村 4.0

最近有一句特别红火的网络用语：城市套路深，我要回农村。现实中，真的有太多的寻找创业机会的企业家、享受乡愁的居民、城里务工的劳动者，甚至辞去政府工作的公务员切切实实回到了农村。不过不是因为乡村没有套路，而是因为乡村振兴之势已经如火如荼。

与党的十六届五中全会提出的“生产发展、生活宽裕、乡风文明、村容整洁、管理民主”20 字社会主义新农村建设总要求相应，党的十九大提出了乡村振兴战略 20 字总要求，从“生产发展”到“产业兴旺”，从“生活宽裕”到“生活富裕”，从“村容整洁”到“生态宜居”，从“管理民主”到“治理有效”，在中国特色社会主义进入新时代、“三农”事业获得长足发展的新形势下，农业农村发展的战略要求也与时俱进地进行了“升级”，从而更符合广大农民群众日益增长的美好生活需要。

党的十九大报告作出一个重大战略判断：我国社会主要矛盾已经转化为人民日益增长的美好生活需要和不平衡不充分的发展之间的矛盾。从吃饱穿暖到要吃得健康穿得体面，从骑上摩托车到越来越多的人开上小汽车。不难看出，实施乡村振兴战略、加快推进农业农村现代化是农村化解社会主要矛盾的必然选择。

小康不小康，关键看老乡。党的十九大报告提出实施乡村振兴战略，意在更好地解决农村发展不充分、城乡发展不平衡等重大问题，加快补上“三农”这块全面建成小康社会的短板，可谓高瞻远瞩，意义深远。

那么如何实现乡村振兴？党的十九大报告提出了新表述，作出了一系列新部署：要求建立健全城乡融合发展体制机制和政策体系，这比之前的城乡统筹发展更加具体；明确第二轮土地承包到期后再延长 30 年，这无疑给广大农业经营者吃下了一颗“长效定心丸”；提出培养造就一支懂农业、爱农村、爱农民的“三农”工作队伍，更是切中了农村人才短板这个要害……来自农村基层的十九大代表，对乡村振兴战略倍感振奋，对走进新时代、过上新生活信心十足、充满期待。

一、美丽乡村的定义

美丽乡村（beautiful village）是指经济、政治、文化、社会和生态文明协调发展，规划科学、生产发展、生活宽裕、乡风文明、村容整洁、管理民主，宜居、宜业的可持续发展乡村（包括建制村和自然村）。

农村的几大类别包括：

◆ 依山傍水的风景旅游村。
◆ 以新产业落地作为基础的新农村。
◆ 以精品农业挺起身板的质量新农村。
◆ 以特色农业和土地人文为基本资源的大北方乡村。

二、美丽乡村建设六大内容

◆ 村庄规划：规定了村庄建设、生态环境治理、产业发展、公共服务等方面的系统规划要求。
◆ 村庄建设：规定了道路、桥梁、引水、供电、通信等生活设施和农业生产设施的建设要求。
◆ 生态环境：规定了水、土、气等环境质量要求，对农业、工业、生活等污染防治，森林、植被、河道等生态保护，以及村容维护、环境绿化、厕所改造等环境整治进行指导。
◆ 经济发展：规定了美丽乡村的农业、工业、服务业三大产业的发展要求。
◆ 公共服务：规定了医疗卫生、公共教育、文化体育、社会保障、劳动就业、公共安全、便民服务等方面的要求。
◆ 其他方面：对乡风文明建设、基层组织建设、公众参与、保障与监督等内容进行了明确。

三、《美丽乡村建设指南》

《美丽乡村建设指南》国家标准由质检总局、国家标准化管理委员会 2015 年 5 月 27 日发布。该标准将于 2015 年 6 月 1 日起正式实施。标准由 12 个章节组成，基本框架分为总则、村庄规划、村庄建设、生态环境、经济发展、公共服务、乡风文明、基层组织、长效管理 9 个部分。对美丽乡村建设进行了研究分析。

在村庄建设方面，标准规定了道路、桥梁、饮水、供电、通信等生活设施和农业生产设施的建设要求。明确规定村主干道建设应进出畅通，路面硬化率达 100%；要科学设置道路交通标志，村口应设村名标识；历史文化名村、传统村落、特色景观旅游景点还应设置指示牌。

在生态环境保护方面，标准规定了气、声、土、水等环境质量要求，对农业、工业、生活等污染防治，森林、植被、河道等生态保护，以及村容维护、环境绿化、厕所改造等环境整治进行指导，并设定了村域内工业污染源达标排放率、生活垃圾无害化处理率、生活污水处理农户覆盖率、卫生公厕拥有率等11 项量化指标。同时，标准还在经济发展和公共服务方面作出了相关规定。

《美丽乡村建设指南》作为推荐性国家标准，为开展美丽乡村建设提供了框架性、方向性技术指导，使美丽乡村建设有标可依，使乡村资源配置和公共服务有章可循，使美丽乡村建设有据可考。标准对乡村个性化发展预留了自由发挥空间，不搞“一刀切”，也不要求“齐步走”，鼓励各地根据乡村资源禀赋，因地制宜、创新发展。

四、美丽乡村 4.0

通过《美丽乡村建设指南》可以看出，在美丽乡村建设中，先有策划再有规划的思路顺序的重要性，也说明空间规划是为策划内容和商业模式而服务的。化文化优势为发展优势，坚持文化传承与创新并举，将每个文化项目挖地三尺，看书三千，创意三万。植根于自己，区别于别人，才能够真正加速培育乡村文旅产业新业态。依托其原有文化内涵，合力唤醒乡村沉睡的本土文化资源。

2.0 的乡村，是在政策实施初期，一部分村集体还在走农村城镇化建设的老路。田园不见了，取而代之的是毫无特色的亮瓦高楼，甚至大面积的水泥广场。乡村的美丽从何而言?

3.0 的乡村，不仅仅是住土楼，吃土菜，还同时享受着种种浓浓的乡情。满眼青山绿水的风景，那是一种沉积在骨子里的厚重，体现的是人类的本真。如何让乡土文化回归并为乡村振兴提供动力，如何让农耕文化的优秀菁华成为建构生态文明的指南，让乡村成为生态宜居的家园，成为破题的关键所在。

美丽乡村 2.0

美丽乡村 2.0

美丽乡村 3.0

以贵州苗王城为例，苗王城的建筑独具特色，几乎都是由石头堆砌起来的，历经数百年后仍旧非常结实，文化印记深厚，民族风情满满，建筑的细节更是饱含着无数的历史故事，使游客对历史的画卷浮想联翩。

而那种以木材质为主的建筑怕是百年以后又要重新经历一次“修旧如旧”的风潮了。

4.0 的乡村，应留住传统文化，尊重农村固有习俗，在保留原汁原味乡村文化的基础上，让农村旧貌换新颜。要求遵循乡村发展，注重乡土味道，保持农村特点，保留乡村风貌，留住绿水青山。充分挖掘乡村的自然生态资源与历史文化资源，连接政府、企业、投资者、创业者与村民，盘活乡村资源，促进村民就业与增收，推动美丽乡村的建设与升级。

苗王城

美丽乡村4.0

乡村应注重发展农业，尊重农业发展规律，借助现代化的手段，让农业发展更加多元化。目前，互联网＋农业、生态农业、智力＋特色农业等不同的农业科技创新模式，为农业的不断强大注入了无限力量。要促进农业发展，就要加快农业技术创新步伐，转变农业发展方式，积极探索集约高效、安全、持续的现代化农业发展道路。

以4A级旅游标准精心打造美丽乡村，一个集新农村建设、产业发展及乡村旅游于一体的美丽乡村建设体系正在一步步地落实在中国更多的土地上。

五、中国最美乡村：杭州市富阳区洞桥镇文村

“建设美丽宜居乡村”是十八届五中全会为乡村未来描画的愿景，2015年，浙江出台了《关于进一步加强村庄规划设计和农房设计工作的若干意见》，明确要在2017年年底前，完成4 000个中心村村庄设计、1 000个美丽宜居示范村建设。

可以预见，乡村未来的天际线，将会由无数具有地方文化和传统特色的民居描画。普利兹克建筑奖获奖者王澍，已经用3年时间率先在富阳文村打造出了14幢新民居。

改造前的文村

位于富阳西北山村的洞桥文村新民居，是浙江省美丽宜居村庄建设省级综合试点项目内容之一。投资2 000余万元，由中国首位普利兹克建筑奖获得者、中国美院王澍教授规划设计。采用用灰、黄、白的三色基调，以夯土墙、抹泥墙、杭灰石墙、斩假石的外立面设计，使新村和老村有机融合。

24户新民居依溪而建，山水如画。外墙抹泥用的是本村的黄黏土，工艺也是当地老祖宗的夯土技术，只不过黄黏土经过了水洗、粉碎、筛选，并运到中国美院的实验室里进行了化学配方，夯出来的墙非常坚韧、光滑，据说还很透气。

改造后的文村

24 户民居，大部分采用杭灰石外墙、盖老瓦片，都是就地取材。这一点是王澍作品的最大特点。他曾说："因地制宜不仅仅要和村里的传统文化因素结合起来，还应当尽可能地就地取材。"他一直倡导村居建设要"自然地建造"，用合适的材料和办法来实现节能保温、循环利用等现代生活的理念。

左边是木幕墙，右边是夯土墙。中间房屋屋檐下那两根装饰柱，看着是混凝土浇筑的，其实是钢柱，外面涂了一层混凝土。房屋建好后是敞开式的，所有隔断都用这样的木幕墙来完成。这与古民居很像。王澍作品的另一个特点：复古而简洁，延续传统又不失现代感。

窗外的风景如一帧定格的静物图。24 户房子的格局完全不一样，从每一户望出去的景致都多姿多彩。

王澍说，未来的乡村，其实是一种"隐形城市化"的状态，有生态的环

改造后的文村

境，有传统的历史，有现代化的生活。我们期待更多的人看到文村这样的案例，做好审美与文化的有效对接，既能保证乡村文化的传统，留住乡愁，保住乡味，又能慎重对待一山一水，一田园，给予美丽乡村新生机。

第五章　田园综合体的升级和企业运营

农业强，则国家强；农业富，则农民富。中国要强，农业必须强；中国要美，农村必须美；中国要富，农民必须富。

占绝对数量的中国广大农民如何在21世纪走向发展，走向繁荣，走向富饶？从中央到地方，田园综合体成为一个重要的产业发展试点模式。

作为乡村新型产业发展的示范试点，标志着“田园综合体”将进入一个里程碑的阶段。

田园综合体是集现代农业、休闲旅游、田园社区为一体的特色小镇和乡村综合发展模式，是在城乡一体格局下，顺应农村供给侧结构改革、新型产业发展，结合农村产权制度改革，实现中国乡村现代化、新型城镇化、社会经济全面发展的一种可持续性模式。

第一节　田园综合体的升级

2017年，田园综合体的发展可谓“火箭般的速度”在全国点燃、扩散、飞速发展，迅速成为当地经济产业发展和升级、农民生产发展，居民增收的新生力量。

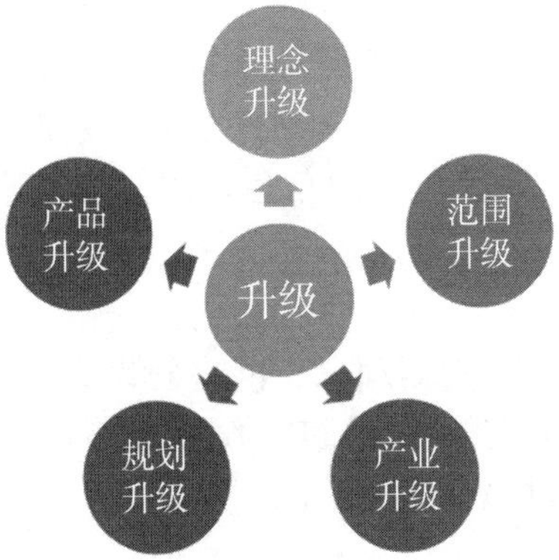

田园综合体的升级

经过一年多的发展、摸索、探讨、再发展，田园综合体取得可喜的发展成果，未来发展趋势也更值得期待。与此同时，经过市场的实施、打磨、检验，校正等，田园综合体在理念、理论、方式、方法、规划、建设、投资、运营、管理等方方面面都得到了全面的发展和提升。

2018 年，农业综合体将进入一个全速发展时期。要适应这种发展需要，就必须进行多方位的升级。

一、理念升级

田园综合体的理念涉及多方面，如产业理念、环境理念、企业理念、规划理念、产品理念、发展理念、政策理念、消费理念等，要打造功能完善、市场竞争力强、培育有竞争实力企业的田园综合体，就需要首先从理念上进行升级。

（一）产业理念升级

田园综合体首先要发展第一产业，在一产发展基础上实现二三产业联动发展，最终实现一二三产业融合发展的目标。

要实现三产融合发展，就需要提升产业发展理念，将“三生”“三态”等植入产业发展当中，在指导农业综合体发展中发挥重要的作用。

（二）环境理念升级

产业发展已经不允许以破坏生态环境为代价，农业综合体发展主体虽然以农业生产为主，对环境的破坏主要集中在农药、化肥、家畜家禽的粪便、废气等方面，但对环境的要求反而更加强调了。优美宜人的环境，将会带动更多的消费者前来，产生更多积极的经济因素。

（三）企业理念升级

田园综合体发展初期，企业更多是担当一个协助的角色，在各地政府的政策法规指引下，通过市场的自我反应吸纳相关的企业进入田园综合体的领域，在协助田园综合体发展的过程中获得自身发展的需要。

随着田园综合体的日趋发展，企业参与的深度和广度进入了一个全新的阶段，企业必然会承担主要参与者的角色，才能最大限度推动田园综合体的发展。

（四）规划理念升级

从产品规划理念向产业规划理念、再向全域产品规划理念不断进行提升。田园综合体已经不再是以打造一个成功的产品或者项目为目的，而是延伸到产业领域、全域领域的整体概念当中。

（五）产品理念升级

看农业景观、吃农家饭、带走农产品，这些初级的田园综合体产品形式已经不能满足日趋发展的市场需要。运用科技、创意、复合技术打造更多具有产业特色、地域特色的产品体系，将极大丰富田园综合体的产品系列，提供更多产品满足人们的消费需求。

（六）发展理念升级

我国是农业大国，农业资源多样性，具有浓郁的地域特色。田园综合体的发展必须结合当地的资源特色，对各项资源采取高度的整合和优化，以适用当前快速发展的市场。

（七）政策理念升级

田园综合体将作为我国新农村经济发展的重要试点工程在全国进行推广。随着政府各项政策法规的不断更新，需要在田园综合体运营过程中紧密关注，对各项动态做出快速反应。

（八）消费理念

田园综合体的发展吸引了越来越多的高端消费群体。这些高端消费者具有强大的购买力，也不再满足于简单的观光游览，而是深度的休闲度假、商务度假、康体修养等。

高端消费群体逐渐成为田园综合体的主力消费群体，将会给田园综合体的发展带来更多的积极意义。

二、范围升级

在田园综合体发展初期，主要依靠农业＋旅游，借助旅游的发展将农业项目盘活，推动农业生产的发展，带动当地相关农业项目及配套项目的发展。

经过一年多的高速发展，田园综合体的发展范围已经全面升级。

（一）农业＋文化

传统文化、民俗文化、农耕文化、历史人文、未来创意文化等与农业进行嫁接、培育、植入、繁殖等，成为田园综合体项目提升市场竞争力的强力背书品牌。

（二）农业＋创意

将创意植入农业当中，用创意来改造农业，用创意来打造新的农业产品，创意丰富了农业产品，也提升了项目的市场竞争力。

（三）农业＋科技

科技的进步和发展对田园综合体的发展也日益显示出其重要性。高科技不仅可以打造全新的跨区域农业生产，还可将农业景观提高到一个全新的高度。

（四）农业＋康养

健康农业与养生农业的结合，借助特色农业支撑康养产业，将特色新村打造成为康养基地。

（五）农业+修学

借助农业科普及科研等，打造针对不同群体的农业实习基地、科研基地、研发基地、推广实验基地、科普教育基地等。

（六）农业+大数据

数据技术和农业相结合将赋予改变农业从田间到餐桌的整个链条，比如推动精细化农业、实现全程可追溯、打开企业“黑箱”推动并购重组等，“大数据+农业”或将重新定义农业。

三、产业升级

（一）核心产业升级

在田园综合体发展起步阶段，其核心产业围绕农业生产展开，即特色农产品，包括它的生产和休闲活动。而随着田园综合体的不断完善和提升，核心产业已经超越了农产品本身，由区域协作及联合体构成泛产业。如通过田园综合体的打造，主要发展绿色生态、有机水果、蔬菜、水稻、油菜和规模化种植，培育2～3个区域农业知名品牌，通过品牌效应来带动田园综合体的发展。

（二）支持产业升级

田园综合体的支持产业主要包括为支持农产品的生产和开发活动而开展的农产品研发、深加工和促销等，包括一些企业群、金融机构、媒体运营机构。

共享经济、大数据和区块链的发展，加快了支持产业的升级步伐。

（三）配套产业升级

推动田园综合体发展的配套设施有旅游、餐饮、娱乐、培训等方面。配套设施作为休闲农业的补充，为综合农业提供了便利，创造了良好的环境和氛围。

配套产业的升级，如建立现代化的交通、通讯、物流、人流、信息流等项目实现与外部世界的及时互动联系沟通，与外界形成一个向外开放的经济空间，使其成为众人知晓的品牌。

（四）衍生产业升级

田园综合体的衍生产业是一种创意产业，是基于农业生产及生态投入创新和技术形成的企业群，如玩具、服装、食品、纪念品等。

四、规划升级

田园综合体的规划从产品规划开始，伴随着市场的发展、壮大和变化，不断提升到多产业、跨领域的规划阶段。

（一）生态链规划

以生态环境的保护性开发、可持续发展为基础，对整个产业生态链进行整体规划。如发展循环农业，治理面源污染，既是田园综合体发展的重要方向，也是构建生态环境建设体系的必由之路。

围绕资源利用节约化、生产过程清洁化、产业链接循环化、废弃物处理资源化，构建绿色生态链系统，推动田园综合体走上可持续发展之路。

（二）产业链规划

全面的田园综合体全产业链规划升级，包含上游产业、下游产业及关联产业，涵盖生产、市场、配套、游乐、康养及休闲等方面，构建生产型产业、观光度假型产业、艺术社区及民宿产业、康养休闲产业、科普教育产业等。

（三）区块链规划

区块链行业应用最显著的优势在于优化业务流程、降低运营成本、提升协同效率，这个优势已经在金融服务、物联网、公共服务、社会公益和供应链管理等社会领域逐步体现出来。未来，在田园综合体的发展上，区块链同样会展示其强大的竞争力。

利用区块链技术实现充分分布化，让消费者、种植户、采购商、批发商等都同步记账，防止篡改，可以利用相互之间的利益不相容机制来制衡保证数据的真实，避免利益趋同下一致行动的风险。

从消费者端看，通过区块链技术可以满足知情权，选择自己信任的农产品；从采购商角度来讲，担心批量购买的农产品质量不好，则可以通过对种植过程以及大数据分析，选择信任的农户。

五、产品升级

（一）农副产品

1. 跨区域产品

农业最大的特色是区域性强，如热带水果、北方严寒型水果只能在一定地理区域内生长。但随着科技的进步和人类栽培技术的不断发展，逐渐出现一些跨区域的产品，如进口水果车厘子，已经可以在国内种植和结果，成为跨区域的产品。

此外，南果北移、北果南种也逐渐成为田园综合体产品升级的一个方向。

2. 概念产品

借助科技、艺术、创意等打造的特色产品，如农业主题乐园、科普乐园等。

（二）休闲产品

1. 养生产品

针对养生、康养、健康等主题研发的产品，如养生蔬菜、微量元素瓜果、养生宴等。

2. 浪漫产品

以爱情为主导的产品系列，如农业婚纱摄影基地、浪漫田园等。

3. 亲子产品

以亲子为主题的特色农业项目及产品，如农业采摘、亲子科普、亲子菜园等。

4. 休闲体验产品

主题型的游乐产品，如农业嘉年华、农业科普园；休闲型产品，如特色民宿，田园农庄；景观型产品，如油菜花园、七彩稻田等。

（三）农旅产品

1. 纪念品

结合农业特色的旅游纪念品，如玩具、服装、食品、邮品等。

2. 工艺品

文化创意农产品、工艺品、饰品等，如麦秆椅凳、彩绘柚画、彩绘蛋壳、石头画等。

3. 艺术品

以农业为主题创作的艺术品，如盆景。一盆好的盆景，价值也是不菲的，甚至也能价值百万。

第二节　田园综合体企业运营管理

田园综合体的成功运营离不开当地政府的政策指导、各项政策法规的应用和监督管理，以及社会公共服务体系的支持和支撑。但更重要的是，要发挥企业作为经营者在整个田园综合体运营过程中主导者的角色。

各级政府在政策法规、基础设施建设、社会公共服务体系建设、社会监管等方面发挥政府职能作用，为田园综合体的运营与实施“保驾护航”；企业作为田园综合体运营主体，将能承担起更多的任务和责任，为田园综合体的市场开拓、可持续发展发挥重要的作用。

在一个优秀的田园综合体体系中，还有完善的运营体系和服务体系。按照政府引导、企业参与、市场化运作的要求，创新基金、PPP 模式，引入金融和社会资本，构建企业、合作社和农民利益联结机制，并导入人力资源服务、工商税务、品牌推广、投融资服务、财务分析指导、公司法务支持、农业电商服务、供应链支持、新技术支持、知识产权服务、政策支持等服务体系。

一、田园综合体营收模式

要讨论田园综合体的企业运营，首先需要明确田园综合体的营收模式，因为只有实现项目的盈利，才能确保田园综合体项目能够持续发展。

田园综合体主要营收来源有几个方面：门票收入、特色产品销售、合作分成、特色民宿和生态产业经营。

（一）门票收入

目前阶段，门票收入依然是田园综合体主要营收模式之一。

（二）特色产品销售

特色农产品、工艺品、纪念品等产品类别的销售收入。

（三）合作分成

通过与第三方合作获得的收益分成，如与影视公司合作，获得影视拍摄基地的收益分成；与摄影公司合作，获得摄影基地的收益分成；游乐项目合作的收益分成等。

（四）特色民宿

利用自用住宅空闲房间，结合当地人文、自然景观、周边环境资源，精心设计打造成特色民宿，提供游客居住获取收益。

（五）生态产业经营

涵盖农、林、牧、渔生产，以及加工、贸易、制造、餐饮、酒店、仓储、物流、金融、工商、旅游、地产等行业及环节经营收益。

二、企业独资运营模式

企业依托自身的实力和规模，在取得相关项目的合法手续以及在政府部门政策法规指导下，根据市场需要，自主地对田园综合体进行中长期经营战略规划、产品设计、项目建设、市场定价、市场推广、参加市场竞争等作出决策，并组织实施，取得核心服务的运营收益。同时，项目周边少量民宿和商业由本地村民自营，与总体项目的运营无关。

企业独资运营实行自主经营、自负盈亏，接受政府相关部门的指导和监管，通过市场监督来约束企业的经营行为。

三、企业股份运营模式

股份经营模式主要采用“龙头企业＋平台公司＋村集体＋合作社＋贫困户”模式合作开发。由企业作为重要发起人，如大型实业类企业，由其主要承担项目资信度和风险责任，并主导田园综合体的整体开发及经营管理。

在村民变股东方面，采取“土地保底红利＋土地股本分红”模式，提前预支土地保底红利给村民；在贫困户保障上，项目盈利后主导企业每年捐赠一定资金帮助贫困户，让其直接享受项目发展带来的红利；村集体经济方面，预留项目原始股份给村集体，每年公积金总额10％提留给当地农村。

同时，在此基础上，结合大扶贫、大生态、大旅游等工作，由当地政府牵头着力推进农旅产业调整以及小康路、小康电、小康水等工程基础设施建设，改善当地的产业配套设施及环境。

四、企业资本运营模式

金融机构主导，由金融机构联合地方国企成立基金，专注于投资田园综合体项目。坚持以政府投入为主进行基础设施建设，引导农民根据市场需求并结合当地优势，集中连片开发。

资本运营模式一般由金融机构做 LP 的优先级，地方国企做 LP 的次级，金融机构委派指定的股权投资基金作 GP，也就是基金管理公司。

在田园综合体的开发过程中，政府与选定的社会资本签署《PPP 合作协议》，按出资比例组建 SPV（特殊目的公司），并制定《公司章程》。政府指定实施机构授予 SPV 特许经营权，SPV 负责提供田园综合体建设运营一体化服务方案。

PPP 合作模式具有强融资属性，金融机构与社会资本在 PPP 项目的合同约定范围内，参与 PPP 的投资运作，最终通过股权转让的方式，在田园综合体建成后，退出股权实现收益。社会资本与金融机构参与 PPP 项目的方式也可以是直接对 PPP 项目提供资金，最后获得资金的收益。

第六章　田园综合体打造技巧

第一节　总体思路定位技巧

一、指导思想和基本原则

（一）指导思想

贯彻落实党中央、国务院决策部署，按照更加注重质的需求的农业供给侧结构性改革方向，打造高品质、高品位田园综合体的要求，优选农业农村基础条件好的乡村区域，彰显区域特色、发挥比较优势，坚持绿色化的原则，通过加强基础设施、产业支撑、公共服务和环境风貌建设，提升田园地貌、形态，打造集循环农业、创意农业、农事体验于一体的田园综合体，形成当地形象名片。

（二）基本原则

1. 以农为本

田园综合体中农业是基础产业，田园综合体的建设以地方特色产业为主导产业，通过栽培设施化、生产规模化、品种多样化、产业链条化、技术先进化、销售国际化，打造特色全产业链模式，做大做强地方特色产业，奠定产业融合良好基础，提升农民生产生活的组织化、社会化程度，紧密结合田园综合体建设并全面受益。

2. 市场主导

田园综合体的建设坚持以市场投入为主体，激发经营主体发展动力和创新活力。政府重点做好顶层设计、提供公共服务等工作，充分发挥市场机制的作用，实现资源优化配置，形成多渠道、多层次、多方式投融资机制。在完成科技支撑、吸引人才聚集、发展新产业新业态、健全运行服务体系等方面，坚持以市场机制为主，配合相关政策支持，使田园综合体走上充满活力的良性发展轨道。

3. 坚持创新

田园综合体把当地风土民情、乡规民约、民俗演艺等发掘出来，让人们可以体验农耕活动和乡村生活的苦乐与礼仪，以此引导人们重新思考生产与消费、城市与乡村、工业与农业的关系，立足当地实际，做亮农业特色，充分挖掘文化、产业特色，做到与众不同。

4. 坚持可持续发展

田园综合体的建设要充分考虑当地农业自然条件和社会经济的发展特点、基础和要求，在生态环境、资源、经济效益等方面都有持续性，从建设、投产到经营都符合可持续发展原则。在田园综合体内发展循环农业，形成了循环经济链，实施化肥农药使用减量化行动，推行绿色防控和节水技术，发展绿色有机农业，并建有垃圾、污水处理站，把经济发展与污染治理相结合，实现人与自然的协调统一发展。

二、规划范围期限和依据

（一）规划范围

在规划范围选定阶段，由于田园综合体项目以产业为核心，项目优先选择区位优越、交通便利、文化资源留存丰厚、自然环境独特、农林牧渔及其服务业占当地生产总值比例较大的区域。根据现阶段田园综合体示范项目可以归纳出，最适宜规划范围为 5 万亩*，面积过小，功能板块与建设内容不能充分体现，国家政策扶持资金不能有效利用；反之，资金压力过大，功能分区分散，特色产业重点不突出。

（二）规划期限

田园综合体规划期限的制定，宜采用 3 年规划，分年实施方案，经财政部年度考核评价合格后，试点项目可继续安排中央财政资金，对试点项目不理想的项目，不再安排资金支持。此外，规划期限依据国家发展规划、各省市县规范规定以及各部门发展规划的具体内容，打破以往“规划部门强制优先固定规划期限”的思维定式，顺应地方发展的实际情况制定差异化规划期限。

（三）规划依据

依据国家重要的政策、规划。

①《中共中央国务院关于实施乡村振兴战略的意见》；

②《财政部关于开展田园综合体建设试点工作的通知》（财办〔2017〕29 号）；

③《国家农业综合开发办公室关于开展田园综合体建设试点工作地点的补充通知》（国农办〔2017〕18 号）；

④《国家农业综合开发资金和项目管理办法》（财政部令第 84 号）；

⑤《国务院办公厅关于推进一二三产业融合发展的指导意见》（国办发〔2015〕93 号）；

⑥《国民经济和社会发展第十三个五年规划纲要》；

---

* 亩为非法定计量单位，1 亩≈667 米^2。——编者注

⑦ 其他相关政策法规。

三、规划目标、路径选择和发展理念

（一）规划目标

符合“产业兴旺、生态宜居、乡风文明、治理有效、生活富裕”的总要求，在抓住产业的基础上实施乡村振兴战略。充分挖掘和聚集乡村资源，采用综合开发手段，通过产业发展、特色居住、加工物流、文化景观、休闲康养以及综合服务区域建设，将田园综合体建成集先进产业技术示范区、国家级“美丽乡村”示范区、农耕文明展示平台以及体验基地。带动农民集体经济组织发展，提高农民收益水平，力求打造省级或国家级区域发展示范园区。

（二）路径选择

田园综合体建设是在农村发展新阶段提出的一项新任务。要从推动农业供给侧结构性改革、破解城乡二元结构、推进农村城镇化和加快农村现代化以及提高财政支农效果的战略高度，充分认识“三生同步”“三产融合”和“三位一体”的全局角度，科学推进田园综合体建设；要从守住粮食安全、守住青山绿水和守住农民基本保障底线思维，精心谋划田园综合体规划，要从加快培育农业农村发展新动能出发，推进田园综合体的建设。

1. 积极推动农业供给侧改革

2017 年中央 1 号文件指出：“当前，我国农业的主要矛盾由总量不足转变为结构性矛盾，突出表现为阶段性供过于求和供给不足并存，矛盾的主要方面在供给侧，需要积极探索供给侧结构改革。”田园综合体建设坚持以农业为主导，坚持兴农、富农、为农理念，在继续增加农产品总量、提高农产品质量的同时，突出挖掘农业在美化环境、康养服务、农事体验等方面的溢出功能，是农业产出的创新和农业功能的拓展，极大地推动农业供给侧的有效改革。

2. 有效减缓城乡“二元结构”矛盾扩大趋势

印度、巴西等国的城市化和工业化都导致了农业凋敝、农村凋零的不良后果。随着我国城市化步伐的加快，城乡“二元结构”也出现扩大之势，村庄大量消亡，空心村、老人村、留守儿童等社会问题日益严峻。

田园综合体建设借鉴了城市综合体的成功经验，集中部门资金，吸纳社会资本，重点打造特色突出、产业聚集、功能强大的农业产业循环综合体，龙头企业积极带动、农民专业合作社蓬勃发展、农民群众广泛参与的农民共享经济体，新型社区、产业平台、新生活方式中心、商旅景区四位一体的美丽乡村综合体。

融“三农”于一体的田园综合体，既是农民安居的美好家园，也是农民创业增收的理想乐园，兼具农业产业集聚和吸纳农民创业就业的城镇化功能，具有中国特色新型城镇化建设的明显特征，从生产、生活、生态全方位提升农民的幸福指数，有效减缓城乡差距扩大化趋势。

3. 加快我国城镇化、现代化进程

没有农村现代化就没有全国的现代化。我国现在只是一个发展中国家，人均 GDP 只有欧美日的 1/7。这就使得中国的城市化不可能提供足够的就业岗位，让进城农民在城市体面安居。即便实现了城镇化发展目标，仍有五六亿农民需要继续留在农村居住。他们的生产生活条件需要改善，应尽可能地利用农村资源鼓励农民就地创业就业，把农村现代化的短板尽快补齐。

4. 有效提高财政支农效果

为改善农村发展相对滞后的状态，近些年国家加大了对农业园区建设和美丽乡村建设的扶持力度，取得了很大成效。但这些扶持政策是由不同部门分别进行的，一方面综合效果发挥不够，另一方面其主要在基础性领域发挥改善作用，对农村新业态新面貌方面的拉动作用不明显。把既有的农业园区建设项目与新农村建设项目有机结合起来，集中资金整乡整村地推进田园综合体建设，使两类政策优势互补，打“组合拳”，无疑会收到事半功倍的效果。

（三）规划理念

1. 突出“为农”理念，坚持兴农为农，广泛受益

建设田园综合体要以保护耕地为前提，提升农业综合生产能力，在保障粮食安全的基础上，发展现代农业，促进产业融合，提高农业综合效益和竞争力。要使农民全程参与田园综合体建设过程，强化涉农企业、合作社和农民之间的紧密型利益联结机制，带动农民从三产融合和“三生”统筹中广泛受益。

2. 突出“融合”理念，坚持产业引领，三产融合

田园综合体体现的是各种资源要素的融合，核心是一二三产业的融合。一个完善的田园综合体应是一个包含了农、林、牧、渔、加工、制造、餐饮、仓储、金融、旅游、康养等各行业的三产融合体和城乡复合体。要通过一二三产业的深度融合，带动田园综合体资源聚合、功能整合和要素融合，使得城与乡、农与工、生产生活生态、传统与现代在田园综合体中相得益彰。

3. 突出“生态”理念，坚持宜居宜业，“三生”统筹

生态是田园综合体的根本立足点。要把生态的理念贯穿到田园综合体的内涵和外延之中，要保持农村田园生态风光，保护好青山绿水，留住乡愁，实现生态可持续发展。要建设循环农业模式，在生产生活层面都要构建起一个完整的生态循环链条，使田园综合体成为一个按照自然规律运行的绿色发展模式。将生态绿色理念牢牢根植在田园综合体之中，始终保持生产、生活、生态“三生”统筹发展，成为宜居宜业的生态家园。

4. 突出“创新”理念，坚持因地制宜，特色创意

田园综合体是一种建立在各地实践探索雏形基础之上的新生事物，没有统一的建设模式，也没有一个固定的规划设计，要坚持因地制宜、突出特色，注重保护和发扬原汁原味的特色，而非移植复制和同质化竞争。要立足当地实际，在政策扶持、资金投入、土地保障、管理机制上探索创新举措，鼓励创意农业、特色农业，积极发展新业态新模式，激发田园综合体建设活力。

5. 突出“持续”理念，坚持内生动力，可持续发展

建设田园综合体不是人工打造的盆景，而是具有多元功能、具有强大生命力的农业发展综合体。要围绕推进农业供给侧结构性改革，以市场需求为导向，集聚要素资源激发内生动力，更好满足城乡居民需要，健全运行体系，激发发展活力，在各建设主体中各有侧重、各取所需的基础上，为农业农村农民探索出一套可推广、可复制、可持续的全新生产生活方式。

第二节　功能规划布局技巧

一、产业发展区

（一）定位

根据当地产业特色，打造全国先进的产业技术示范区，引进自动化管理设备，改进农业生产方式，发展现代物联网管理模式，构建田园综合体产业、经营支撑体系。以农业产业园区的方式发展现代化农业，实现农业现代化和规模化经营。

（二）规划

结合当地特色产业，发展循环农业、设施农业、特色农业、无土农业、外向型农业、休闲农业、创意农业等新型农业产业，通过有效的体制机制政策保障，双向提高产业产量与品质。

1. 以农业产业为基础性、支撑性产业，以园区资源和农业特色为依托

在坚持可持续发展的基础上，延长产业链、提升价值链、完善利益链，开发农业多种功能。深入发展地区传统农业特色优势产业，充分利用当地土壤、地质、温度等物侯期特点，立足自然资源优势，以市场需求为导向，加速发展经济作物，加快园区标准化、市场化、产业化的发展进程。田园综合体要坚持以农为本，以保护耕地为前提，提升农业综合生产能力。

2. 以增绿、提质为主导，实现产业特色化、品牌化

发展传统特色优势主导产业，推动土地规模化利用和一二三产业融合发展。就种植业来说，实现种植基地有机肥精施、农药减施增效的绿色生产模式，打造田野生态风光，采用先进可持续性栽培技术、水肥一体化等先进滴灌设施；就畜牧业来说，严格控制畜牧业面源污染，加强畜牧业防疫与医疗水平，打造种养结合、农牧结合、林下经济为一体的畜牧产业模式，丰富畜产品种类，实现全产业链统筹协调发展；就水产业来说，采用生态水体净化系统，利用藻类、贝类、卤虫等生物技术净化养殖用水，实现水资源的循环利用，提高育种育苗及养成水平，实现工厂化、规模化、标准化等全产业链养殖模式。

3. 培育新型农业经营主体，建设智慧农业示范区

结合当地农业设施、物联网、大数据等发展现状，提出发展循环农业、创意农业、智慧农业等农业新形态发展规划。聚焦产业示范区建设，发展自动化管理技术示范区，新型栽培或养殖技术示范区，现代物联网技术示范区，立体种养模式示范区，标准化种植、畜牧基地等。

二、特色居住区

（一）定位

城镇化主要功能部分，农民，工人、旅客等人口相对集中的居住生活区域。房屋错落有致，外墙装饰统一，道路整洁美观，乡村田园美景尽显，传统与现代、田园与民居相结合，建设宜居、宜业、宜游的乡土生活空间，实现农村社区化管理，重塑社区精神，提升群众幸福感。

（二）规划

打造风景优美、公共设施完备的生态居住区，集居住、休闲、观光于一体的新型乡村特色居住区。完善农村生活公共基础设施建设，在农民居住区域，完善道路交通、给排水系统、环卫设施和绿化建设；建设景观和休闲空间，提升居住品质，发展文化旅游、农民社区交流、娱乐等功能，建成农民生活的幸福家园、市民向往的休闲乐园。

居住区是田园综合体迈向新型城镇化结构的重要支撑，农民在该区域内参与农业生产劳动、休闲项目经营，承担相应职能分工的同时又生活其中，不搬迁异地居住。通过产业融合与产业集聚，引导人员聚集，形成当地农民社区化居住生活、产业工人聚集居住生活、外来休闲旅游居住生活3类人口相对集中的居住生活区域，从而形成依托田园综合体的新人口聚集区，构建乡村的人口基础。

三、加工物流区

（一）定位

打造现代化加工物流产业，带动当地农产品销售，借助当地龙头企业带动引领，构建高效生产、加工及物流产业运作组织及服务网络，全面提升现代产业加工业、物流等产业信息化水平，促进市场与生产高效连接。

（二）规划

推行农产品质量标准落实，建设各类农产品加工基地，结合相关的科技示范园区的发展模式，逐步建立标明产品的产地、质量、标准的等级等标识制度。加强农产品质量监督检验检测体系建设，逐步建立全过程、有效的动植物检疫、农药（兽药）残留检测、环境质量监测和产品质量控制等体系。在加工过程中，防止使用违禁药品，确保食品卫生安全。加快建立和完善覆盖面宽、时效性强的国家与地方农产品市场信息网络，拓宽信息的收集和发布渠道，加强信息资源的分析与处理，为农产品加工企业和农户提供及时、准确的信息服务。建立多层次、多元化市场体系，扶持和发展各种中介组织，建立健全技术推广、职业培训等社会化服务体系，切实加强对农产品加工业的服务，为农产品加工业的健康发展奠定坚实的基础。

扩大农产品生产资源优势，借助农业产业化龙头企业初级加工、分级包装、冷链物流、网络配送、终端市场、品牌效应以及“农超”“农市”对接的优势资源，构建高效物流运作组织和服务网络，加大现代物流公共信息网络平台，如电子商务平台和物联网建设平台，全面提升农业现代化物流信息化水平，大力发展第三方物流，打造农产品专业营销航母，辐射带动示范区及周边地区相关产业发展。

四、文化景观区

（一）定位

保护文化遗产的同时发展旅游业，统一建筑风格，集中展示雕塑、小品、水景等田园特色风格元素设计，打造田园综合体核心景区，提升田园综合体总体景观品质，丰富游客景观体验，打响旅游品牌。

（二）规划

乡村是我国传统文明的发源地，乡土文化的根不能断，农村不能成为荒芜的农村、留守的农村、记忆中的农村。乡村一是盛世乡愁的存放地，二是农业文明的复兴地，三是传统文化的弘扬地，四是家园红利的再生地，五是“诗意栖居”的理想地。本区域承载文化内涵与教育功能，依照地方文化背景，挖掘特色文化景观。例如，采用重修寺庙、重修佛像、改造广场、还原古街等多种方式保护物质文化遗产。浓厚的文化气息极具感染力，会让人沉浸在钟声、诵读声中，感受古人意境、修身养性，提高自身审美修养。

本区域可设置现代农业博物馆、现代农业示范区、传统农业体验区、动植物园、环境自然公园、市民农场、创意农业展示区等。上述园区均与休闲游憩体验相结合。其中传统农业体验区有乡野田园风光、传统农业生产活动、手工作坊、农家生活和习俗体验等，可利用保留的古村落实施乡村整治整修工程，让农村成为安居乐业的美丽家园，在城乡融合发展中创造“现代田园”，打造集聚区域特色的田园综合体。

五、休闲康养区

（一）定位

营造舒适环境，满足长期客户、专家学者生活、康养的需要，深入体现农业创意的特色生活空间，使城乡居民能够更深入地体验乡村风情活动，享受休闲创意农业带来的生活乐趣。

（二）规划

主要利用乡村的山地、森林、溪流、水库、湖泊、湿地、居民点及乡村文化等，开展各种各样的户外活动及娱乐活动，如登山、徒步、山地自行车、漂流、野营、垂钓、划船、园艺、拓展及各种文化娱乐活动。可设立专门的乡村自然游憩公园及户外运动公园。有条件的地区可建乡村度假村，包括乡村文化民宿、乡村酒店、小木屋、别墅、农业庄园等，体现“崇尚自然、高端文化、优雅生活、独立空间”的特点。乡村度假满足人们回归自然、归隐田园的需求。保持农村田园风光，保护好青山绿水，实现生态可持续。确保农民参与和受益，带动农民持续稳定增收，让农民充分分享发展成果，提升获得感。让人们从中感到农业是充满希望的现代产业，农民是令人羡慕的体面职业，农村是宜居宜业的美好家园。

六、综合服务区

（一）定位

提供服务保障的核心区域，田园综合体须具备的配套支撑功能区，为综合体各项功能和组织运行提供服务和保障的功能区域。

（二）规划

建设多功能综合，富有地方特色的现代化管理服务区，设置管理服务中心、休闲旅游服务中心等公共服务机构，配套综合管理信息系统建设，实行一站式服务，确保多部门协调运转。举办产业论坛、文化节等活动，提供现代农业科技咨询服务。培育产业重点龙头企业，聚焦国内外高素质人力资源与科研教育资源，配套专业化服务支撑体系，实现优势资源在企业的集中配置。建立完善的投诉机制、应急机制、维护消费者、游客的权益。创新服务手段，激活市场、要素和主体，调动多元化主题，共同推进田园综合体建设的积极性。建设商业、康养生活配套设施，打造优美生活环境，满足休闲度假游客、长期客户及科研专家的生活需求，构建起田园综合体的服务、运行支撑体系。

第三节　乡村及偏远地区基础设施及装配式建筑建设技巧

一、基础设施建设

（一）污水系统

目前许多乡村地区无市政配套设施，生活污水处理设施的完善程度影响着周围环境，传统城市污水处理方法不能适应乡村地区及偏远山区生态居住环境的要求，新型的污水处理设备是项目建设的最佳选择。

由于乡村居住人数相比城市居住人数来说比较少，因此地埋式污水处理设备可以大幅度降低建设成本，相对于市政管网建设来说，其具有以下优点：设备埋于地表以下，可以利用绿化进行遮挡；设备不需要专人管理运营；降低占地面积，降低建设成本；对周围环境无影响，污泥产生量较少，噪声较小；操作简单，工艺技术创新，处理效果好，使用寿命长；设备可灵活布置等。

（二）通信与网络技术

在我国一些乡村和偏远地区，由于存在信号覆盖盲区，加大网络基础设施建设、倡导低碳环保理念、在通信设施领域不断创新技术，是推动节能减排及降本增效、建设我国生态安全屏障、守护绿水青山的重要措施。卫星通信行业作为国家战略发展行业，有着广阔的发展空间，具备可持续发展的动力。实现通信基站以及新能源的建设，亦可通过新能源的建设通信基站。

据了解，北京天地通信息技术有限公司积极布局全覆盖、高通量、大融合、大转型时代。作为国内领先的卫星通信天线研发与专业制造商，其拥有多项技术，如多口径、多频段、多模式、高通量卫星通信天线系统站，基于地面、卫星、有线网络的数字电视解决方案及接收终端类产品，业界领先的多网、多融合智能应急广播系统解决方案，移动应急通信系统解决方案，专业的应急广播播控、传输及接收终端设备等。

中国卫通集团有限公司是我国拥有民用通信广播卫星资源的卫星运营企业。长期以来，中国卫通大力发展卫星空间段运营和卫星应用服务。到2018年，中国卫通将形成覆盖中国大陆和近海海域，超过30Gbps容量的Ka宽带卫星通信能力。中星16号卫星于2017年4月12日由长征三号乙运载火箭发射，定点于东经110.5°同步卫星轨道，提供26个用户波束，覆盖中国及近海区域，可应用于远程教育、医疗、互联网接入、机载和船舶通信、应急通信等领域。

这些产品及解决方案发挥了较强的创新能力，其中卫星天线制造专用设备应用于生态风景区内，不仅仅是一项节能减排的重大举措，且预示着原生态风景区的通信、网络的全面覆盖，为生态风景区的对外交流提供了有力保障。

未来，我国在生态风景区内，将加快发展“创新、协调、绿色、开放、共享”的“互联网＋大数据”产业模式，推动我国通信网络的提质增效和转型升级，加快供给侧结构性改革，助力原生态地区现代化生活方式的跨越式发展。

（三）电力系统

光伏农业是近年来国内外新兴的一种产业模式，是通过在农业设施顶棚安装太阳能组件发电、棚下开展农业生产的形式，将光伏发电与农业设施有机结合，以达到多产业融合的效果。除了基本的光伏发电与农业生产外，还可结合观光采摘、乡村旅游、民俗文化游、科普基地、田园景观等形式，提高单位土地的收益，最大限度地利用土地资源，增加生态效益和社会效益，提高农民收入，有效带动地方经济发展。

（四）废弃物处理

乡村和偏远地区的人口较少，废弃物主要为乡村生活和游客游览观光过程中产生的，这些废弃物不能得到及时处理会对自然生态环境、生活区安全等造成严重影响。如果能将这些处理得当，就会使乡村和偏远地区呈现出环境优美的画面。

（1）传统废弃物处理方式缺点。在乡村，传统的废弃物处理方式以焚烧、填埋、堆肥三种方式为主，缺点是投资较大，对焚烧后的尾气处理需要投入大量资金，同时占据土地空间，对土壤、地下水和空气存在严重的二次污染。伴随着处理标准越来越高，场地的选择愈发困难，距离也越来越远，运费及后期各种费用投入增加，传统的废弃物处理方式逐渐被淘汰。

（2）田园综合体中生活区及旅游区等餐厨废弃物处理方法。先把产生的餐厨废弃物与厨余废弃物中的塑料、铁、玻璃及木头等不同类杂物进行分类拣出，剩余有机废弃物再进入多级脱水模块，液体进入油水分离系统，固体进入后续发酵系统。经脱水处理后的废弃物脱水率可达50％以上，减容率约为40％。同时，大部分以溶解形态存于餐厨垃圾中的盐分、油脂进入水相。

经过脱水产生的液体再进入油水分离系统，分离出的油脂再进行统一运收管理。污水可进入餐饮单位现有隔油池或污水处理系统，或选配多效蒸发处理模块进行处理；脱水产生的固体物质，富含有机质的混合物料在微生物的作用下，降解为小分子的、容易被作物吸收利用的肥料，发酵时间约为12～24小时。发酵阶段产生的废气经排气孔进入微生物除臭系统排出，发酵完成后产物自动排出或直接入袋包装，可以作为有机肥料回归农田，或经过进一步深加工制成有机复合肥，从而实现其资源化利用。

（3）其他废弃物处理方法。其他废弃物实行分类管理，全面实行废弃物袋装化，按照可回收、一般回收和危险品1等分类收集，集中存放，由专门车辆定时运送，外运至处理点进行集中处理。

二、装配式建筑

由于乡村和偏远地区人口较少、劳动力稀缺、交通不是很便利等综合因素的影响，老旧乡村治理和改造是乡村振兴战略实施工作中所面临的一次挑战。装配式建筑的发展为乡村振兴战略的实施注入新的活力。

装配式建筑，是指先在车间生产预制的构件，将预制的构件运往工地现场组装而成的建筑。其具备以下几个特点：一是节能。装配式建筑适用地域广泛。采用两面混凝土且中间夹了50毫米厚的挤塑板的外挂板，使它的保温性能比普通建筑的保温性能好一些。采取这样的措施，也可以改变普通建筑墙面出现脱落的问题。二是环保。用工厂的模式化来生产，因此施工的现场较平常施工现场不会产生大量的建筑垃圾，更环保。三是节省模板，因剪力墙的模板用外挂板兼做，楼板底模用叠合板兼做，因此可省大量的模板。四是缩短工期。大部分的建筑构件会在工厂大批量生产，所以施工现场的强度会大大减少，砌筑和抹灰可省去，整体工期会缩短。

装配式建筑也有不足。一是对场地的基础数据要求高，需要各项数据比较准确，例如标高测量，放线要精准，孔洞的预留位置也要特别准确。二是预制的构件尺寸会有些误差，所以在拼装时会有缝隙过大或不均匀的情况。三是装配式建筑板底缝隙成八字形，勾缝后可能易脱落。四是装配式建筑的外墙板缝处使用耐候胶，受气候影响小，适用地域广泛，除交通运输不便利和吊装场地受限的地方外都可使用，但耐候胶的使用寿命是30年，老化以后不容易更换，容易产生渗漏的现象。

当前主要应用的结构材料有木材、钢结构、混凝土、钢筋等。上述结构材料中，木结构、钢结构、预制装配式混凝土结构不仅可以重复利用，也可以减少建筑垃圾。目前应用最为广泛的轻钢别墅、木屋，采用钢结构、木材作为建筑材料。目前还有部分帐篷采用铝材、膜材等作为建筑材料，这是一种全新的尝试。另外有采用充气膜作为内外包覆材料（骨架采用钢结构）建设的建筑，如德国的安联球场、国内的水立方等。

国家近年出台了多个发展预制装配式混凝土结构的政策，预制装配式混凝土结构在高层住宅中发展迅速，已在多个城市建成保障房、商品房小区。预制装配式混凝土结构施工快速，现场湿作业少，是绿色建筑常用的结构形式之一。采用装配式建筑能较好解决环保、绿色问题，且能节约工期，能满足“四零”生态建筑的设计要求。

第七章　农家乐的创意与策划

田园牧歌式的生活成为很多城市人梦想的生活方式，农家乐作为乡村旅游中一种主要形式，受到很多旅游开发投资者的青睐。在很多城市的郊区和广大农村地区，农家乐已形成一定规模，成为人们假日、周末的一种独特的旅游形式。

第一节　农家乐的起源

农家乐旅游的雏形来自于国内外的乡村旅游，乡村旅游在国外已有 30 多年的历史，开展得比较成功的大部分是一些欧美发达国家。

一、国外农家乐的起源

20 世纪 60 年代初，当时的旅游大国西班牙把乡村的城堡进行了一定的装修，改造成为饭店，用以留宿过往客人，这种饭店称为“帕莱多国营客栈”；同时，把大农场、庄园进行规划建设，提供徒步旅游、骑马、滑翔、登山、漂流、参加农事活动等项目，从而开创了世界乡村旅游的先河。以后，乡村旅游在美国、法国、波兰、日本等国家得到倡导和发展。

二、国内农家乐的起源

我国真正意义上的乡村旅游始于 20 世纪 80 年代，它在特殊的旅游扶贫政策指导下应运而生。1987 年，在成都郊区龙泉驿书房村举办桃花节，这次桃花节把农事活动、乡村田园风光、乡土民俗文化、乡村民居和聚落文化与现代旅游度假、休闲娱乐相结合，形成了一种全新的旅游形式，真正以“农家乐”命名的乡村旅游也始于此。

第二节　农家乐的定义与内涵

农家乐形式的旅游在国外被称为乡村旅游，其定义也是众说纷纭，在国内外都没有形成统一的说法。

一、国外农家乐的定义

国外的农家乐是指发生在乡村地区的旅游活动，并进一步认为乡村特点是农家乐的整体核心和卖点。国外农家乐（乡村旅游）的不同定义为：

（1）农家乐是农户为旅游者提供食宿条件，使旅游者可以在农场、牧场等典型的乡村环境中从事各种休闲活动的一种旅游形式。

（2）农家乐不仅仅是以农场或农庄为基础的旅游，使旅游者可以在农场、牧场的那个典型的乡村环境中从事各种休闲活动的一种旅游形式。

（3）农业旅游、农庄旅游和乡村旅游是一回事，根本不用区分。

（4）欧盟和世界经济合作与发展组织认为：农家乐是指发生在乡村的旅游活动，并进一步认为，乡村特点是乡村旅游整体经营销售的核心和独特卖点。是基于乡村地区，具有乡村特点、经营规模小、空间开阔和可持续发展的旅游形式。

二、我国的农家乐定义

我国的专家学者从各自的专业领域出发，对农家乐进行了不同的解释。

（1）田喜洲认为，通常所指的农家乐即为狭义的农家乐。从购买者的角度来讲，它是指游客在农家田园进行观光、娱乐、体验，寻求与城市生活不同的乡村意味；从经营者的角度来讲，它是指农民利用自家院落以及周围的田园风光，自然景点，以低廉的价格吸引市民前来吃、住、玩、游、娱、购的旅游形式。广义的农家乐源于广义的农业的概念，它包括农、林、牧、副、渔。

（2）卢璐、刘幼平认为，农家乐是农业旅游的一种产品，以农场、林场、鱼塘为对象，集具体的旅游项目，即观光、休闲、参与生态旅游为一体，以可持续发展为指导理念的一种生态工程，是一种非大众的旅游方式。

（3）胡卫华、王庆认为，农家乐顾名思义就是久居城市的居民到农村农家大院休闲娱乐，是农业经济与旅游经济的结合。

（4）周荣华认为，农家乐是一种利用乡村自然资源和人文资源，将第一产业和第三产业有机结合的新型农业旅游形式。

（5）何红认为，所谓的农家乐旅游，就是以农民所拥有的土地、庭院、经济作物和地方资源为特色，以农村家庭经营方式吸引城市居民来此休闲度假、娱乐观光和体验农事的一种新型旅游活动。

（6）另有相当多的学者认为，农家乐是仅局限于农家庭院的旅游活动，即农民利用自身院落周围的田园风光、自然景点，以低廉的价格喜迎游客前来吃、住、玩、游、娱、购的旅游形式。

三、行业对农家乐的定义

实际上到目前为止，一个标准的农家乐的定义还没有出现。乡村旅游、度假村、农家住宿、农家餐厅、农场、农庄等都包含在了农家乐的定义之中。但有两点可以肯定的是，农家乐必须是发生在乡村地区的旅游活动，必须有乡村特点的自然和人文景观作为旅游吸引物，二者缺一不可。这已经成为行业内公开的标准。

四、农家乐的内涵理解

通过以上各种对于农家乐定义的探讨，可以总结出农家乐的基本内涵：

农家乐是新兴的旅游休闲形式，是农民向城市现代人提供的一种回归自然从而获得身心放松、愉悦精神的休闲旅游方式。它是以农村地区为特色，以农民为经营主体，利用乡村自然环境、人文景观和农、林、牧、渔业等资源优势，为消费者提供餐饮住宿、劳动体验、休闲娱乐、观光度假等服务的一种旅游经营活动。

（一）以“农”为根

农家乐以“农”字当头，以“农”为统领，若是抽掉了“农”字，也就砍断了农家乐的根。它的业主是农民，主业是农业，农民以自住房屋为基础，投资经营，为游客提供吃、住、娱乐等服务。

另外，“农”字可以外延出多重含义，从“三农”视角看，它包括农业、农村和农民；从业态看，既包括农、林、牧、渔等涉及农业的相关产业，也包括农产品加工、农产品会展等现代农业类型。总的来说，以“农”为根表现在以下几个方面：

1.“吃”农家饭

农家乐在餐饮方面各具特色，总之是要突出农家风味，让游客品尝到当地特色、无污染、原生态的美食。

2.“住”农家院

真正的农家乐不仅是单纯形式上的住土炕、看乡村风景，而是能够让游客在农家院休息的时候，体会到虫叫蛙鸣的天地之声，呼吸到泥草清香的自然之味，贴近自然，与天地融为一体。

3.“游”农村景

农家乐的经营地，一般具有生态环境和民俗风情的独特性和优势，或依山傍水，或竹林幽幽，或花果飘香，或小桥流水、绿野成片，给人一种心旷神怡、置身世外之感。与此同时，能够让游客从大处观乡村田园风光、自然山色，从小处亲身体验农民生活、劳作场景。

4.“娱”农家乐

让游客在农事上，体验到与自己日常生活完全不一样的经历，让其享乐其中，能够让游客体验农民春耕夏耘、秋获冬藏之劳作。

（二）以“家”为形

农家乐一般以家庭为单位，体现出家庭的形态，其经营规模适度。好的农家乐不贪大求洋，而是发展自身特色，把品牌和产品、服务等做精，提高农家乐旅游的文化品位。

（三）以“乐”为魂

农家乐游乐项目不应仅停留在唱歌、吃饭、体验农事活动上，而是应让游客沉浸在乡村原生态的生活方式中，充分体验乡村远离城市喧嚣的那份自在和淡然，这样，农家乐才可能可持续发展。

第三节　农家乐的类型与模式

农家乐作为一种旅游形式，其经营形态多种多样，所以农家乐的类型也比较多。目前，全国各地的农家乐经营形态多达十几种，各具特色，本文以相对成熟的四川、湖南等地作为重点分析对象，总结出我国农家乐的主要类型与模式。

一、四川农家乐类型与模式

四川成都是我国最早开始农家乐项目开发和经营的地区，其农家乐类型与模式相对丰富、成熟，主要包括以下几种。

（一）农家园林型

以成都市郫县友爱乡、温江县万春镇等川西坝子农家院户为代表。这里是享誉全国的花卉、盆景、苗木、桩头生产基地，荟萃着川西平原农家休闲旅游的主要特色。

（二）花果观赏型

以成都市东郊龙泉驿的书房村、工农村、桃花沟、苹果村等丘陵地区为代表。卖果不如卖花，让人先饱眼福，后饱口福。它反映了人们消费观念的改变，龙泉山水果在提高科技含量之后又着力提高文化含量，在传统农业的基础上发展观光农业，开拓了宜林山区发家致富的新思路。

（三）避暑休闲型

以成都市远郊区都江堰的青城后山、蒲江县的朝阳湖、彭州市的银厂沟、大邑县的西岭雪山等自然风景区为代表。依附于著名的避暑景点、整洁价廉的旅舍，让游客“花居家度日的钱，享受生态景区的自然环境”。

（四）花园客栈型

以成都市新都区农场改建的泥巴峡沱风景区、市前进农场改建的渔庄为代表。把农业生产组织转变成旅游企业，把农业用地建成园林式建筑，使其成为休闲园林式建筑，是功能齐全、沿用客栈式管理的休闲娱乐场所。

（五）养殖科普型

以成都市都江堰、青城山等地为主要代表。到都江堰三文鱼养殖基地旅游不仅可以品尝价廉物美的新鲜三文鱼，还可以得到鱼类养殖的详细资料，深受游客的欢迎。

（六）农事体验型

四川名山县绿茶基地就是代表之一。游客在享受“农家乐”同时，融入大自然，亲自到田间地头采些新鲜茶叶，在劳动中享受休闲的乐趣。

（七）川西民居型

改造现有建筑外观，使之与自然生态环境协调融合，成为具有特色的“农家乐”片区，凸现乡村旅游特色。

二、湖南农家乐类型与模式

在湖南兴起的农家乐特色旅游也成为品牌，形成了几大类型。主要可以分为竹香农家乐、花香农家乐、湖光农家乐三大类。

（一）竹香农家乐

以湖南省桃花江竹乡为代表，除了看竹海这一秀美景观外，这里的竹文化最吸引人。竹乡的吃、住、用全都离不开竹子。一走进竹乡就如进了竹的海洋，让人实实在在地感受到竹的秀美。与竹相关的是这里的美人文化。桃花江是美人窝，一进桃花江就会有巧灵的女孩子编着竹制品。去镇上的农户家，好客的主人会捧出花生、芝麻、绿豆、姜片等，会端上精心擂制的擂茶。据说，桃花江的女人们是因这擂茶长年滋养才出落得如此美丽动人。

（二）花香农家乐

以湖南省益阳为代表。各具特色的农家乐经营农户，全都是以养花为主。秋天的花乡到处都飘着桂花香，花乡风情美食文化节有花乡的各种特色美食，有香喷喷的腊肉、农户自酿的杨梅酒和各式各样叫不上名的野味。客人们鼻子里闻着香，嘴里吃着香，那感受只有花乡才有。

（三）湖光农家乐

以湖南省沅江湖乡为代表。不但能让旅客体验渔家生活，观赏目平湖、万子湖、南洞庭湿地等为特色的湖光山色，还能有机会吃上全鱼席。

三、我国农家乐的主要类型与模式

可以说，全国各地的农家乐均有自己的特色、自己的经营形式和自己的风格。经过分析综合，我国的农家乐可以分为以下几种。

（一）生态型农家乐

处于独特的地理位置，地段类型多样，气候带相对完整，生物多样性十分突出，可依托这种生态平衡条件发展农家乐。深圳的农家乐平台就有很多生态型农家乐的推荐。与其他城市不同，深圳农家乐更倾向于为长期居住在城市的上班族提供原生态的生活体验。发展生态型农家乐的旅游大有可为。

（二）纯自然型农家乐

主要是依托美丽独特的自然风光，或依山傍水，或雪山草原，或小桥流水，以自然风光作为载体，发展游玩、吃住行的农家乐，如河北省涞水县的野山坡风景区。

（三）游玩型农家乐

主要是将生态分布与自然因素结合在一起的综合农家乐，体现游玩的特点，常常结合一些体育竞技活动，投入和修建了相应设施。以登山、滑雪、滑冰、攀登、打猎探险等活动为主，还可以穿插一些文艺活动，如篝火晚会、歌唱比赛等，以少数民族地区的农家乐为代表，如四川乐山峨边的特色旅游。

（四）人文型农家乐

这类农家乐十分常见，以传统文化，民俗文化，宗教文化为载体，依托庙宇、碑林、遗址等人文景观，开展多种农家乐服务，效果很好。我国许多著名的历史名城、名山、名景点均是如此，如佛教圣地五台山、千年古都洛阳、山东孔府、四川的康巴藏区等，均是代表。

第四节　农家乐成功案例分析

农家乐经过几十年的发展，世界各地积累了丰富的开发经验，本节将集中分析几个具有典型代表性的农家乐案例。

一、北京蟹岛绿色生态度假村

（一）北京蟹岛绿色生态度假村概况

北京蟹岛绿色生态度假村以生态农业为旅游、观光、休闲的有效载体，通过农业观光、农机展示、农业科普、乡土人情展示，将农业与旅游有机结合，既延伸了农业的产业化发展，又构建了个性化的特色旅游。

蟹岛绿色生态度假村总面积 2 千米^2，其中旅游度假区 0.2 千米^2，生态农业观光区 1.8 千米^2，采用“前店后园”式经营格局及农游合一的科学模式，利用物质循环（稻蟹混养）、能源循环（水资源、废弃物综合利用）、信息循环（产业协调整合）的“生态，环保，可持续发展”理念将农业生态旅游、有机食品生产、加工物流、销售整合成独立完善的封闭体系。在突出人与自然协调共存关系的同时，较好地实现了农业产业结构的调整及产业化经营。

蟹岛绿色生态度假村

（二）项目核心理念——销售绿色、生态、生产、生活“三生合一”

项目的发展目标是以开发、生产、加工、销售有机食品为本，以旅游度假为载体，建设集种植养殖、生物能源、田园观光于一体的绿色环保休闲观光度假项目，并塑造“绿色的乡村生活”体验。

1. 绿色环境

全球环境的恶化、自然资源的破坏，人们回归大自然的迫切需求也不断提高，人们在物质生活丰富的同时其精神生活的品位也越来越高，尤其是都市居民长期生活在喧闹的高楼大厦之间，他们向往大自然的宁静、农家小院的田园风情，崇尚自然生态美和人与自然的和谐统一，因此项目充分抓住处于亚健康消费者的真实需求，将充满自然生态的农业与休闲体验旅游相结合，打造充满绿色的生活体验。

2. 绿色食品

蟹岛在有机农作物生产过程中，完全采用有机栽培方式；同时利用净化水浇灌农田，生产出安全、健康、无污染有机食品。项目在其农业种植区，严格按照生态农业（以有机质肥料、生物防治为主）、有机农业（不使用化肥、农药）的要求，以无公害的名、特、高、新、鲜特征的绿色蔬菜为主，全面开发绿色食品与有机食品，并形成自身的品牌，最终销售给消费者，在旅游与农业两方面同时获利。

（三）独特的经营模式——“前店后园”的空间布局

蟹岛按照“以（农业）园养（旅游）店、以（旅游）店促（农业）园”经营思想，在布局上采取“前店后园”的方式：“园”有种植园区、养殖园区、科技园区；“店”有可容纳 1 000 人同时就餐的“开饭楼”，四季可垂钓的“蟹宫”，综合性大型康乐宫，特色农家小院客房和仿古农庄，各种动物观赏的“宠物乐园”，以及夏日室外冲浪的海景水上乐园、各类农家民俗表演、农业观光、采摘、自捡生态蛋等项目。园，塑造绿色的旅游环境，提供消费的产品，是成本中心；店，是消费场所，为园的产品提供顾客，是利润中心。前店后园的布局保证了农业与旅游的互补与融合。

蟹岛绿色生态度假村

（四）案例总结

1. 项目理念特色

以开发、生产、加工、销售农产品为本，以旅游度假为载体，集生态、生产、生活——“三生”理念于一体的绿色环保休闲生态度假村项目。

2. 项目功能布局特色

实现“前店后园”的功能布局。园，塑造大面积的绿色旅游环境，提供丰富的消费产品；店，是消费场所，虽然规模有限，但为园的产品提供顾客，保证了农业旅游的互补与融合。

3. 项目规划设计特色

充分与乡村特有的自然生态风格融合，还原独特的乡村风味，让游客能够真正地脱离城市的束缚，充分投入对乡村生态、生产、生活的体验。

4. 项目经营特色

通过吃、住、玩、游、购等方面全方位打造乡村体验，并通过“农”“游”两条渠道实现收益的叠加与放大。“前店”以专业人士和专业公司进行运营，保证运营的专业性以及收益；而“后园”则以承包责任制分配到个人，充分调动其生产积极性，并能使其充分参与到项目整体中，增加其收入。

二、成都三圣乡“五朵金花”

“五朵金花”是指三圣乡东郊由红砂、幸福、万福、驸马、江家堰、大安桥6个行政村组成的5个乡村旅游风景区。通过“花香农居”“幸福梅林”“江家菜地”“东篱菊园”“荷塘月色”为主题的休闲观光农业区的打造，现已成为国内外享有盛名的休闲旅游娱乐度假区和国家 AAAAA 级风景旅游区。

（一）五个景区的功能定位

1. 花乡农居：发展科技花卉产业和小型农家乐

依托 3 000 余亩的花卉种植规模，发展以观光、赏花为主题，对花卉的科研、生产、包装、旅游等方面进行全方位深度开发的复合型观光休闲农业产业。

2. 幸福梅林：发展梅花种植产业、农家乐、旅游商品和科普教育功能

农居建筑风格充分借鉴了“川西民居”的特点，景区内建有“梅花知识长廊”“照壁”“吟梅诗廊”“精品梅园”“梅花博物馆”等人文景观。

3. 江家菜地：发展蔬菜种植产业，开展生态体验旅游和度假旅游（乡村酒店和乡村客栈等）

依托面积达 3 000 余亩的时令蔬菜、水果种植基地，以“休闲、劳作、收获”形式，吸引游客认种土地、认养蔬菜，在体验农事中分享收成，把田间耕作，变成全新的健康休闲方式。

4. 荷塘月色：发展乡村艺术体验旅游，开展国学传统（锦江书院）观光旅游

依托数百亩荷塘形成的优美风景，利用自然的田园风光打造人文环境，在景区内道路两边设立姿态各异的艺术雕塑，吸引了中国著名油画家、国画家等入驻从事艺术创作，逐步形成了万福春光画意村，使荷塘月色散发出自己独有的艺术气息。

5. 东篱菊园：发展菊花观光、养生养老和乡村休闲度假

东篱菊园契合现代人返璞归真、回归田园的内心愿望，其精美的乡村酒店，形成集居住、休闲、餐饮、娱乐于一体的特色产业，为城市人、旅游者、退休老人提供一个可供长期包租亦可短居的“乡村酒店”，让人们有更多时间品味快乐的乡村休闲时光。今天的东篱菊园是一处拥有绚丽菊花美景和丰富菊文化的观光休闲农业、乡村旅游度假胜地。

（二）“五朵金花”发展借鉴

其成功之处就是在乡村休闲的主题下，按照每个乡村的不同产业基础，打造不同特色的休闲业态和功能配套，将乡村旅游与农业休闲观光、古镇旅游、节庆活动有机结合起来，形成了以农家乐、乡村酒店、国家农业旅游示范区、旅游古镇等为主体的农村旅游发展业态。

1. 突出“三结合”的发展思路

一是同推进城乡一体化结合起来。农家乐的市场在城市周边，在建设时要紧密结合城市规划，使“城中村”改造、失地农民再就业、农民转市民等同步发展。让有条件的农家乐集中区尽量形成新的小城镇。二是同产业开发与环境

保护结合起来。重点帮助解决农家乐集中区的外部环境、农户连片联户规模化发展、污水排放垃圾处理、农户卫生许可与检疫、片区社会治安等公共服务问题。三是同新农村建设结合起来。在城乡结合部发展“农家乐”，对推进周边农村产业结构调整，农民思想观念转变、带动新农村建设等方面都有着十分重要的示范作用。

2. 着力抓好品牌化经营

“五朵金花”的品牌效应，吸引了大量人流、物流、资金流。对于在旅游产业上有独特历史文化、自然风光优势的地区，发展农家乐的市场前景十分广阔。各地区要重点抓一批具有地方特色的农家乐品牌，从而带动和促进各地农家乐向专业化、产业化和品牌化方向发展。

三、日本水上町

（一）项目概况

走观光型农业之路的日本乡村水上町的“工匠之乡”包括“人偶之家”“面具之家”“竹编之家”“陶艺之家”等近30余家传统手工艺作坊，其旅游概念的提出吸引了日本各地成千上万的手工艺者举家搬迁过来。1998—2005年，每年来“工匠之乡”参观游览、参与体验的游客达45万人，24间“工匠之家”的总销售额达3 116亿日元（约合271万美元）。

水上町的“工匠之乡”

（二）主要项目及产品

1. 核心旅游项目

胡桃雕刻彩绘、草编、木织（用树皮织布等）、陶艺等传统手工艺作坊，形式多样，异彩纷呈。水上町群山围绕，当地人以务农为生，种稻，养蚕，栽培苹果、香菇等经济作物，把区域整体定位成公园，探索农业和观光业相互促进、振兴地方经济之路。目前水上町已经建成了农村环境改善中心、农林渔业体验实习馆、农产品加工所、畜产业综合设施、两个村营温泉中心、一个讲述民间传说和展示传统戏剧的演出设施。

2. 旅游产品

田园风光观光游、乡村生活体验游、温泉养生度假游、传统工艺体验游。

3. 业态设置

特色餐馆、传统手工艺体验活动、水果采摘及品尝体验活动、温泉中心等。

（三）模式借鉴

水上町的“一村一品”特色旅游产业发展模式，极大地提高了农民的生产生活水平，促进了地方经济的活跃和产业化发展，它们承载着当地人振兴家乡的“农村公园”构想，为建设现代化新农村、发展地方经济做出了贡献，他们的经验值得思考和借鉴。

游客不仅可以现场观摩手工艺品的制作过程，还可以在坊主的指导下亲自动手体验。“工匠之乡”以传统特色手工艺为卖点，进行产业化发展和整体营销，提供产品生产的现场教学和制作体验，大力发展特色体验旅游，获得了极大的成功。带动区域经济发展，地方经济添活力。农业与观光相结合的模式促进了地方经济的活跃，使居民们获得了实惠。居民观念大转变，当地土生土长的匠人不仅感受到了家乡面貌的变迁，还感慨于人们观念和意识的转变。

四、法国普罗旺斯乡村旅游

（一）发展概况

普罗旺斯旅游形象定位是薰衣草之乡，功能定位是农业观光旅游目的地。旅游核心项目及旅游产品是田园风光观光游、葡萄酒酒坊体验游、香水作坊体验游。在业态方面设置家庭旅馆、艺术中心、特色手工艺品商铺、香水香皂手工艺作坊、葡萄酒酿造作坊。

薰衣草之乡普罗旺斯

（二）模式经验

1. 农业产业化——游客体验，乐在其中

法国农村的葡萄园和酿酒作坊，游客不仅可以参观和参与酿造葡萄酒的全过程，而且还可以在作坊里品尝，并可以将自己酿好的酒带走，其乐趣当然与在商场购物不一样。同样，游客在田间观赏薰衣草等农业景观的同时，还可以到作坊中参观和参与香水、香皂制作的全过程。

2. 生产景观化——有机结合，增加业态

运用生态学、系统科学、环境美学和景观设计学原理，将农业生产与生态农业建设以及旅游休闲观光有机结合起来，建立科研、生产、加工、商贸、观光、娱乐、文化、度假、健身等多功能于一体的旅游区。

3. 活动多元化——大众参与，感悟乡村

旅游活动多样化，真实体现乡村生活，增加乡村旅游的大众参与度。可通过庄园游、酒庄游等乡村旅游让游客体会到真正的乡村生活，这得益于旅游区开展的丰富多彩的活动项目，集中体现了乡村地区居民的生活特征。因此，在开发过程中要力求旅游产品的多元化。

4. 节庆多样化——节庆举办，特色凸显

普罗旺斯地区的活动之多，更是令人目不暇接，几乎每个月都有 2～3 个大型节庆举办。从年初 2 月的蒙顿柠檬节到 7～8 月的亚维农艺术节，欧洪吉的歌剧节，普罗旺斯山区的薰衣草节，都呼应着无拘无束的岁月，更吸引着来自世界各地的度假游客。

第五节 我国农家乐存在的问题

对比国内外农家乐开发的成功案例，纵观全国各地的农家乐经营和管理模式，有一些明显的缺点，概括起来表现为以下几点。

一、盲目开发

由于盲目开发，缺少科学论证及合理规划，资源浪费严重，经营管理理念落后。例如成都地区，乡村旅游园众多，由于没有进行统一规划，在地域上分布较广，组织线路的难度较大。另外，农家乐旅游与传统旅游景点之间也缺乏有机联系，共生性差，从而降低了对游客的吸引力。

二、发展层次低

主要体现在目前我国大部分农家乐属于农民自主开发，基础设施不完善，旅游产品单一，文化含量低，功能单一，治安问题、消防隐患及卫生问题严峻。

三、定位模糊

经营者对农家乐的发展方向认识不足，经营者缺乏休闲旅游市场的预测意识。很多农家乐停留在纯粹的观光游览上，对生态文化、乡村民俗文化以及农业文化、地区文化挖掘的深度有限，没有反映出农家乐以“农产、乡色、民情”为卖点的特色，城市游客的知识性、体验性旅游消费需求没有得到很好地满足。

四、行业整体缺乏系统的旅游市场营销策略

由于缺乏系统的旅游市场营销策略，导致农家乐季节性强，旺季过旺，淡季过淡。并且存在管理不规范的地方，比如农家乐之间、农家乐与饭店之间的不正当竞争，这类现象在景区的旅游饭店与农家乐之间尤为突出。

第六节　我国农家乐开发与策划

我国农家乐经过几十年的发展，取得了一些成绩，但也出现了各种问题。要在未来乡村旅游开发大潮中取得成功，需要对农家乐的开发与策划进行系统的思考，通过系统解决方案进行全面提升。

一、农家乐的定位

随着现代旅游的发展，乡村旅游已成为人们回归自然、放逸身心、感受自然、体验农村生活、进行休闲娱乐的主要方式之一，主要体现在农家乐上。相关数据显示，截止到2015年年底，我国共有农家乐200万家。在市场竞争如此激烈的情况下，农家乐要取得成功，首先需要了解市场需求，进行精准的定位，保证开发的方向符合目标群体的需求。

在进行定位时，可以通过以下方式，以达到精准定位：

（一）前期综合对比分析

1. 农家乐周边自然生态环境分析

2. 农家乐周边旅游资源分析

3. 农家乐周边同质化项目对比

4. 农家乐客源市场细分

5. 农家乐市场规模预测

（二）农家乐定位

1. 农家乐品牌定位

2. 农家乐开发主题定位

3. 农家乐建筑风格定位

4. 农家乐产品定位

5. 农家乐营销定位

二、农家乐的模式创新

在精准定位的前提下，需要明晰农家乐开发的方向和发展模式，从而保证农家乐的可持续发展。

（一）都市农场模式

都市农场的务农式旅游极具代表性。他们组织旅游者春天插秧，秋天收割，草原放牧，牛棚挤奶，捕鱼捞虾，吸引了大批国内外游客。

（二）度假农庄模式

“度假农庄”主要是吸引游客前往农场度假，亦能尽情欣赏田园风光，体验农场生产与农家生活。游客一次停留一周左右的占60%，其中有50%的游客每年有2～3次度假。“市民农园”出租给市民种植花、草、树木、蔬菜、果树，或者进行庭院式经营。

（三）生态农园模式

生态农园是一个典型的具有教育、游憩、文化等多种功能的“生态教育农业园”，旅游者可以从事各种农业健身运动，例如，体验农业原始耕作、狩猎，亲手制作工艺纪念品，学习烹调等活动。

（四）休闲农场模式

为满足不同偏好度假旅游者的需求，开发了不同主题、种类齐全的休闲农场，包括农场客栈、点心农场、农产品农场、骑马农场、教学农场、探索农场、狩猎农场、民宿农场、露营农场。

（五）康体疗养模式

随着旅游者越来越关注旅游产品的医疗保健功能，国外许多乡村旅游目的地针对性地强化了其产品的医疗保健功能，开发诸如体检、按摩、理疗等与健康相关的乡村度假项目。这不仅能够满足游客的健康需求，而且能为其带来不菲的利润回报。例如，古巴的医疗旅游、日本的温泉旅游、法国的森林旅游、西班牙的海滨旅游等，都以旅游服务项目的医疗保健功能而闻名。

（六）自我发展模式

这种模式为旅游者提供了一个轻松舒适的学习环境，通过团队合作交流、自主探索等方式学习，而不是专业人士做教练，让游客在没有任何压力的情况下学习新知识、熟练新技能，既享受了轻松的休闲，又学习到了知识。如日本的许多地方为迎合人们关注野生鸟类生活的情趣而专门开发设计了观鸟旅游，让旅游者亲临野鸟栖息地观察鸟类生活，随行配备鸟类专家指导，使游客在旅游中既观赏到了鸟类的生活，也学到了许多关于鸟类生活的知识。这种兼有娱乐和教育培训意义的参与式的乡村旅游形式深受旅游者欢迎，成为乡村旅游的一个发展方向。

三、农家乐的规划设计

根据农家乐的规模及市场需求，以及项目地的基本情况，对项目因地制宜地进行规划设计。

（一）项目地综合分析

1. 项目地自然条件分析、项目地地形地貌分析

2. 项目地周边环境分析

（二）农家乐空间规划

每个项目根据其不同的规模和地形地貌，在空间规划上也各不相同，如北京蟹岛“前店后园”的布局模式、成都“五朵金花”整合开发的布局等，需要结合实地、项目及产品设计等进行空间规划。

四、农家乐的景观及项目创意

农家乐的景观及项目创意，在体现乡村田园特色的前提下，可以根据项目地和周边资源特色，植入相应的元素进行整合创意。

（一）自然田园景观创意——就地取材

结合农家乐周边的山体、农田等自然田园景观，因地制宜进行农业景观的创意，使普通的农田变身成为极具吸引力的景观。

（二）乡村民俗景观创意——文化再生

通过对当地民俗文化的挖掘，将特色民俗文化景观化，让游客生动地体验到农家乐的特色。

（三）动漫元素景观创意——亲子互动

通过儿童熟悉的卡通形象在农家乐及周边景观化地植入，增加农家乐对亲子游群体的吸引力。

（四）互动项目创意

游客在农家乐的互动参与性是吸引其重复消费的重要因素，如具有当地特色的农事体验项目、乡村娱乐活动等，可以通过以下项目形式体现：

1. 果蔬之家

2. 蔬菜森林

3. 百果园

4. 农事体验区

5. 共享农庄

6. 农夫集市
7. 亲子动物农场
8. 农夫市集
9. 田园 DIY 农坊
10. 乡村酒店
11. 乡村驿站
12. 野外拓展训练营
13. 童趣运动汇
14. 家庭亲子客栈
15. 亲子露营木屋
16. 植物疗愈园
17. 灵感花园
18. 萌宠乐园
19. 山水人家
20. 慢生活驿站
21. 采摘篱园
22. 乡野牧场

（五）民俗体验活动策划

不同地域的农家乐具有明显的当地特色，通过对当地民俗文化的挖掘，尤其是具有当地特色的表演性、互动性强的民俗活动，可以增加到访农家乐游客的互动参与性。

五、农家乐的营销策划

农家乐的营销策划需要结合当地乡村旅游进行系统的整合策划，因此更需要借助当地政府对营销活动的整合和推动，具体可以从以下几个方面入手。

（一）地方政府职能部门应该积极发挥领导推动作用

从国内外乡村旅游发展的历史看，先发展、后规范，政府介入发挥主导推动作用是促进乡村旅游发展的基本道路。对于乡村地区旅游业的市场营销工作，首要的策略是建议加强政府领导，发挥政府旅游和农业等职能部门的组织、规划、协调、宣传、推动作用，指导引领乡村旅游经营者在旺季积极进行市场营销工作，努力吸引游客，尽可能延长旺季乡村旅游活动的接待服务时间。

（二）乡村旅游产品创新

全力打造富有特色的乡村旅游产品，是发展乡村旅游的第一要务。旅游资源的同质化，导致旅游产品的同类化现象普遍。俗话说，“一方水土养一方人”。愈是乡土的愈是有个性，愈是本土的愈有特色。因此，对乡村旅游产品开发时，应更多地糅入地域的乡村民俗、怀旧的节事、农事农活、家乡菜等乡土化的素材。在实施产品策略时，必须采用新思路、新方法，提升产品的质量。

（三）注重环境的复杂多变性，完善乡村地区旺季的基础设施环境建设

注重环境的复杂多变性，尽量协调处理好当地没有从事乡村旅游经营的农（牧、渔、林）民的生产、生活活动与乡村旅游活动之间的利益关系；使这些居民能够分享到乡村旅游市场活动所带来的道路、卫生、通信、信息服务等便利的间接利益，或通过游客购买当地土特农副产品等产生的直接经济利益；使这些居民不反对当地进行乡村旅游活动，并逐渐参与到乡村旅游经营中来。

（四）体验营销

旅游业的本质是出售体验和旅游经历，乡村旅游者期待的不仅是观光，还有乡村生活的经历，如“做一天茶农”“当一天农民”。因此，乡村旅游产品在设计时要注重体验、度假、休闲等生活元素的摄入。实现乡村旅游的体验营销，应该从主题提炼、体验线索设计、场景设计、体验氛围营造、活动策划和体验过程等方面入手。其中，主题是体验的基础和灵魂，主题鲜明的旅游产品能充分调动消费者的感觉器官，使之留下难忘印象；活动是主题的载体，没有好的活动项目的支撑，美好的体验只能成为泡影；在主题鲜明、活动丰富的基础上，对乡村旅游产品的场景、氛围等细节加以强化，才能让游客的美好体验成为现实。

第八章　家庭农场

第一节　家庭农场的相关概念

一、家庭农场的概念

家庭农场，一个起源于欧美的舶来名词。在中国，它类似于种养大户的升级版。通常定义为：以家庭成员为主要劳动力，从事农业规模化、集约化、商品化生产经营，并以农业收入为家庭主要收入来源的新型农业经营主体。

2008 年的党的十七届三中全会报告第一次将家庭农场作为农业规模经营主体之一提出。随后，2013 年中央 1 号文件再次提到家庭农场，提出坚持依法自愿有偿的原则，引导农村土地承包经营权有序流转，鼓励和支持承包土地向专业大户、家庭农场、农民合作社流转，发展多种形式的适度规模经营。

二、家庭农场的内涵

家庭农场是继种养大户、农民合作经济组织、农业龙头企业之后出现的又一新型农业经营主体。发展家庭农场是进一步深化农村体制机制改革的引擎。什么是家庭农场、如何发展家庭农场是当下热议的话题。

家庭农场是农村户籍家庭以自己承包经营的土地等资源为基础，以依法流转稳定获得土地等资源为扩充，通过实行集约化经营方式，运用现代化经营手段，采取适度规模经营发展农业生产，且生产专业化、标准化、商品化水平较高，经济效益、生态效益、社会效益明显高于当地农业生产平均水平的生产经营主体。其内涵标准应该囊括 8 个方面。

（1）以农村家庭为基本单元。家庭农场主应为农村户籍，即本地农村家庭。在尊重农民意愿的前提下，家庭的涵义可以扩大到祖辈、父辈、儿孙辈甚至其他亲属。城市人员、工商资本可以进入农业领域，通过流转获得土地经营权，开展经营活动，但目前不宜纳入家庭农场范畴。

（2）以第一产业为基础。以第一产业发展为基础，可以发展产、加、销一体化经营。但是以休闲旅游即第三产业为主，附带第一产业的农庄不宜纳入家庭农场范畴。

（3）适度规模经营。家庭农场的经营规模不是越大越好，应以资源利用效率的科学化、劳动生产率和土地利用率的最大化为标准，因地制宜，科学划定适度规模。

（4）集约经营方式。家庭农场作为新的生产力代表，不仅仅在于第一产业的精耕细作，更重要的是实施要素重组优化和农业产业化经营，通过经营要素质量的提高、要素含量的增加、要素投入的集中以及要素组合方式的调整来增进效益的集约经营方式，实行产、加、销一体化和一二三产业融合的综合经营模式，从而达到农业效益最大化的目标。

（5）稳定经营期限。应克服种养大户不稳定性的经营弊端，建立稳定的生产经营关系。如种植水稻、蔬菜的家庭农场，土地租赁目前可以考虑至少10年以上；水果苗木的家庭农场，土地租赁至少20年以上；经营山林的家庭农场，土地租赁至少50年以上；经营养殖业的家庭农场，土地租赁至少20年以上。

（6）家庭农场业主专业化。要实行机械化、专业化、标准化、商品化生产，就必然要求农场业主具有较高的学历和专业技术水平，对家庭农场主的学历和专业技术能力应有所要求，应当具有高中毕业以上且经专业技术部门培训获得有关专业技术认证。

（7）资源权证合法有效。开办家庭农场所租赁、转让的土地、水面、山林等必须经过法定程序，签订有效的具有法律保障性质的合同。

（8）效益高于当地农业生产平均水平。以保护环境资源、追求较高的生态效益为前提，以实现经济效益和社会效益最大化为目标，以服务社会、解决就业、维护农村经济社会稳定发展为方向，确保家庭农场三项效益大大高于当地平均水平。要特别禁止以圈地为目的，粗泛经营、掠夺式经营，防止破坏农业资源环境的行为发生。

三、家庭农场的特征

作为农业的微观组织形式，家庭农场在欧美等发达国家已有几百年的发展历史，坚持家庭经营为基础是世界农业发展的普遍做法。在我国，家庭农场一词于2008年首次写入中央文件，党的十七届三中全会提出“有条件的地方可以发展专业大户、家庭农场、农民专业合作社等规模经营主体”。2013年，中央1号文件进一步把家庭农场明确为新型农业经营主体的重要形式，并要求通过新增农业补贴倾斜、鼓励和支持土地流入、加大奖励和培训力度等措施，扶持家庭农场发展。针对开展认定登记、落实扶持政策等工作需要，近年来一些地方对家庭农场的内涵特征作了探索性的阐述，如界定为承包农户的升级版、种养大户的规范版等。在总结基层经验的基础上，2013年2月，农业部农村经济体制与经营管理司负责人在接受《农民日报》采访时，对家庭农场的内涵作了初步界定，即“家庭农场是指以家庭成员为主要劳动力，从事农业规模化、集约化、商品化生产经营，并以农业为主要收入来源的新型农业经营主体”。3月，农业部在组织开展家庭农场调查时，又提出了7项条件，即家庭农场经营者应具有农村户籍（非城镇居民）；以家庭成员为主要劳动力，无常年雇工或常年雇工数量不超过家庭务农人员数量；家庭农场收入应以农业收入为主，农业净收入占家庭农场总收益的80%以上；经营规模达到一定标准并相对稳定，从事粮食作物的，租期或承包期在5年以上的土地经营面积达50亩（一年两熟制地区）或100亩（一年一熟制地区）以上，从事经济作物、养殖业或种养结合的，应达到当地县级以上农业部门确定的规模标准；家庭农场经营者应接受过农业技能培训；家庭农场经营活动有比较完整的财务收支记录；对其他农户开展农业生产有示范带动作用。

准确把握家庭农场的基本特征，既要借鉴国外家庭农场的一般特性，又要切合我国国情和农情。重点可从以下3个方面来把握：

（1）以家庭为生产经营单位。相对于专业大户、合作社和龙头企业等其他新型农业经营主体，家庭农场最鲜明的特征是以家庭成员为主要劳动力，以家庭为基本核算单位。家庭农场在生产作业、要素投入、产品销售、成本核算、收益分配等环节，都以家庭为基本单位，继承和体现家庭经营产权清晰、目标一致、决策迅速、劳动监督成本低等诸多优势。家庭成员劳动力可以是户籍意义上的核心家庭成员，也可以是有血缘或姻缘关系的大家庭成员。家庭农场不排斥雇工，但雇工一般不超过家庭务农劳动力数量，主要为农忙时临时性雇工。

（2）以农为主业。家庭农场以提供商品性农产品为目的开展专业化生产，这使其区别于自给自足、小而全的农户和从事非农产业为主的兼业农户。家庭农场的专业化生产程度和农产品商品率较高，主要从事种植业、养殖业生产，实行一业为主或种养结合的农业生产模式，满足市场需求、获得市场认可是其生存和发展的基础。家庭成员可能会在农闲时外出打工，但其主要劳动场所在农场，以农业生产经营为主要收入来源，这使其区别于以非农收入为主的兼业农户（如已经在城镇稳定就业的中青年农民，平时从事二三产业，只有业余或周末时才到田间劳动，农业只是其家庭收入的辅助来源），是新时期职业农民的主要构成部分。以适度规模经营为基础。家庭农场的种植或养殖经营必须达到一定规模，这是区别于传统小农户的重要标志。结合我国农业资源禀赋和发展实际，家庭农场经营的规模并非越大越好。其适度性主要体现在两个方面：一是经营规模应与家庭成员的劳动能力相匹配，确保既充分发挥全体成员的潜力，又避免因雇工过多而降低劳动效率；二是要与能取得相对体面的收入相匹配，即家庭农场人均收入达到甚至超过当地城镇居民的收入水平。当然，这种

“适度”因从事行业、种植品种等不同而有所差异，并且，随着农田基础条件、农业生产技术和农业机械装备的改善，家庭农场经营规模的“适度”也会随之变化和提高。

四、家庭农场的模式

在实践中，各地根据其资源享赋、土地产出率和劳动生产率，创新出多种形式的家庭农场模式，代表性模式包括上海松江、安徽郎溪、浙江宁波、吉林延边、湖北武汉模式。

（1）松江模式。上海市松江区于2007年开始粮食家庭农场的探索，在农民自愿和政府积极推广的基础上，由村委将农民手中的耕地流转到村集体，由政府将耕地整治成高标准基本农田，再将耕地发包给承租者，单户家庭农场面积为6.67～10公顷。松江区家庭农场的发展得到了政策支持，包括种粮直补、农药补贴、保费补贴，此外，政府提供5 000万元的贷款担保基金，为家庭农场提供贴息贷款扶持，解决“融资难”问题。

（2）慈溪模式。2001年浙江省慈溪市注册成立了第一家家庭农场，通过创新土地流转机制，鼓励懂技术、会经营的农民通过承租、承包、有偿转让、投资入股形式，集中分散土地发展家庭农场。宁波的家庭农场是在宁波地区蓬勃发展、市场经济意识深厚的氛围下，由一些经营大户在市场竞争中自发发展而来的，呈现出明显的公司化、企业化特征。宁波家庭农场受甬商文化影响，商业气息比较深厚，参与市场竞争的意识较强，注重引入企业化管理和工厂化、标准化生产理念。宁波家庭农场都经过工商注册，是具有独立法人资格的经济实体，当地称之为“法人化”家庭农场。慈溪的家庭农场是市场主导的，土地流转费随着市场价格调整。

（3）延边模式。吉林延边将家庭农场认定标准规定为“旱田作物达到50公顷以上，水田、蔬菜和经济作物30公顷以上，并经农业部门认定并工商注册的农业生产经济组织”，延边主要通过转包、出租、转让等土地流转方式，推广家庭农场模式。

（4）武汉模式。主要是通过承包、投资入股等形式，集中当地分散的土地进行连片开发，单户家庭农场面积为1.00～33.33公顷，主要包括种植业、水产业、种养综合型以及循环农业型家庭农场。在金融支持方面，湖北省金融机构推出了农机具、应收账款、大宗农副产品仓库、林权、股权、商标权等抵押、质押贷款。

（5）郎溪模式。2001年安徽即溪成立了第一家家庭农场，农户主要通过租赁、承包或者经营自有土地达到规模经营，单户经营面积在3.33公顷以上。在以农民为主体条件下，通过政府扶持和协会帮助扩大具体农场规模。

第二节　家庭农场的相关政策

近年来各地顺应形势发展需要，积极培育和发展家庭农场，取得了初步成效，积累了一定经验。为贯彻落实党的十八届三中全会、中央农村工作会议精神和中央1号文件要求，加快构建新型农业经营体系，现就促进家庭农场发展提出以下意见。

一、充分认识促进家庭农场发展的重要意义

当前，我国农业农村发展进入新阶段，要应对农业兼业化、农村空心化、农民老龄化，解决谁来种地、怎样种好地的问题，亟须加快构建新型农业经营体系。家庭农场作为新型农业经营主体，以农民家庭成员为主要劳动力，以农业经营收入为主要收入来源，利用家庭承包土地或流转土地，从事规模化、集约化、商品化农业生产，保留了农户家庭经营的内核，坚持了家庭经营的基础性地位，适合我国基本国情，符合农业生产特点，契合经济社会发展阶段，是农户家庭承包经营的升级版，已成为引领适度规模经营、发展现代农业的有生力量。各级农业部门要充分认识发展家庭农场的重要意义，把这项工作摆上重要议事日程，切实加强政策扶持和工作指导。

二、把握家庭农场基本特征

现阶段，家庭农场经营者主要是农民或其他长期从事农业生产的人员，主要依靠家庭成员而不是依靠雇工从事生产经营活动。家庭农场专门从事农业，主要进行种养业专业化生产，经营者大都接受过农业教育或技能培训，经营管理水平较高，示范带动能力较强，具有商品农产品生产能力。家庭农场经营规模适度，种养规模与家庭成员的劳动生产能力和经营管理能力相适应，符合当地确定的规模经营标准，收入水平能与当地城镇居民相当，实现较高的土地产出率、劳动生产率和资源利用率。各地要正确把握家庭农场特征，从实际出发，根据产业特点和家庭农场发展进程，引导其健康发展。

三、明确工作指导要求

在我国，家庭农场作为新生事物，还处在发展的起步阶段。当前主要是鼓励发展、支持发展，并在实践中不断探索、逐步规范。发展家庭农场要紧紧围绕提高农业综合生产能力、促进粮食生产、农业增效和农民增收来开展，要重点鼓励和扶持家庭农场发展粮食规模化生产。要坚持农村基本经营制度，以家庭承包经营为基础，在土地承包经营权有序流转的基础上，结合培育新型农业经营主体和发展农业

适度规模经营，通过政策扶持、示范引导、完善服务，积极稳妥地加以推进。要充分认识到，在相当长时期内普通农户仍是农业生产经营的基础，在发展家庭农场的同时，不能忽视普通农户的地位和作用。要充分认识到，不断发展起来的家庭经营、集体经营、合作经营、企业经营等多种经营方式，各具特色、各有优势，家庭农场与专业大户、农民专业合作社、农业产业化经营组织、农业企业、社会化服务组织等多种经营主体，都有各自的适应性和发展空间，发展家庭农场不排斥其他农业经营形式和经营主体，不只追求一种模式、一个标准。要充分认识到，家庭农场发展是一个渐进过程，要靠农民自主选择，防止脱离当地实际、违背农民意愿、片面追求超大规模经营的倾向，人为归大堆、垒大户。

四、探索建立家庭农场管理服务制度

为增强扶持政策的精准性、指向性，县级农业部门要建立家庭农场档案，县以上农业部门可从当地实际出发，明确家庭农场认定标准，对经营者资格、劳动力结构、收入构成、经营规模、管理水平等提出相应要求。各地要积极开展示范家庭农场创建活动，建立和发布示范家庭农场名录，引导和促进家庭农场提高经营管理水平。依照自愿原则，家庭农场可自主决定办理工商注册登记，以取得相应市场主体资格。

五、引导承包土地向家庭农场流转

健全土地流转服务体系，为流转双方提供信息发布、政策咨询、价格评估、合同签订指导等便捷服务。引导和鼓励家庭农场经营者通过实物计租货币结算、租金动态调整、土地经营权入股保底分红等利益分配方式，稳定土地流转关系，形成适度的土地经营规模。鼓励有条件的地方将土地确权登记、互换并地与农田基础设施建设相结合，整合高标准农田建设等项目资金，建设连片成方、旱涝保收的农田，引导流向家庭农场等新型经营主体。

六、落实对家庭农场的相关扶持政策

各级农业部门要将家庭农场纳入现有支农政策扶持范围，并予以倾斜，重点支持家庭农场稳定经营规模、改善生产条件、提高技术水平、改进经营管理等。加强与有关部门沟通协调，推动落实涉农建设项目、财政补贴、税收优惠、信贷支持、抵押担保、农业保险、设施用地等相关政策，帮助解决家庭农场发展中遇到的困难和问题。

七、强化面向家庭农场的社会化服务

基层农业技术推广机构要把家庭农场作为重要服务对象，有效提供农业技术推广、优良品种引进、动植物疫病防控、质量检测检验、农资供应和市场营销等服务。支持有条件的家庭农场建设试验示范基地，担任农业科技示范户，参与实施农业技术推广项目。引导和鼓励各类农业社会化服务组织开展面向家庭农场的代耕代种代收、病虫害统防统治、肥料统配统施、集中育苗育秧、灌溉排水、贮藏保鲜等经营性社会化服务。

八、完善家庭农场人才支撑政策

各地要加大对家庭农场经营者的培训力度，确立培训目标、丰富培训内容、增强培训实效，有计划地开展培训。要完善相关政策措施，鼓励中高等学校特别是农业职业院校毕业生、新型农民和农村实用人才、务工经商返乡人员等兴办家庭农场。将家庭农场经营者纳入新型职业农民、农村实用人才、“阳光工程”等培育计划。完善农业职业教育制度，鼓励家庭农场经营者通过多种形式参加中高等职业教育提高学历层次，取得职业资格证书或农民技术职称。

九、引导家庭农场加强联合与合作

引导从事同类农产品生产的家庭农场通过组建协会等方式，加强相互交流与联合。鼓励家庭农场牵头或参与组建合作社，带动其他农户共同发展。鼓励工商企业通过订单农业、示范基地等方式，与家庭农场建立稳定的利益联结机制，提高农业组织化程度。

十、加强组织领导

各级农业部门要深入调查研究，积极向党委、政府反映情况、提出建议，研究制定本地区促进家庭农场发展的政策措施，加强与发改、财政、工商、国土、金融、保险等部门协作配合，形成工作合力，共同推进家庭农场健康发展。要加强对家庭农场财务管理和经营指导，做好家庭农场统计调查工作。及时总结家庭农场发展过程中的好经验、好做法，充分运用各类新闻媒体加强宣传，营造良好社会氛围。

第三节　家庭农场的案例

一、荆州市江陵县雨露蔬菜家庭农场

雨露蔬菜家庭农场主要经营的是蔬菜种植业，目前的总投资规模达240万元，是江陵县发展蔬菜家庭农场的成功案例之一。农场现阶段的基本情况如下：

农场的经营土地面积是340亩，土地基本达到了集中连片的发展模式。其中农场的主要土地流转方式是通过村合作组织进行租赁，每亩的租赁价格是

700 元，租赁合同年限为 10 年，现在是第三年。并且在合同期限内，土地流转价格不会随着粮食价格等市场因素的变动进行调整。

雨露蔬菜家庭农场经营资金的主要来源是自筹资金和民间借贷，部分资金是来源于银行贷款资金。另外，现阶段由于土地抵押贷款制度的不完善以及商业银行体制的原因，农民抵押贷款十分困难，其面临的主要问题是担保手续复杂、利率太高、贷款额度小以及贷款期限太短，而家庭农场要启动开发绝不是几十万元就可以的，其利润的回报由于其天然条件的限制时间也较长，故而银行不愿意进行贷款。于是，家庭农场发展的资金问题极大地影响了其发展。

雨露蔬菜家庭农场的规模较大，为保证其长期可持续发展，故需要常年长期雇佣劳动力。其常年雇佣劳动力价格达到每人每月 3 000～4 000 元，此外，还会在每年农忙时节雇佣临时劳动力。在要素投入方面，该农场目前最大的发展瓶颈之一是缺乏蔬菜种植方面的现代化农业生产技术人员，不能满足目前农场发展在技术运用上的需求。农场曾经尝试与农业科研院所进行交流合作，与之建立长期的合作项目来进行蔬菜技术的研发以共同发展，但由于各方面原因未能完成。

农场每年的总收入约为 240 万元，其中土地流转以及土地租赁费用 20 万元，农业投入品费（主要包括种子、化肥、农药等）约 15 万元，水电费 2 万元，农机具购置费用达 12 万元，雇工费用 28 万元；其他费用 20 万元。由于该农场刚刚进入试营阶段，所以目前每年净利润多用于购买农机设备及其他项目，还处于收回成本阶段，净利润较少。

现阶段该农场蔬菜的主要销售渠道是集贸市场和合作组织，有部分产品销往外省。农场在成立之初就开始打造自身品牌，希望能够通过品牌的打造给农场的发展奠定良好的基础。目前，在农场产品的销售方面，最需要的是如何帮助农场提高知名度、如何增加产品的附加值以及如何拓展销售渠道。

雨露蔬菜家庭农场在发展中遇到了一系列现实的困境，其中以下几点在该农场发展中的制约作用最为突出。

第一，众多因素制约着农场增收。例如贷款融资难度极大，使得农场的发展缺少资金；农产品的市场销售价格偏低而农业生产资料的价格却偏高，使得利润额被严重压缩；品牌的打造需要时间，在品牌销售渠道打造之前如何使农场的产品获得市场的青睐十分棘手。

第二，农业基础设施不完善。蔬菜是一种时效性非常强的农产品，如何使得刚采摘的最新鲜的蔬菜以最快的速度送往市场就尤为重要，现阶段农场蔬菜的运输是依靠农场主自己雇车运送，速度慢，成本高。

第三，家庭农场的土地流转合同并不完善。农场在发展过程中，常常因为土地流转的合同纠纷而影响农场的发展。这就有待于土地流转政策法规的进一步完善，通过法制化与规范化的土地市场化流转政策的实施来解决农场在土地流转过程中遇到的问题。

第四，蔬菜种植业的发展，冷库设备十分重要。单靠个别农场建立起冷库存储设备的方案会大幅度增加蔬菜农场的生产成本，并且以目前农场的发展情况和融资规模看，要建立大规模的冷储设施是十分困难的。而冷储设备的缺少也使得蔬菜的网络销售难以展开，大大局限了目前农场的销售渠道以及进一步突破式发展。如果政府能够统一建立冷藏设备以及物流配送渠道，农场将以更低成本租赁购买的方式来解决这些问题。

二、密山市开心农场

密山市开心农场园区位于黑龙江省密山市，是以认领私家菜园、关爱下一代健康成长为宗旨的大型现代化农场，同时还是一个以观赏、游玩、娱乐为主题的旅游景区。开心农场是一个生态游乐园，占地面积 103 万米^2，目前是黑龙江省唯一一家以种植、采摘、游乐、教育为一体的大型生态园。

开心农场始终以绿色健康为主题，以建设一个健康无公害的绿色家园为目标。农场主打生态种植、花海农场、生态农家乐主题。

生态种植即为农场内的蔬菜种植观赏、花卉的培植以及时令水果的采摘。按照原先的规划，要求蔬果区种植以蔬菜为主，适当留出几块大棚地经营草莓、葡萄等藤蔓低的水果。蔬菜种植区划分为大棚培植区与露天栽植区。大棚区主要栽植科技示范农产品，反季节蔬菜，此区间内也可划出适量地块供会员租种。蔬菜的种植视季节的不同安排不同的品种，确保四季有菜，四季不同。水果的培植借鉴蔬菜，也可对外出租，自产部分可做观赏季节时采摘用。

花海农场是农场发展观光农业的方向，打造鲜花遍地的多彩农场，成为观光旅游的一大亮点。花卉的种植安排出 1/10 的场地，贴近农场正门的边缘，以作观赏之用。花卉区也同样按照水果栽培的模式运营，游客可观赏，可采摘带走，也可自租自种，待花开时节配送上门。同时，在花卉区特设小块盆栽移植地，以供游客会员移走园区种植花卉草木。另外，在进入花卉区的主干道搭一个简易长廊，栽培上蔷薇、紫藤、爬山虎、葫芦、葡萄等藤本植物，构筑鲜花长廊，增添园区观赏性。

生态农家乐依托农家房屋，设多处农家小厨房，农家旅社房间，以供游客会员休闲之用。农舍配备厨具，游人到农场种植区采摘蔬果到厨房自行或委托加工。在农舍前面设一个景观池塘，种上荷花，养一些鱼，游客可到池塘钓鱼然后拿到厨房加工。同时在房屋周边的桃花林里，播上野菜种子，供游人采摘食用。农舍内设旅馆式房间，提供住宿床位等设施，以供游人住宿。在特别时点，比如火把节，可接送游人到农舍住宿，并提供餐饮等服务。

三、北京燕联达开心农场

燕联达农场位于房山区韩村河镇潘家庄村，将现实版开心农场与“社区支持农业”两种农业模式做了成功整合，在这里，农场主既可以亲自到农场收获，也可以享受蔬菜配送服务（另收费）。同时农场结合自身特色提供特色家禽养殖和养生中草药采摘。

燕联达自 2008 年开始到现在已经集约农民土地 1 000 多亩，主要用于有机蔬菜、水果的生产，实行企业化管理，工厂化生产，统一标准进行生产、管理和配送。燕联达农场分蔬果区、开心农场区、休闲垂钓区、多功能接待服务中心及包装配送五个区域。集约万亩土地，建造以现代农业为基础的集旅游、休闲、体验、示范为一体的多功能园区。

开心农场在为市民提供体验种植的乐趣的同时，还可使他们享受到自己种植的美味果蔬。区内所有的果蔬均按有机标准执行。合作社建有自己的实验室，随时监测土壤的成分及水质、空气质量；并且可以自己生产专用的有机肥。开心农场也配备专业技术人员对整个过程给予指导和标准的把控。为了给市里朋友提供全方位的体验，园区有专门的接待中心、酒店客房及小别墅木屋，在这里既可以周末小憩也可以友情聚会。

园区在北京及周边 150 千米辐射范围内的城市开设直营店及社区店，合作社将园区产品统一配送到社区店及客户家里，让客户足不出户便可以收获尚带着露珠的有机果蔬，打造市民放心菜篮子。燕联达农场整合良心企业，配送居家所有需要的产品及服务。

第九章　乡村民宿的创意与运营

第一节　如何认识乡村民宿

一、民宿与客栈简介

（一）什么是民宿

民宿是指利用自用住宅空闲房间，结合当地人文、自然景观、生态、环境资源及农林渔牧生产活动，以家庭副业方式经营，提供旅客乡野生活之住宿处所。其规模是一种私人经营的小型家庭旅馆，通常房间数量有限。

民宿不同于传统的饭店旅馆，也许没有高级奢华的设施，但它能让人体验当地风情、感受民宿主人的热情与服务，并体验有别于以往的生活，因此很流行。这股民宿旅游风潮，从一片原属于低密度发展的行业中，创造出另一片欣欣向荣的景象，改写了旅游的形态。

（二）什么是客栈

客栈是我国古代酒店的称号，即为出外远行的人们提供住宿的酒家，相当于近现代设备较简陋的小型旅馆，在职能上兼供客商堆货并代办转运。现在，客栈有多层含义，和民宿并称民宿客栈，成为旅游行业的新兴“酒店”。

民宿客栈简而言之就是一种较为文艺，拥有主题、当地文化特色和仿古特色的小型旅游行业的新兴“酒店”。

二、民宿的前世今生

关于民宿的起源有很多说法，一种说法称它源自于日本的“民宿”（音 Minshuku），是指一般常见的饭店以及旅社，以及提供旅客住宿的地方；另一种说法称它来自于英国。20 世纪 60 年代初期，英国的西南部于中部人口较为稀疏的农家，为了增加收入开始经营民宿。当时的民宿数量并不多，采用“床＋早餐”的经营方式，它的性质是属于家庭式的招待，这就是英国最早的民宿。后期中国台湾地区和日本的民宿异军突起，发展势头迅猛，例如民宅、休闲中心、农庄、农舍、牧场等，都可以归纳为民宿类。

民宿的产生是必然的，并不是偶然发生于日本或中国台湾，世界各地都可以看到类似性质的服务。现代旅游业的迅速发展，使民宿衍生行为为一种新型的旅游体验居住模式，但民宿这个名字，在世界各地会因环境与文化不同而略有差异。

民宿发展到现在，大致经历了三个阶段：

第一阶段，就像熟知的农家乐，粗糙而原始；

第二阶段，是一些在城市里资产小有积累的退休人士，回乡重构梦想；

第三阶段，则是些年轻的精英和创新型人才，他们以新农民的身份过起了田园牧歌的生活，他们不再是“回乡”而是“选乡”发展。

（一）民宿客栈的类型

1. 按位置分：城市民宿和乡村民宿两大类

（1）城市民宿：由小村落发展而来，多以公寓大楼式的形式呈现，以现代风格的建筑为特色。

（2）乡村民宿：以乡村文化为内涵，多依托景区或者当地地域特色资源而发展，乡土气息浓厚。

2. 按功能分：纯粹住宿型和特色服务型两大类

（1）纯粹住宿型：一般临近景区，依托周边景区的人气而发展，具有干净清爽、价格低廉的特点。

（2）特色服务型：自身也是旅游吸引物，通常结合周边资源，打造温泉养生、乡村运动等特色主题，提供农业体验、生态观光多项服务。

3. 按产权分：传统民宿和社会型民宿两大类

（1）传统民宿：利用自用住宅空闲房间，以家庭副业方式经营。

（2）社会型民宿：外来投资者租赁房屋，以家庭主业方式经营。

（二）中国大陆的民宿特色

2015 年起，国务院颁布了许多对客栈民宿积极发展的有利政策，政策的红利和需求的增长是一个双推手，推动炙手可热的民宿业在近几年快速发展。

经初步核算，中国大陆民宿企业已有 4 万多家。国内目前已形成了滇西北民宿群、川藏线民宿带、湘黔桂民宿群、海南岛民宿群、浙南闽北民宿群、徽文化圈民宿群、客家文化圈民宿群、京津毗连区民宿群、珠三角毗连区民宿群、长三角毗连区民宿群、浙闽粤海岸民宿 11 个民宿群带。平均入住率为：长三角及东部沿海的民宿达到 65%～70%，西南及华北的民宿 40%～45%；平均房价为：长三角区域的民宿为 900～1 200 元/每天，浙闽粤区域为 700～900 元/每天，云南区块为 400～1 000 元/每天。

中国大陆的民宿，它的表现形式和运营模式其实有别于日本和中国台湾地区的模式，造成这一现象的主要原因是：

（1）土地非私有。中国大陆，大多数民宿都是种投资行为，经营管理者与业主非同一主体，导致经营管理者更注重经济的投资回报，而缺乏强烈的传承意愿。

（2）经济主体的多元化。在中国大陆的民宿中，业主、投资方、运营者各司其职，对当地的风土文化所知不多，导致运营模式更偏向于酒店式。

（3）行业规范和相关法规呈现空白。中国很多的民宿产品在品质上出现了良莠不齐的现象。当然这可能跟中国地大物博、地域发展不平衡和文化差异有关系，目前还没有一个行业规范来约束民宿行业。

（4）政府政策导向的不确定性和消费者的盲目跟风，造成中国大陆的民宿更追求投资上的短期速效、非理性地圈地扩张。

因此，中国大陆民宿现今最大的特点是选址小众化、运营非标准、产品体量小。

民宿最能打动消费者的因素有三个：一是选址选在有好山、好水之处；二是设计融合环境，以人为本；三是服务用心，有亲切感。

三、消费者最注重民宿的自然环境

据悉，62％的消费者一年出游平均2～4次，他们愿意花20％～40％的费用在住宿上。消费者对民宿的选择，第一个要素便是自然环境。住民宿对环境的要求与酒店不一样，酒店外部环境消费者一般都无所谓，只要酒店里面好。但是民宿却不同，消费者之所以选择民宿而非酒店，主要目的是为了亲近大自然、寻求心灵的回归。

此外，消费者也要求民宿有比较舒适的硬件和软件，舒适的室内居住的氛围，还有人为的艺术感、设计感和隐私感，这个因素在中国大陆占的比率比较低，但是在中国台湾占比非常高。因为民宿明显带有主人个人色彩，很多消费者都是冲着主人去的。这也侧面说明了中国的民宿市场还不成熟，未来消费者对这方面的诉求可能会慢慢提高。

现在，开民宿的往往是设计师居多，他们比较注重设计风格，但是实际上消费者对风格设计这块注重的比例没那么高。

以104国道为界，以莫干山风景区为制高点，统称为德清的西部，也被称作环莫干山旅游休闲观光区。就是在这里，汇集着大量名声在外的民宿。

莫干山的民宿之所以那么火爆，是因为莫干山的很多民宿有一个非常独特的空间形态，它们都是由几间房间加一个私密的公共空间，让几户人家可以在那里共享体验活动。另外，人文元素也是民宿吸引消费者前来的一大原因，接地气的活动是客户体验的核心。

莫干山民宿中的溪山原宿提倡的是体验乡村式生活，回归自然、回归生活，呼吸绿野中新鲜空气，品尝田间山林农家蔬果。整个山庄是由杭州中国美院设计师专门设计的，结合本地古朴乡村特色，营造一个放松的田园山居生活。

溪山原宿很多的细节处理得很到位，老旧的木头、编制的吊篮、桌子上摆放的多肉植物、复古的墙壁，在不经意间就喜欢上这些小物件，虽然不起眼，但是感觉放在这里很温暖，有种时光倒转、回到小时候的时光的感觉。

溪山原宿

溪山原宿有个小院子，木栅栏挡不住春光，清新古朴的小院子里到处都是花香，打理得错落有致，秋千、桌椅随处都能坐下来，静享一段光阴；还有一个小水池，里面养着乌龟和鲫鱼；在这里还可以租到山地车，到环绕裸心谷的骑行道去骑车，大山就在旁边默默注视着你。

四、中国台湾和日本民宿为什么这么火

（一）中国台湾：民宿发展迅速，已成为一道风景特色

中国台湾民宿产业如何？台湾南投民宿协会理事长彭成裕说，台湾有7 300多家民宿，近3万间客房，平均每晚500元左右，吸引着来自世界各地的游客。在台湾南投，民宿将创新、美食、美学、品牌等互相关联。在民宿中，游客可以感受民情，体验民俗，汲取民智，让民宿真正成为一间有温度的住宅。台湾民宿是台湾乡村旅游中美感、创意、文化的一种完美呈现，无处不体现台湾人的巧思。它通过环境、活动以及衍生产品/服务的巧妙设计，不仅给游客带来大自然的绿色体验，更提供一种充满情味的感觉与氛围，最大限度地让游客达到放松身心、返璞归真的效果。

台湾民宿融合了当地的自然人文环境要素，再加上创意和美学元素，将其

打造成了颇具特色、不同主题的民宿产品。不同地区有不同的带有当地人文风格主题的民宿，同时也融入主人的个性。

台湾民宿最吸引年轻人眼球的莫过于各种好玩的创意，只有你想不到，没有他们做不到。有以巧克力为主题的民宿，以监狱为主题的监狱民宿，以童话为主题的梦幻民宿等。

台湾民宿是主人个性的最佳秀场和吸引志趣相投之人的聚集地。民宿主人有的是退休的老人家，因为生活闲暇或是因为人生到了某种转型点才改为经营民宿，以表达他们自己的人生感悟和生活态度；也有些是青壮年人士，怀着梦想与热情，回到故乡，打造自己的梦想田园，然后与住宿的客人分享这种生活体验。

台湾民宿最大的特点是无处不在的人情味。据游客回忆，在岛内曾投宿过多处民宿，事先联系好后，每次都是刚下车就看到民宿老板翘首以待地等在站台，然后接过背包，用自家的车将其接到民宿，促膝长谈、对影邀杯、谈遍风花雪月。这种乐趣，不是住旅馆和饭店能体验到的乐趣。正是民宿主人对本地文化的热爱，不经意间成为当地旅游资源的整合和推广者，区别于宾馆的个性服务，更成为其口口相传的金字招牌。

（二）日本：高质量服务，独特的产品设计风格

作为亚洲民宿的鼻祖，日本民宿有着体验感好、主题性强等特点。日本民宿由一些登山、滑雪、游泳等爱好者租借民居而衍生并发展起来的，因而多位于山水奇险之地。后来，这些奇险之地慢慢发展为旅游观光胜地，于是，民宿的对象也不再仅仅是一些运动爱好者。

日本民宿通常分为洋式民宿与和式民宿。洋式民宿的经营者多为白领阶层，经营者知识水平较高，审美水平较高，对外来文化有较好的理解，因此洋式民宿多设在大城市里供游客短期租赁住宿使用。而和式民宿拥有传统榻榻米房间，食用日本传统菜肴，这类民宿常设在自然资源丰富的地区，如温泉资源丰富的本州地区。

日本民宿注重平民化的收费和自助式的服务。大多民宿都结合农场，通过丰富农业项目的引入来增进民宿主人与游客之间的关系，同时也丰富了游客的体验。

第二节　乡村民宿的创意运营

一、模式解读

（一）核心理念

一个乡村就是一个乡土文化博物馆。

在村落文脉与古民居群落整体保护的基础上，通过传统文化艺术化、创意化、体验化利用，打造有故事的乡村民宿群落和精致的乡村文化休闲体系，创

造传统与时尚碰撞的精致乡村生活方式。一个乡村就是一个乡土文化博物馆，一个民宿讲述一个乡村历史故事。

（二）村落特征

1. 厚重的文化基底

村落历史厚重，文化特色突出，尤其以传统古村落为典型代表。文化是历史乡村的核心灵魂，承载着乡村的历史记忆和地域特色，是村落独一无二的旅游资源。文化类型包括环境文化、祠堂文化、屋宇文化、民俗文化等，反映一个地域乃至一个民族独特的文化风度、精神气质和心灵历史。

2. 相对完好的民居院落

村落传统肌理尚存，环境自然质朴，并保存一定数量的具有历史感的传统民居院落，这是打造文化民宿的基本载体，是开展乡村文化度假的基本条件。

3. 丰富的历史遗存

村域内拥有较为丰富的历史文化遗存，如名宅大院、寺庙宗祠等，以这些有形的文化资源作为支撑，便于乡村开发多种历史文化体验产品，提升村落的观赏性和体验性。

（三）模式要点

1. 保持平衡——村落保护与旅游开发

历史村落的主要旅游资源为无形的历史文化和有形的遗址遗迹，均具有易损性，需要在保护的基础上进行开发。保护的目的是延续村落文化，开发的目的是传承弘扬村落文化。如何把握开发的力度，在保护与利用之间保持动态的平衡，实现村落文化保护和传承的共赢，是这个模式的首要特征。

2. 新旧融合——新型产品与原始村落

文化民宿村落的开发不仅涉及老宅院落的重新开发利用，还涉及与村落的和谐共生，包括文化的一致性、建筑的和谐性以及环境的融合性。文化民宿必须是深植于文化乡村基底之上的新型产品，才能实现对村落文化的传承和弘扬。

3. 个性展现——民宿个性与品质开发

文化民宿模式重点强调个性和品质，展现后乡村旅游时代的产品特点。民宿的氛围营造、装修风格、物品摆设、色彩搭配、景观小品、相关配套等均能展现其特色。也只有在这些方面实现文化的淋漓尽致表达，才能彰显文化民宿的活力，在乡村旅游的升级发展中脱颖而出。

4. 利益协调——旅游收益与居民利益

文化民宿模式的最终目标，是要实现文化传承发展与农民生活改善的双赢，而这两者也是互惠互利的关系。因此，文化民宿模式要确保村民在村落旅游发展中获得切实利益，确保开发利用成果惠及全体村民。这里的利益不仅仅是指经济效益，更多的是原住民生产生活条件的改善、居住环境的提升、民俗文化的保留等。另外，文化民宿开发所依托的住宅隶属于原住民私人所有，所以开发的过程中，还要重视对原住民私人资源的保护。

二、模式推动力

（一）新常态下文化旅游市场机遇

近年来，中国经济发展逐步进入“新常态”，同时，旅游业本身也进入了某种发展的“新常态”。简单规模增长时代已经过去，大众旅游渐趋成熟而挑剔，市场竞争日益激烈，创新发展、跨界发展、融合发展成为常态。旅游与文化的融合发展也展现出前所未有的活跃状态。古村古镇、历史文化街区等文化创意休闲产业集群（主题休闲设施、文化客栈、精品酒店等），其特色的文化底蕴和商业文化环境带来的独特韵味独树一帜，并且在这些地方迸发出了社会大众创意和经营创业的热情，很多个人投资者和多元文化主体参与其中。个性化的文化民宿乡村旅游发展模式正是在这样一个市场机遇下产生，在旅游新常态的发展下，文化民宿型的古村落将大幅度升级发展。

（二）古村落保护与开发的诉求

古村落的保护与开发一直是专家学者关注的焦点。合理的开发其实是对村落最好的保护。保护古村落的目的，是为了延续村落的独特价值；而开发的目的，是为了传承弘扬历史村落的核心文化。古村落这种既需要保护又需要通过开发凸显价值的核心诉求，催生了古村落的旅游开发建设，而个性化的文化民宿模式正是其中重要的一种开发形式。

三、模式构建

（一）“存活”村落——资源保护升级

1. 明确保护范围，确立开发等级

构建个性化的文化民宿模式，要确保历史村落的“存活”，首先要对乡村历史文化遗产进行梳理，将文化与其依存的环境进行“整体打包”保护，确保文化与遗址遗迹不再遭到破坏，避免传统村落成为“文化空壳”；其次是建立传统村落档案，对村落内文化遗存进行系统普查，档案的内容包括确立村落的景观控制点，记录村落的整体风貌、传统建筑，甚至细化到遗留下来的古井、磨盘、古树景观以及非物质文化遗产等，并明确各个遗产的开发等级。

2. 加强“活态”保护，保留原真文化

“存活”村落，“人”的功能不容忽视。“人”才是文化的主体，尤其是原住民展示出来的文化才是活态的，才是最有魅力的。因此，文化民宿开发过程中，要保护当地村民生产生活文化、习俗、道德与价值取向观念，才能展现村落本真的历史文化。首先，保证原住民继续生活在民居内，保持原有的生产生

活习惯不被破坏。其次，挖掘村落传统手工艺的传承人，建立保护传承机制，确保活态传承；再次，对于村落的特色习俗、节庆等进行活态保护，组建固定的表演团队，并鼓励村民之间的传承。

传统木工雕刻

手揉草编

（二）“盘活”村落——产品打造升级

1. 营造——主题文化氛围

主题文化氛围是文化民宿的基底，展现村落整体的文化格调。第一，提炼村落的主题文化元素，从遗址遗迹、服饰图案、语言文字、民俗活动等多方面，提炼代表性的元素或图案。第二，将这些元素或图案注入村落的公共景观设计、体验活动开发、建筑风貌控制等，营造村落浓厚的文化氛围。在营造过程中，景观营造上注重还原村落的原真景观，力求与环境和文化融为一体。第三，活动营造上注重展现和诠释村落特色文化，提升游客文化体验。第四，建筑风貌营造上注重对原有宅院的充分利用，以及新建筑与原有建筑风貌和文化环境的协调统一。

2. 活化——村落特色文化

文化活化是实现和传承村落特色文化价值的重要手段。文化民宿村落可以通过对村落特色文化的艺术化、创意化、体验化等方式进行文化活化。

艺术活化：村落本身就是一件很好的艺术品，文化民宿村落可在充分依托村落特色文化基础上，开发艺术主题民宿、村落文化艺术展览、文化艺术工作室等项目，从而实现原本古朴传统的村落特色文化与时尚艺术文化的碰撞。

创意活化：传统的古村落不仅要保护开发特色文化，更需要对传统的文化进行创意化的开发。如可通过创意建筑、创意景观、创意节庆等的打造，以及会馆、创意主题展馆、创意娱乐项目等的开发进行文化创意活化。

体验活化：文化的活化方式不仅有单纯的静态展示展览，更重要的是动态的、能够参与体验的活化开发，乡村文化让游客体验才会形成更多的价值。因此，文化民宿型村落可以深度挖掘文化内涵，开发独一无二的民俗文化活动、特色文化体验馆等项目。

3. 开发——个性成就精品

民宿要做成精品，一个强大的推动力量来自于民宿主人。后乡村游时代，按部就班的标准化旅游已经不能满足旅者的要求，当民宿成为业主自己理想化居住生活的载体，显示出业主的个人特征和审美，就能真正吸引志同道合的旅者。因此，业主自身的爱好、审美等均会在民宿的设计开发中得以展现，进而呈现出参差多态，极具个性化的民宿产品，这就是有故事的乡村民宿群落。而民宿的业主可以是具有很强艺术感和设计感的艺术家、艺术爱好者，可以是文化创意工作者，可以是本地原住居民，也可以是向往乡村生活、重返乡村的普通大众。

陕西西安袁家村茶馆

陕西西安袁家村村史馆

为了增强村落的可游性和体验性，选取村落中的历史文化遗存，充分利用村落特色的民俗文化，植入休闲、娱乐、餐饮、购物等业态，打造如文化集市、博物馆、民俗餐厅等精致的乡村文化休闲产品体系和文化游赏体系，作为文化民宿的配套产品，增强游客的体验性。

4. 植入——多元创意业态

陕西西安袁家村茶馆

陕西西安袁家村村史馆

（三）“营活”村落——运营管理升级

1. 资本筹集

（1）政府鼓励扶持资金。政府对村落原住民的保护和开发文化民宿行为进行奖励补贴，以鼓励更多的原住民积极投入到文化民宿的开发建设中。如浙江省丽水市松阳县为了鼓励居民创业开办民宿，对村落传统民居的改造进行一次性奖励补贴，按舒适休闲型、简约休闲型和家庭自住型，按照建筑面积每平方米分别补助 180 元、120 元和 80 元。另外，对于外来投资企业，政府可提供一定的资金奖励，以提升外来企业进入村落开发的积极性，从而引导构建一个健康、全面、服务性更好的古村落经济，最终实现古村文化价值的最大化。

（2）个人自筹资金。个人自筹资金为村落原住民利用自用住宅空闲房间或者外来人员通过某种方式取得村落闲置房屋的使用权，自己进行创业，结合当地人文、自然景观、生态、环境资源，以家庭副业方式经营，提供旅客乡野生活之住宿。这种资本筹集方式多为自己创业，拥有现成的可利用资源，并且多为本地原住民，对文化有着充分的了解，从而更加能够有针对性地进行民宿改造和开发。

（3）企业注入资金。政府通过出台相应的鼓励和引导措施，引进旅游投资开发公司投资建设，注入资金，同时要避免旅游开发公司对村落的破坏性开发，确保在保护的基础上进行开发。这种资本筹集形式，能够保证村落的保护和开发拥有足够的资金，并且加之旅游开发公司专业的开发建设，使村落更能够顺利地进行活化开发。

2. 示范经营

一方面，通过政府相关的鼓励措施，引导资源条件较好、具有创业经营意向的原住民对自家古宅院进行保护性开发，建设极具创意的个性化文化民宿，以生活条件改善等经济效益带动其他原住民积极投入到文化民宿的开发建设中来，最终形成个性化的文化民宿群落，共同推动村落的发展。

另一方面，对于村落中部分历史价值较高的院落，可通过相关优惠鼓励政策，引进外来艺术家、文艺青年等时尚群体精英对院落进行创意开发和经营，打造具有带动和示范效应的民宿标杆，进而带动本地居民积极参与民宿开发。

（四）“激活”村落——模式效益升级

1. 推动村落保护与文化传承

文化民宿模式，以资源与文化的保护为前提，促进村落文化遗存的系统普查，建立村落传统文化档案，明确村落的保护范围与文化遗产开发等级，保留和维护村落原真的生产生活形态，从根本上推动村落建筑、景观等的保护以及挖掘与弘扬历史文化，有效推动了村落保护和文化传承。

2. 发挥村落资源与文化价值

文化民宿模式，使得村落的资源与文化价值得到充分发挥和展现。个性化的文化民宿的开发，以深入挖掘村落资源和文化内涵为基础，并通过文化民宿群落、休闲体验项目的开发，对资源进行二次利用和活化。因此，村落的资源和文化价值会被更多的游客所熟悉，并提供给游客更多的体验，进而实现村落资源和文化价值的最大化。

3. 改善原住民生产生活条件

一方面，在文化民宿的开发建设过程中，涉及对历史文化遗存的保护、对古宅院落的修复、对村落公共基础设施的升级建设、政府对居民的政策补贴等，都会大大提升原住民的生活环境和生活条件。

另一方面，文化民宿的开发建设，也为村民提供了更多的增收途径，村民可以出租房屋收取租金、可以利用旅游的发展契机自我创业、可以在村内打工赚取工资收入等，最终使得原住民的生活得到大幅改善。

四、模式借鉴

（一）模式借鉴一——浙江省桐庐县荻浦村

1. 概况

荻浦村位于浙江省桐庐县江南镇东部，与富阳交界，距离桐庐县城15千米，距杭州50千米，是桐庐县“东大门”，位于“三江二湖一山”的黄金旅游线上。

2. 文化特色

荻浦村历史悠久，距今已有900多年，文化底蕴丰厚，有省级文保单位两处（申屠氏宗祠和保庆堂），咸和堂（明代）正在申报。2006年被评为省级历史文化村镇，2007年与深澳、环溪、徐畈四村一并被列入第三批国家级历史文化名村。孝义文化、古戏曲文化、古造纸文化、古树文化为村四大特色文化。作为千年古村，荻浦村有着展现孝义文化的清朝孝子申屠开以及修复的孝子牌坊；有着记载着多氏族演变历史的古松垅、范家井和申屠氏始祖墓址等古迹；拥有40幢保存完好、建筑别致的庙庵，祠堂，民居等；以及工艺极为考究且对百姓经济贡献极大的古造纸文化。更为难得的是，还保存有三座较完整的明代房屋建筑。

3. 开发借鉴——坚守文化底线，盘活存量资源

作为国家级历史文化名村，浙江省桐庐县荻浦村以不离本土的传承与更新方式，塑造了保护古村落文化本真性的传统特点，创造了市场主导、文化驱动型村落开发的现代样本。

浙江省桐庐县荻浦村

坚持文化保护与驱动开发，荻浦村在围绕本土特色文化的基础上，开发了龙吟居、桐庐金基·原乡客栈等多个乡土文化民宿，并充分利用村落资源，进行创意文化性开发，打造了独具特色的“牛栏咖啡”和“猪栏茶吧”等休闲产品。获浦村一改传统农家乐式的做法，将文艺、小清新、小资这些属于城市人的品质带入乡村，从而形成特有的“乡土文艺范”，在符合现代年轻人审美情趣的同时，质朴却不失个性。让游客游览的同时又能够驻足停留，在感受到“独特”与“新奇”的同时也体会到改造者的原始初衷。

（二）模式借鉴二——楠溪江林坑村

1. 概况

林坑村是浙江省永嘉县最北的一个小山村，村里现有126户480多人。村内自然环境优美，富有江南特色的山地古民居依山势起伏，错落有致，自然和谐，极具艺术价值。

2. 文化特色

林坑村是一个历史悠久、底蕴深厚的山民聚居处，约700余年历史。古建筑是林坑古村最大的看点。林坑村的古民居多为黛瓦、原始木构、竹篱抹泥粉墙或卵石筑墙，地面铺以灰色石块，色彩朴素、自然。各宅院之间毫无封闭之感，有别于我国各地民居多呈“对外封闭、对内敞开”的封闭式风格。

3. 开发特色

依托林坑村丰富的建筑古资源和悠久的历史文化，全村从2012年10月开始启动民宿试点，共计有40户投入试点，陆续建成了泰和堂、林韵山居、如意客栈、林仙阁、悦然居等多家民宿招牌。民宿拥有外表古旧的建筑，但“内心”已充满了现代感，而且呈现出一派复古、田园和小清新范。

4. 鼓励政策

永嘉县出台了《永嘉县旅游业发展扶持办法（试行）》，鼓励民宿发展。对利用楠溪江古村落、通过专业设计将老房子改建成外观古朴、内部舒适的各种民宿设施，能达到国际青年旅舍通常标准以上的，按每房间5 000～10 000元的标准给予一次性补助。对按规划审批要求整体发展民宿村，在规定时间内完成改造的，按每户3万～5万元标准补助给村集体，专项用于村内基础设施配套建设。

（三）模式借鉴三——黟县南屏村，体验徽州古村民宿生活

南屏村位于安徽黟县城西南4千米处，始建于元、明年间，是一座有千年历史、规模宏大的古村落。至今村落内仍较好地保存着8幢古祠堂，36眼水井，72条古巷，300多幢明清古民居，古私塾园林也比比皆是，是古徽州商贾文化、宗祠文化、民居文化、耕读文化的精华荟萃之地，现已被列为全国重点文物保护单位、全国历史文化名村。

相比于被列入世界文化遗产的西递、宏村，南屏游客相对较少，受到外来文化冲击相对较轻，加之古村环境清幽古雅，是文化寻访、古村休闲、度假的绝佳去处。近年来，依托古民宅，发展了众多各具特色的古村民宿，如南薰绣

安徽黟县南屏村

楼、冰凌阁、鹏介园、诒燕堂喜舍等，将古徽州的文化融入到个性精致的民宿之中，形成了基于古民居保护的旅游新业态。

（四）模式借鉴四——不二木居，精品民宿

1. 概况

旅游民宿是利用当地闲置资源，民宿主人参与接待，为游客提供体验当地自然、文化与生产生活方式的小型住宿设施，包括但不限于客栈、庄园、宅院、驿站、山庄等。根据所处地域的不同可分为：城镇民宿和乡村民宿。不二木居，位于国家AAAA级景区、国家森林公园——九如山瀑布群风景区内，木居通体由源自俄罗斯的樟子松木搭建而成，弥漫着浓浓的松香。室内整体偏北欧风格，是济南唯一精品民宿。

不二木居

2. 民宿特色

差异化的建筑外观。木质结构的屋子，被称为会呼吸的房子。俄罗斯进口而来的樟子松散发出的松香，能安神、镇定、促进睡眠，久居更能怡情疗养、延年益寿。这栋坐落于泉城之南的不二木居，通体全部由济南周边的最后一代老石匠和老木匠，使用古老精巧的榫卯结构拼接而成。没有浮夸与繁杂，只是多了一丝静谧与情调。

不二木居

差异化的民宿经营理念。不二木居类似于传统日式旅馆的一泊两食，入住后所有的消费，晚餐早餐都包含在内。房内摆设皆有心意，家具摆件更是主人家从各地淘来的老物件。全进口食品、欧舒丹的洗护用品、Marvis（玛尔斯）牙膏、爱慕浴衣、依云水，每处细节都用心做到极致。

不二木居

差异化的服务。不二木居推行“管家式服务＋人性化”的定制服务。无论是年终庆典、客户答谢会，还是时尚沙龙、品牌发布会，根据需求为宾客量身定制，从现场每个流程、每个细节为宾客带来最尊贵的体验。

此外，按照入住房客的数量赠送相应数量的终身园主卡，此后游览九如山，可尊享终身免票游园。

第三节 乡村民宿的创意价值

一、打造民宿文化氛围至关重要

“民宿需要告别单打独斗，以集群方式落地，聚合成多业态群落生态圈，自成闭环，打造一个文化生态集群。”杭州西湖风景名胜区民宿行业协会会长林萍说，民宿外形可以个性化，但房间内设必须高品质、高舒适度，以保证消费者体验效果，因此文化氛围的打造至关重要。

从主题的选择、店名的选取到管理文化、经营文化氛围的打造，民宿产业的发始终利用古代和现代的特色文化给顾客心理上的冲击，营造独特文化氛围。

二、民宿规模化发展的同时做出个性化的设计

极致的自然环境，在地的人文精神，原创的艺术生活，回归本真的建筑让民宿成了消费升级的新业态。

“泛民宿”被墅家人文独家品牌创始人聂剑平首次提出，特指具有酒店与民宿两种基因的独家产品，即酒店民宿化、民宿酒店化。

因此，民宿通过联营模式来寻求规模化发展的同时，也要依据每个项目的特殊性，从自身品牌基因的不同要素中做出有所偏重的、个性化的规划与设计。明确自身与众不同的、具有灵活性的品牌基因，确保每个项目都具有自身品牌的共性。

乡村民宿是利用农村住房为游客提供以住宿服务为主，并综合民俗活动、农业体验、休闲娱乐、健身养老等内容的一种农家乐休闲旅游新业态，是乡村旅游的重要业态。

第十章　定制农业与品牌农业

第一节　定制农业

一、定制农业的基本含义

定制农业是以消费者为核心、以订单化为手段的一种新型农业发展模式。定制农业是先预定和规划好了长远目标而进行的，着眼于长远发展，是一个战略部署。

定制农业与订单农业是未来农业发展的方向，以消费者为核心的定制农业，正在开启对传统农业产业链的整体性、系统性、颠覆性再造。

二、定制农业的模式创新

（一）对接市场定制品种

对接市场定制品种就是针对区域特殊的生产条件和市场需求，量身定制特定作物的特定品种。如大连市特种粮研究所，近年来为大米加工企业定制培育的航天低谷蛋白米莲粳4号，蛋白质和磷的含量仅是普通大米的41%和51%。因其淀粉含量高，易消化，不仅减轻脾、胃、肾的功能负担，还促进维生素D_3的合成和钙的吸收。又如辽南地区地处长白山余脉，丘陵坡地多，沙质土壤多，既不保水又不保肥，适宜栽培地瓜，该所通过引进日本和烟台农科院的地瓜杂交，选育出专用食用型地瓜连烤薯1号，因其干基还原糖和可溶性糖含量高、胡萝卜素食用利用率适中，备受消费者青睐。

（二）因地制宜定制技术

因地制宜定制技术就是针对区域特殊的生产条件和特定作物、特定品种，因地制宜开展配套栽培技术研究定制，降低生产成本，提高水、肥、光、热的利用效率。如大连市特种粮研究所根据航天功能水稻莲粳4号的生育期和对水、肥、光、热的要求，确定了在北纬39°线上生产；在技术上，不再遵循过去的立夏插秧，适当晚插秧，既躲开用水高峰又能有效控制水稻白叶枯病。该水稻成熟快，利用秋季昼夜温差大的条件，提高了产量，总结出“小满插秧产量高，芒种插秧压弯腰，夏至插秧轻飘飘”的技术口诀。通过推广这些定制技术，亩均减少成本 60 多元，每亩增产 43 千克。

（三）定制生产优质产品

定制生产优质产品就是本着资源条件的可行性、产销双方的一致性、产品开发的科学性、经济效益的最优性来定制产品。如大连市特种粮研究所采用“研究所＋公司＋基地＋农户”模式，产前引导农民调，产中指导农民种，产后帮助农民销，开展有机产品、绿色产品和无公害产品认证。2017 年旻成牌低谷蛋白米经中国绿色食品发展中心审核，续认定为绿色食品 A 级产品。连烤薯系列地瓜、莲黑花系列花生、高蛋白大豆、富硒谷子获农业部农产品质量安全中心无公害产品认证。

三、定制农业的发展问题

（一）加强领导，解决好定制农业发展的组织问题

地方党委、政府应成立由主要领导挂帅的“区域定制农业建设发展”工作领导小组，负责领导本地区定制农业建设发展工作。领导小组下设办公室，牵头负责综合协调、目标考核、检查督导、绩效评价等工作。要充分发挥各级党组织的领导核心作用，理清思路，设计载体，统筹推进。

（二）多方参与，解决好定制农业发展的合力问题

多方参与，协力推进，是定制农业稳健发展的关键路径。政府、企业、协会和社会各界，应分别扮演不同角色，同唱一台定制农业发展大戏。其角色定位应该是：政府主导，政策扶持；农企主体，龙头带动；协会组织，整合资源；社会参与，协力推进。

（三）对接需求，解决好定制农业发展的市场问题

定制农业与传统农业种植的差异，首先体现在销售思路上。一直以来，农民生产的农产品都是随行就市，由于市场行情变幻莫测，常常增产却不一定增收。而定制农业则不同，它类似于“量身定制”的市场经济模式，没有太大的经济风险，也不会出现农产品滞销的情况，这样就实现了农产品从传统的自产自销到产品定制、定向销售的转变，也为农民增产增收拓宽了道路。

对于“消费者需求＋商家响应”的预售定制模式，准确对接客户群体是农户和农企的重中之重。定制过程中，需要认清到底为谁定制，满足不同客户的定制需求。客户群体不一样，服务内容就不一样。比如高收入消费者，可能会对农产品品质等方面有较高的要求，其订单不一定来自于周边地区。

（四）安全生产，解决好定制农业发展的质量问题

作为一种全新的农产品消费形式，消费者高价消费是为了吃得健康，因此，想要长期定制经营，不断获得消费者的信任，产品的质量才是根本。农产品定制整个链条上的生产、加工、流通等环节的经营者必须要在质量安全方面

多下工夫，通过品牌的打造扩大客源，提高标准才能取信于消费者。首先是土地要好，要尽可能选择经过认证的基地，严格遵守国家规定，按照高标准进行全程安全生产。比如有机农场认养，对化肥、农药等都有明确的规定，需要按照有机操作规程进行全程操作，中间要有技术人员进行全程指导；同时，通过视频摄像头、物联网等进行实时监控，发现病虫害及时预警，对产品的成熟度随时进行监测预报，产品成熟了还可以进行宅配。消费者也可以随时观察生产状况，把电子眼和互联网技术应用于农产品加工之中，不仅有利于管理，提升质量安全，还能让消费者参与、监督生产过程，提高对产品的信任度。

（五）强化监管，解决好定制农业发展的规范问题

与传统农产品生产加工模式不同，农产品定制模式实现了从种植到餐桌的直供，缩短了产业链，但同时也弱化了产品检测程序。虽然消费者将自己认养的农产品委托给农场或农民，一定程度上保障了产品的安全，但由于农产品种养周期长、环节多，很多环节存在产品受污染的可能性。消费者虽然直接委托，但无法全程监控，土壤、水等是否真正没有污染也不能保证。产品的安全性更多取决于企业或种植、养殖农户的良心。一旦发生安全问题或纠纷，更是难以追究责任。因此，定制农业要想持续、规范、良性发展，就必须强化过程监管。定制农业的监管应主要采取三项措施：一是利用社会资源，实行认证监管；二是采取全程追溯，实行技术监管；三是政府部门协同，实行行政监管。

（六）体验消费，解决好定制农业发展的兴趣问题

稳定老客户，增加新客户，确保老客户的续约率和新客户的增长率是非常重要的，而提高消费者的参与度和互动性，增强消费者的体验感，是“保老增新”的实效途径。要增强定制农业消费的体验感，还应当附加上其他模式，如利用共享农业、家庭农场、农家乐等模式来增强定制农业的体验感。

随着定制农业参与度、互动性和体验感的发展，一方面，消费者可以吃上安全放心的农产品；另一方面，消费者可以享受增值服务，如会员可以到农场吃、喝、游、玩、住，跟农民互动，享受亲自采摘、亲手种植的乐趣，实现农业与旅游休闲、文化创意、现代流通等产业的相互促进和融合发展，增加生产者和消费者之间的链接和黏性。

第二节 品牌农业

实现中国梦，基础在“三农”；推进“新四化”，农业现代化是关键，品牌化是重要抓手。品牌建设作为参与全球农业竞争的国家战略，已成为我国发展现代农业的紧迫任务，是农业“调结构、转方式”的重要抓手，是推动农业供给侧改革的重要动力，是实现农民共同致富的长效途径。

进入21世纪以来，随着人民生活水平不断改善，消费需求日益多元化、品质化，农业品牌日益受到消费者的关注，逐渐成为消费农产品的风向标和晴雨表。农产品能否获得市场认同，能否在激烈的市场竞争中占有一席之地，品牌建设已成为决定性因素。作为世界农业大国，我国有不少农产品产量居世界第一，但是缺少一批具有国际竞争力的品牌，尽管农产品注册商标数量四年间翻了一番，而把原料当商品卖、把土特产当品牌卖的现象仍然比较普遍。因此，破解这一难题，开展品牌化建设，实现由以资源要素驱动向以品牌引领发展，已经是发展现代农业的当务之急。

一、品牌农业建设的主要内容

（一）品牌农业的基本含义

品牌农业是指经营者通过取得相关质量认证，取得相应的商标权，并通过提高市场认知度，具有了在社会上获得良好口碑的农业类产品，从而获取较高经济效益的农业。品牌农业是具有质量和安全健康保证的品质农业；是按照量化标准生产和加工的、产品始终如一的标准化农业；是通过恰当的筛选、包装和加工进行原料升值的价值农业；是摒弃一家一户落后的生产经营状态，以规模获得高效益的规模农业；是打通一二三产业，甚至全产业链掌控、实现质量与安全可追溯的大食品业。总之，品牌农业就是要彻底改变传统农业生产、加工和经营的思想和方式，引入工业化先进的管理思想、技术、品牌营销模式和人才，把农业产品按工业品那样加工和经营，以全新的方式振兴和发展。在市场上表现为厨房餐桌食品全面走向品牌化。

（二）品牌农业的核心定位

所谓品牌农业定位，就是使自己的品牌在顾客心中占领一个有利的位置，它是细分市场、选择目标、市场活动的延续和发展。如果说前者是站在品牌农业（企业）的角度来选择消费者（目标市场），那么后者则主要是从消费者的角度，让消费者对这个农业品牌有一个清晰的认识与选择，从而使消费者对这个农业品牌有一个深刻的记忆。因此，品牌定位也叫争夺消费者心智的战争。

可以说品牌定位是品牌农业营销的向导，也是品牌农业传播的基础，其目的是在目标顾客的心目中树立品牌个性，塑造独特形象。

品牌定位最好定空位，是品牌农业既能打出自己的特色，又没有人占领的空位。在没有空位的情况下，就要插位、变位、异位，还有跟位、跃位、换位。

（三）品牌农业的五化特点

（1）生态化。即按照“尊重自然、循环发展”的理念，从事农产品的培育和生产，加工和销售安全、健康、优质的农副产品。生态化是品牌农业的心脏。

（2）价值化。即引入品牌营销模式，通过品牌定位、产品创新、产品核心价值、品牌（产品）形象设计以及传播推广等手段，提升产业、企业和产品附加值，实现增收增效和可持续发展。价值化是品牌农业的脸面。

（3）标准化。即引入现代经营管理理念和手段，对农业经营组织的种养、加工过程和环节，进行规范化、系统化改造和建设，改变传统农业经营的粗放、随意和人为性，使其可量化、可控制和可复制。标准化是品牌农业的灵魂。

（4）产业化。即实现作为第一产业的农业与第二产业、第三产业高度融合与产业整合，形成完整农业产业链，进行良性联动和互动。产业化是品牌农业的肢体。

（5）资本化。即根据农业投资风险大、利润回报低、投资周期长、市场前景广的产业特点，积极主动先期导入现代投资和资本运营理念、模式和路径，用资本的杠杆和力量撬动、助推现代农业跨越式发展。资本化是品牌农业的血液。

（四）品牌农业的主流趋势

（1）智慧农业趋势。移动互联网的普及和智能设备在农业上的应用，使传统农业插上了智慧的翅膀，进入以依靠科技、信息等新技术为主要特点的智慧农业发展阶段。利用云计算、大数据等技术对农业信息数据进行多层次分析，并将分析指令与各种控制设备进行联动完成农业生产和管理，不仅可以解决农业劳动力日益紧缺的问题，而且可以实现农业生产的智能化、精准化、数字化、可控化。

（2）精细农业趋势。将现代信息技术、生物技术和工程装备技术应用于农业生产的“精细农业”，已成为发达国家面向21世纪现代知识农业的重要生产方式。

互联网、物联网、大数据等指导农民运用现代信息技术、管理方式进行农业生产，借助天气、土壤、水资源、市场环境、市场需求等数据信息，在育种、栽培、施肥、灌溉等多个环节按照严格的标准进行，既实现了传统农业的精耕细作，也促成了农业生产的标准化，有助于提高土地生产率、劳动生产率、资源利用率、投入产出率。

（3）高效农业趋势。互联网与农业的跨界融合，可以推动农产品生产、流通、加工、储运、销售、服务等环节的互联网化，实现农业与二三产业交叉渗透、融合发展，打造城乡一二三产业融合的“六次产业”新业态；可以加速推动农业产业链延伸、农业多功能开发、农业门类范围拓展，实现对整个农业产业链的再造；可以使农业生产要素的配置更加合理、农业从业者的服务更有针对性、农业生产经营的管理更加科学。

（4）绿色农业趋势。绿色是十八届五中全会提出的五大发展理念之一，也是现代农业发展的方向所在。“互联网＋农业”可以形成集保护生态、发展生产为一体的农业生产模式，有效解决我国农业可持续健康发展的痛点。运用互联网思维和系统改造传统农业生产，可以对农业发展进行专业化、科学化管理，实现要素资源优化配置、投入产出精准管理、生产高效节能减排、产品绿色安全优质。

（五）品牌农业的问题误区

目前国内许多农业品牌在打造过程中存在着问题及误区，这些问题及误区大体如下：

◆ 认为商标等于品牌。

◆ 一些农业品牌定位不准确，个性不鲜明，没有独特的品牌形象。

◆ 一些农业品牌后面看不到核心价值与核心竞争力。

◆ 农业品牌地区分布与发展不平衡。

◆ 具有竞争力的农业品牌较少。

◆ 农业品牌培育、评比与保护缺乏系统性。

◆ 农业品牌缺乏系统性管理。

◆ 不重视农业品牌的传播营销，市场营销管控乏力，品牌营销虎头蛇尾。

◆ 区域公用品牌重申报轻监管。

◆ 品牌拥有者与经营主体模糊。

◆ 销售渠道规划不清晰，成为品牌价值提升的障碍。

◆ 光抓硬件，不抓软件。

◆ 重视规划，轻视策划。

◆ 没有一句叫得响的口号。

◆ 没有一个展示特色的节事活动。

◆ 不重视农业品牌母品牌、子品牌的运营。

（六）品牌农业的打造流程

针对目前国内农业品牌建设中存在的一系列问题，切合国内农业品牌打造实际流程。

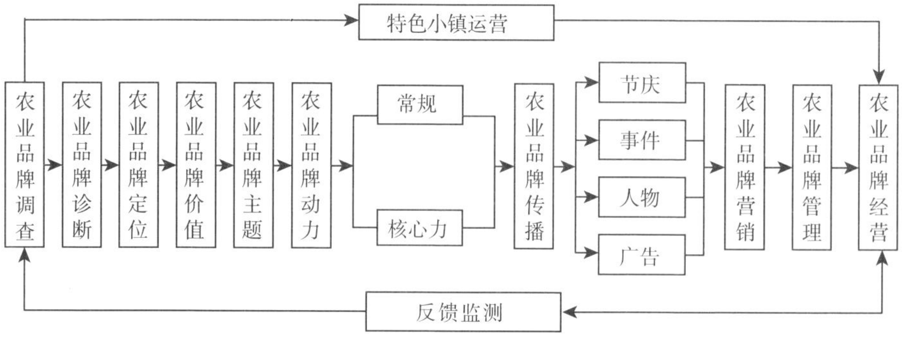

农业品牌打造流程

二、品牌农业建设的战略路径

（一）制定完善品牌农业建设战略规划

统筹规划，有序推进，是品牌农业建设提升的首要路径。政府和企业都需要制定完善农业品牌建设发展战略规划，政府应在宏观上统筹规划好一个地区的品牌农业建设事业，企业应在微观上具体计划好本企业的农业品牌打造工作。要明确建设方针，设定建设目标，突出建设重点。

（二）联合组建品牌农业建设领导机构

加强领导，组织推进，是品牌农业建设提升的核心路径。品牌农业建设发展领导机构应由政府分管领导挂帅，有关职能部门参与，龙头企业、行业协会和专业机构列席。品牌农业建设发展领导机构应全面统筹、组织、领导、服务和协调好整个品牌农业建设事业。

（三）配套搭建品牌农业建设服务平台

搭建平台，服务推进，是品牌农业建设提升的关键路径。需要政府和品牌建设服务机构联合成立品牌农业研究中心、诊断中心、设计中心、培训中心和数据中心，为品牌农业提供品牌设计、孵化、营销与培训服务。

（四）积极借助品牌农业建设外脑外力

融智借力，高效推进，是品牌农业建设提升的权威路径。农业品牌建设一个专业性较强、涉及面较宽、外延度较广的系统工程，单凭某个地方政府和农业企业自身的力量是不够的，需要面向世界，融智借力，积极借助品牌授权机构的智慧、创意和方法来指导品牌农业建设，提升品牌建设水平，保障品牌建设方向正确、方法科学、发展高效。

（五）科学创建品牌农业建设标准体系

1. 建立健全品牌农业标准体系

可围绕硬实力、特色力、管理力、文化力、人才力、传播力、营销力、服务力、消费力、创新力、品界力、微界力、市场力、客户力、网联力、未来力、效益力、信用力和社会力等 20 个方面，建立品牌农业标准体系。

2. 有序进行品牌农业评级认定

根据品牌农业标准体系的主要内容，构建品牌农业评估模块，进行品牌农业评级认定。

3. 品牌农业评级认定意义作用

国家进行旅游景区 AAAAA 评级之后，涌现了一批 AAAAA 旅游标杆景区，有效促进了全国旅游景区的规范化建设，切实推动了中国旅游事业的健康发展。中国品牌通过建立品牌标准体系，实行品牌评级认定，必将对品牌农业建设发挥引领、规范与促进作用。

（六）动员全国同唱品牌农业建设大戏

多方参与，协力推进，是品牌农业建设提升的根本路径。政府、企业、协会和社会各界，应分别扮演不同角色，同唱一台品牌农业建设大戏。其角色定位应该是政府主导，政策扶持；企业主体，龙头带动；协会组织，整合资源；社会参与，协力推进。

三、品牌农业营销的两大策略

（一）举办重大活动，引爆营销农业品牌

1. 农业品牌（节庆）活动的概念

农业品牌活动，本质上是一种社会现象的客观反映，很难进行定义。农业品牌活动是指依据一定的社会资源或概念，为塑造农业品牌，促进农业品牌形象传播，带动品牌农业发展，提升和强化品牌农业的竞争力，由政府、企业、社团或其他主体主动策划，并由多主体共同参与所形成的各种农业品牌（节庆）活动。

2. 农业品牌（节庆）活动的种类

当今世界已不是逢年才过节，而是几乎“逢天过节”、天天节庆，节日多得令人目不暇接。据统计，现在我国平均每天有20个以上名目不一的节庆活动在不同区域开幕或闭幕。而其中除了春节、清明节、端午节、中秋节等民族传统节日，“三八”国际妇女节、“五一”国际劳动节、“五四”青年节、“十一”国庆节等法定节日，回族的开斋节、白族的三月节、傣族的泼水节、藏族的雪顿节等少数民族节日和圣诞节、感恩节、情人节、母亲节等“洋节日”外，更多的则是城市节庆活动，例如，曲阜孔子文化节、洛阳牡丹节、大连服装节、南宁民歌节等。就世界各国的农业节庆活动而言，主要有西班牙西红柿节、瑞士洋葱节、意大利橙子狂欢节、慕尼黑啤酒节、澳大利亚悉尼咖啡节、中国农业嘉年华等。

除以上节庆活动外，常见的还有以博览会展为主题的节庆活动，如昆明世界园艺博览会、杭州西湖博览会、休博会、高交会、广交会、北京科博会和山东文博会等；还有近年来最为流行的以体育休闲为主题的节庆活动，如北京2008年奥运会、南京十运会、澳门东亚运动会、中国郑州国际少林武术节、中国银川国际摩托旅游节、环青海湖国际自行车赛等；此外还有一些无法分类的和综合性节庆活动。

3. 农业品牌（节庆）活动的趋势

湖北省节庆研究会会长王重农教授是国内最热衷于开展节庆活动的研究者和实践者之一，曾为中国三峡国际旅游节等20多个节庆活动做过策划与组织工作。他认为，未来一个时期我国的节庆活动将呈现以下八大趋势：

（1）国际化趋势。国际化是节庆活动的必然趋势。节庆活动的大众性、广泛性、开放性，使其蕴涵了走出家门、走向国际的内在要求。在节庆活动运作方式上，我国很多地方已经开始研究国外先进的理念，努力运用市场手段，使节庆活动进一步开放化、国际化、娱乐化、效益化和规范化。如青岛的啤酒节，除派人到国外学习观摩外，还邀请外国人和企业共同参与节庆活动，并提出了“青岛与世界干杯”的主题口号，大大加快了青岛啤酒节走向世界的步伐。

（2）市场化趋势。我国传统的办节方式是大量财政投入和硬性摊派，使政府、企业和社会不堪重负。源源不断的资金投入是节庆活动长盛不衰的阳光和土壤，必须建立“投资—回报”机制，吸引企业、财团和媒体参与，形成“以节养节”的良性循环。如潍坊国际风筝节，从第二届起组委会便与有关公司联合策划招商，第三届则是与鲁台经贸洽谈会、寿光蔬菜会共同举办的，财政不再拨款。

（3）个性化趋势。个性化是节庆活动保持长久生命力的制胜法宝。体现在节庆主题活动上：一是要有“亮点”，提高大众关注度；二是要有“热点”，形成社会热门话题；三是要有“卖点”，增加商务运作机会。例如，在各大城市禁放烟花爆竹之际，大连市经过精心策划，推出了一年一度的烟花爆竹迎春会，一度让该市成春节期间的热门旅游城市。

（4）产业化趋势。随着经济性功能的增强，节庆活动必将呈现产业化趋势。即要求节庆活动从项目策划、集资、广告、会务、展览、场地布置、彩车制作、观礼台搭建、纪念品制作等，都以招标投标、合同契约的方式有序展开。近期，可继续保持政府调控、市场运作的活动形式，但应减少行政干预，努力扩大社会的规模和程度。远期目标应列入经济和社会发展规划，组建节庆文化集团或产业公司，确认法人地位，明晰产权关系，由产业主体通过市场运作完成节庆活动。

（5）多元化趋势。一是举办目的的多元化；二是举办模式多元化，如自贡灯会采用“走出去”模式，不但在当地办节，还到北京、上海、广州、武汉、香港、澳门、台湾等地办节 68 次，到新加坡、泰国、马来西亚、日本等 10 多个国家展出；三是主题活动多元化，主要表现在文艺晚会、经贸洽谈会、研讨会和论坛等。

（6）大众化趋势。节庆活动需要成千上万的群众踊跃参加，形成万民同乐的节日氛围。上海旅游节已将宗旨定为“人民大众的节日”，在筹办过程中，广泛征求市民意见和建议，极大地丰富了节庆活动的内容。

（7）集约化趋势。人们越来越清楚地认识到节庆活动的经济载体功能，同时意识到这种功能及其附属功能的潜在价值。所以，对一些规模不大的节庆活动，可以通过“捆绑”其他展会的方式，扩大规模，实行集约化经营。哈尔滨冰灯节，就成功地延伸了产业链，将灯展、文体活动和经贸活动等捆绑在一起，产生了较强的聚合效应。

（8）规范化趋势。主要体现在三个方面：一是策划和组织上的规范；二是举办时间和地点上的规范；三是举办程序和实施过程的规范。西班牙斗牛节共有156项活动，每年7月8～14日，从早上8时至深夜24时，在固定的时间分别在潘普罗那市固定的地点举行。年复一年，百年不变，堪称节庆活动规范化的经典案例。

（二）整合媒体造势，传播营销农业品牌

（1）传播营销媒体的选择（网络、电视、直播、路牌等）。农业品牌传播营销，可酌情选择电视媒体、网络媒体、手机媒体、直播媒体、平面媒体和户外媒体，在品牌传播营销前，应具体编制实施方案。

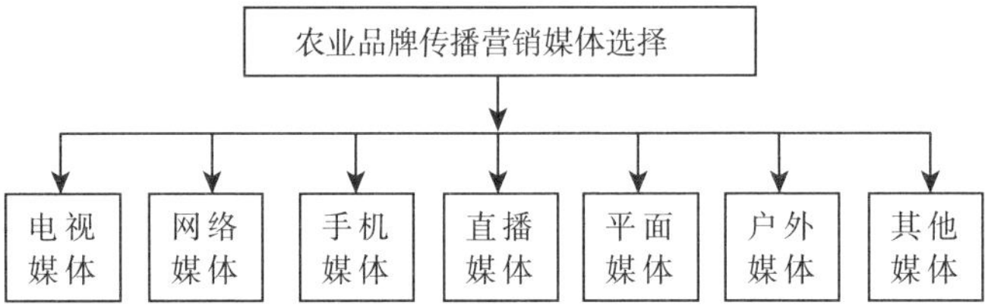

农业品牌传播营销媒体选择

（2）传播营销内容的构成。农业品牌传播营销的内容主要有节庆活动、展会活动、品牌人物、品牌事件和品牌故事等。

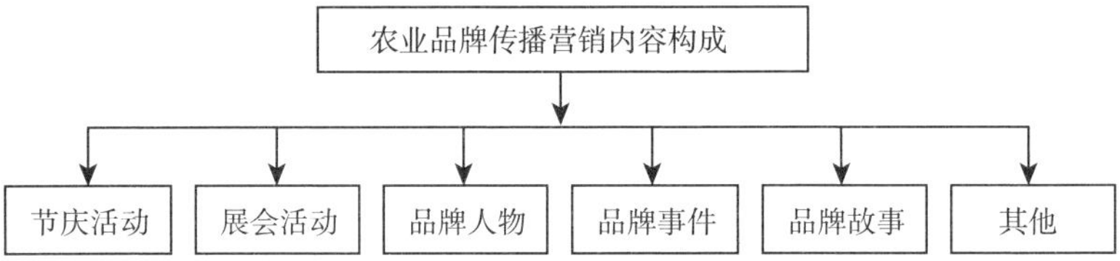

农业品牌传播营销内容构成

（3）传播营销形式的运用。

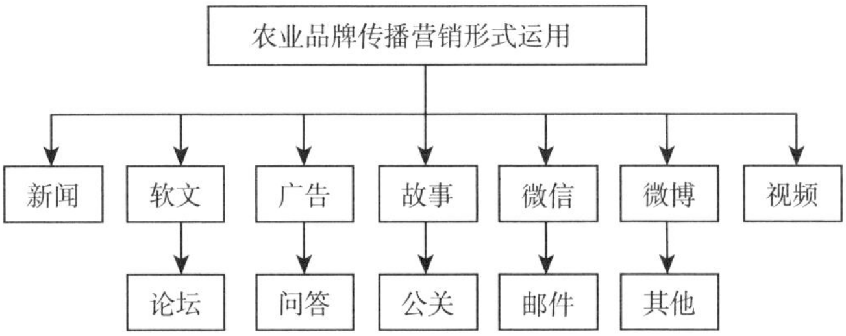

农业品牌传播营销形式运用

第十一章　农民专业合作社与农业联合体

第一节　农民专业合作社

一、农民专业合作社的基本定义

根据《农民专业合作社法》第二条的规定，所谓“农民专业合作社”是指在农村家庭联产承包经营基础上，同类农产品的生产者或者同类农业生产经营服务的提供者、利用者，自愿联合、民主管理的互助性经济组织。

农民专业合作社是通过提供农产品的销售、加工、运输、贮藏以及与农业生产经营有关的技术、信息等服务来实现成员互助目的的组织，从成立开始就具有经济互助性，拥有一定组织架构，成员享有一定权利，同时负有一定责任。

二、农民专业合作社的主要类型

对于农民专业合作社，国家规定中没有详细的分类，可以按照农业上的分类，分为种植专业合作社、养殖专业合作社和服务专业合作社。

（一）种植专业合作社

种植专业合作社主要有粮食种植专业合作社、油料种植专业合作社、蔬菜种植专业合作社、果品种植专业合作社、花卉种植专业合作社、其他种植专业合作社等。

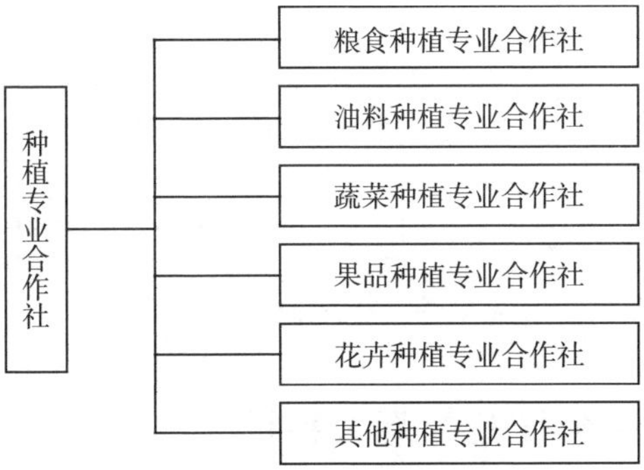

种植专业合作社框架图

（二）养殖专业合作社

养殖专业合作社主要有牲畜养殖专业合作社、家禽养殖专业合作社、桑蚕养殖专业合作社、水产养殖专业合作社、其他养殖专业合作社等。

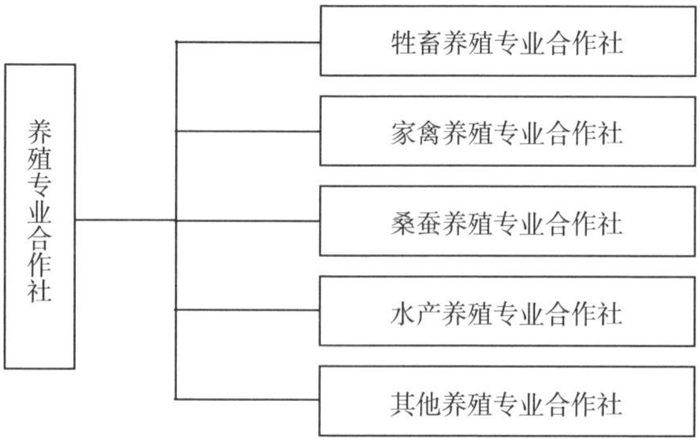

养殖专业合作社框架图

（三）服务专业合作社

服务专业合作社主要有生产型服务专业合作社、加工型服务专业合作社、储运型服务专业合作社、农机型服务专业合作社、技术型服务专业合作社、信息型服务专业合作社、其他型服务专业合作社等。

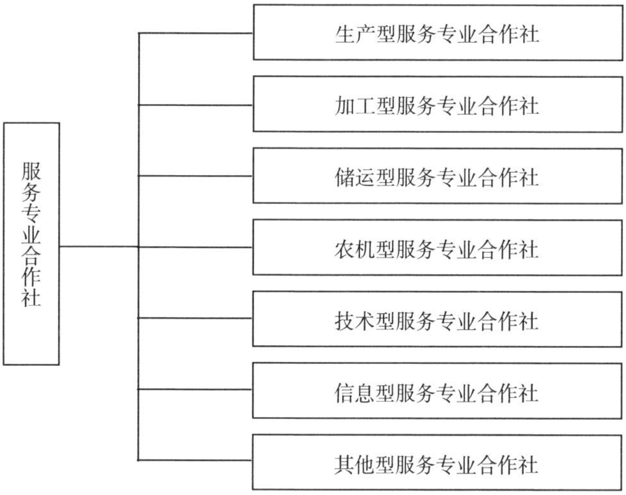

服务专业合作社框架图

三、农民专业合作社的基本特征

农民专业合作社具有六个基本特征：

（一）合作目的非营利

《农民专业合作社法》第四条规定，农民专业合作社依照本法登记，取得法人资格。其成员也是以其账户内记载的出资额和所享有的公积金份额为限承担有限责任。同时该法还规定，农民专业合作社以服务成员为宗旨，以谋求全体成员的共同利益为目的，其经营服务所取得的盈余还要按照成员与合作社的交易量（额）比例返还给其成员。由此可见，农民专业合作社是一种非营利性的合作经济组织，它并不以谋求组织自身的经济利益为目的。

（二）合作服务内部性

“农民专业合作社以其成员为主要服务对象，提供农业生产资料的购买，农产品的销售、加工、运输、储藏以及与农业生产经营有关的技术、信息等服务”“以服务成员为宗旨，谋求全体成员的共同利益”。《农民专业合作社法》的这些规定，表明了农民专业合作社是以谋求全体成员的共同利益为目的的，为全体成员提供服务的合作经济组织，同时又是以成员之间的共同需求为前提、以合作社为媒介的成员之间相互补充、相互协作、相互服务的互助性合作经济组织，与其他服务组织不同的特征是具有很强的内部服务性。

（三）合作管理自治性

农民专业合作社是遵循入社自愿、退社自由、成员地位平等、实现民主管理的原则组织起来的农民自己的合作经济组织。其内部管理完全依照法律、法规和本合作社章程，实行民主选举、民主决策、民主管理、民主监督，其他任何单位和个人不得干预合作社内部事务，不得侵犯合作社及其成员的合法权益，否则，就要承担法律责任。可见农民专业合作社和其他民营经济组织一样，是一种没有行政主管部门的自治性合作经济组织。

（四）合作方式多元化

农民专业合作社发展的形式：一是纯种植业农民组成的合作社，主要由农业规模经营大户或农业龙头企业牵头，与农民合伙兴办合作社；二是村集体经济组织牵头创办的农民合作组织；三是村组干部带头领办的合作组织；四是农民技术人才牵头组织创办的农民合作组织。

（五）合作内容产业化

大多数农民专业合作社围绕当地已形成的主导产业和特色产品开展专业性生产经营活动，形成区域产业化，有利促进“一村一品”“一乡一业”的发展，有利于农业区域布局优化调整和特色优势产业的发展。

（六）合作领域开放化

近年来组建的农民专业合作社打破农村区域专业等的局限，形成了跨乡镇、跨行业的合作社，消除了地方分割和行业、部门垄断，实现了跨地区、跨行业的资源优化配置。

四、农民专业合作社的四大功能

农民专业合作社主要具有四大功能：

1. 科技服务功能

科技是第一生产力。新时期，面对全球化的市场竞争，科技是实现农业快速发展的根本。现行的科技服务体系由于体制、资金、利益机制等问题，已不能适应现代农业的发展要求。农民专业合作社作为农民自己的组织，在农民和科研机构之间搭建了一个很好的组织平台，有效地推动了农业科技成果的转化和应用。

当今，科技日新月异，发展现代农业，必须依靠科技进步，而农民的科学文化素质，直接影响了对科技知识的敏感度和吸收度。农民专业合作社在教育、培训方面具有天然的优势，合作社作为农民和科技服务机构之间的桥梁，通过邀请相关科技人员对农民进行培训指导，不断提高农民的科技素质。

2. 抵御风险功能

当前，我国农业的社会化服务体系还很不完善，农民发展商品生产存在较多的不确定因素，其中既有自然风险，也有市场风险，还有农资风险、技术风险，等等。农民专业合作社能从种苗的购进到产品出售提供全程化、系列化服务，能把农民发展商品生产的风险降低到最低限度。对一些领办农民专业合作社的农业龙头企业来说，通过为社员提供服务，与社员结成经济利益共同体，一方面可以提高社员发展生产的积极性，解决“订单农业”中存在的合同履约率低的问题，保证自己的货源；另一方面也可以变集中生产为分散生产，一定程度上化解了企业的市场风险。

3. 降低成本功能

市场经济条件下，规模效益是最大的效益。农民专业合作社把一家一户的农民组织起来，有效地提高农民的组织化程度，改变了农民在市场上的弱势地位，有利于降低农民的生产成本，提高农民收益。

4. 争取政策功能

目前农业和农村经济得到发展，但“三农”问题仍然突出，农民仍然是弱势群体，一家一户的农民如果不联合起来，不但要承担工农产品价格“剪刀差”等损害，还将受到国际上其他国家低成本农产品的冲击，进一步加大增收难度。我国政府对“三农”问题非常重视，但在市场经济体制下，政府不可能对微观经济活动进行直接调控。农民专业合作社是由从事同类产品生产经营的农民组建的，代表着当地农民的利益和产业的利益。通过农民专业合作社这一组织，农民有了与政府进行对话的“代言人”，政府也可以通过农民专业合作社这一载体把对相关产业的政策落到实处。

五、农民专业合作社的基本原则

《农民专业合作社法》规定，农民专业合作社应当遵循以下五项基本原则。

（1）成员以农民为主体。为坚持农民专业合作社为农民成员服务的宗旨，发挥合作社在解决“三农”问题方面的作用，使农民真正成为合作社的主人，农民专业合作社的成员中，农民应当至少占80%，并对合作社中企业、事业单位、社会团体成员的数量进行限制。

（2）以服务成员为宗旨，谋求全体成员的共同利益。农民专业合作社是以成员自我服务为目的而成立的。参加农民专业合作社的成员，都是从事同类农产品生产、经营或提供同类服务的农业生产经营者，目的是通过合作互助提高规模效益，完成单个农民办不了、办不好、办了不合算的事。这种互助性特点，决定了它以成员为主要服务对象，决定了“对成员服务不以营利为目的、谋求全体成员共同利益”的经营原则。

（3）入社自愿、退社自由。农民专业合作社是互助性经济组织，凡具有民事行为能力的公民，能够利用农民专业合作社提供的服务，承认并遵守农民专业合作社章程，履行章程规定的入社手续的，都可以成为农民专业合作社的成员。农民可以自愿加入一个或者多个农民专业合作社，入社不改变家庭承包经营性质；农民也可以自由退出农民专业合作社，成员退出后，农民专业合作社应当按照章程规定的方式和期限，退还记载在该成员账户内的出资额和公积金份额，并将成员资格终止前的可分配盈余，依法返还给成员。

（4）成员地位平等，实行民主管理。《农民专业合作社法》从农民专业合作社的组织机构和保证农民成员对本社的民主管理两个方面作了规定：农民专业合作社成员大会是本社的权力机构，农民专业合作社设理事长，也可以根据自身需要设成员代表大会、理事会、执行监事或者监事会；成员可以通过民主程序直接控制本社的生产经营活动。

（5）盈余主要按照成员与农民专业合作社的交易量（额）比例返还。盈余分配方式的不同是农民专业合作社与其他经济组织的重要区别。为了体现盈余主要按照成员与农民专业合作社的交易量（额）比例返还的基本原则，保护一般成员和出资较多成员两个方面的积极性，可分配盈余中按成员与本社的交易量（额）比例返还的总额不得低于可分配盈余的60%，其余部分可以依法以分红的方式按成员在合作社财产中所占比例分配给成员。

六、农民专业合作社的成立条件

1. 有五名以上符合以下条款的成员

（1）具有民事行为能力的公民，以及从事与农民专业合作社业务直接有关的生产经营活动的企业、事业单位或者社会团体，能够利用农民专业合作社提供的服务，承认并遵守农民专业合作社章程，履行章程规定的入社手续的，可以成为农民专业合作社的成员。但是，具有管理公共事务职能的单位不得加入农民专业合作社。农民专业合作社应当置备成员名册，并报登记机关。

（2）农民专业合作社的成员中，农民至少应当占成员总数的 80%。成员总数 20 人以下的，可以有一个企业、事业单位或者社会团体成员；成员总数超过 20 人的，企业、事业单位和社会团体成员不得超过成员总数的 5%。

2. 有符合合作社法规定的章程

3. 有符合合作社法规定的组织机构

4. 有符合法律、行政法规规定的名称和章程确定的住所

5. 有符合章程规定的成员出资

第二节 农业联合体

当前，我国农业出现了一体化紧密型现代农业经营组织形式，这种产业化联合体以农业企业为龙头、家庭农场为基础、农民专业合作社为纽带，是现代农业经营组织体系的创新与发展，与中央“推进农村一二三产业融合发展”精神契合。“联合体”各主体各展所长，破解了资金、技术、市场等诸多难题，顺应了新常态下“三农”发展的需要，有利于推动农业转型升级，促进农业产业做大做强。

一、农业联合体的基本定义

农业产业化联合体是龙头企业、农民专业合作社和家庭农场等新型农业经营主体以分工协作为前提，以规模经营为依托，以利益联结为纽带的一体化农业经营组织联盟。

二、农业联合体的意义作用

在新形势下，我国发展农业产业化联合体具有重要的现实意义和积极作用。

1. 发展农业产业化联合体，有利于构建现代农业经营体系

通过“公司＋农民合作社＋家庭农场”的组织模式，让各类新型农业经营主体各展所长、分工协作，促进家庭经营、合作经营、企业经营协同发展，加快推进农业供给侧结构性改革。

2. 发展农业产业化联合体，有利于推进农村一二三产业融合发展

通过构建上下游相互衔接配套的全产业链，实现由单一产品购销合作到多元要素融合共享的转变，推动订单农业和“公司＋农户”等经营模式创新，促进农业提质增效。

3. 发展农业产业化联合体，有利于提高农业综合生产能力

通过推动产业链上下游长期合作，降低违约风险和交易成本，稳定经营预期，促进多元经营主体以市场为导向，加大要素投入，开展专业化、品牌化经营，提高土地产出率、资源利用率和劳动生产率。

4. 发展农业产业化联合体，有利于促进农民持续增收

通过提升农业产业价值链，完善利益联结机制，引导龙头企业、农民专业合作社和家庭农场紧密合作，示范带动普通农户共同发展，将其引入现代农业发展轨道，同步分享农业现代化成果。

三、农业联合体的主要类型

农业产业化联合体大致可分为种植产业化联合体、养殖产业化联合体和服务产业化联合体三大类。

1. 种植产业化联合体

种植产业化联合体包括粮食种植产业化联合体、油料种植产业化联合体、蔬菜种植产业化联合体、果品种植产业化联合体、花卉种植产业化联合体、其他种植产业化联合体等。

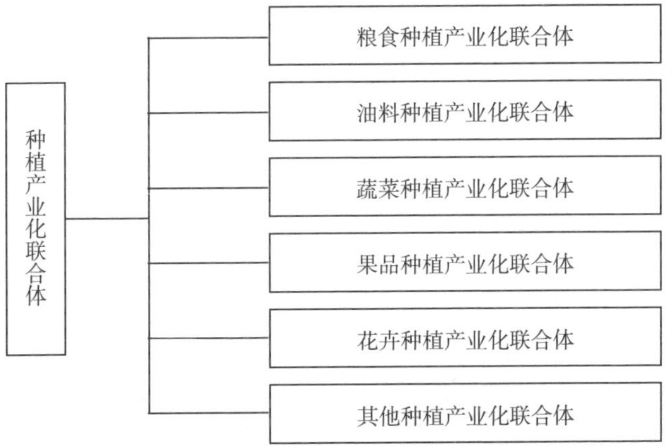

种植产业化联合体框架图

2. 养殖产业化联合体

养殖产业化联合体包括肉羊养殖产业化联合体、肉牛养殖产业化联合体、奶牛养殖产业化联合体、生猪养殖产业化联合体、家禽养殖产业化联合体、水产养殖产业化联合体、桑蚕养殖产业化联合体、其他养殖产业化联合体等。

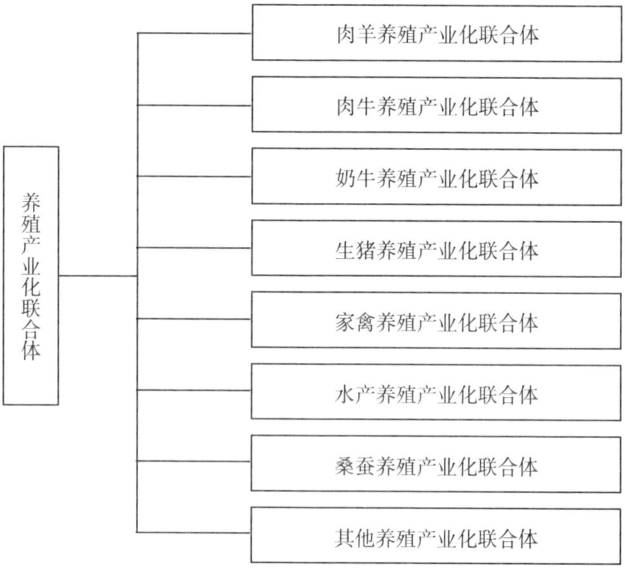

养殖产业化联合体框架图

3. 服务产业化联合体

服务产业化联合体包括生产型服务产业化联合体、加工型服务产业化联合体、储运型服务产业化联合体、农机型服务产业化联合体、技术型服务产业化联合体、信息型服务产业化联合体、农旅型服务产业化联合体、其他型服务产业化联合体等。

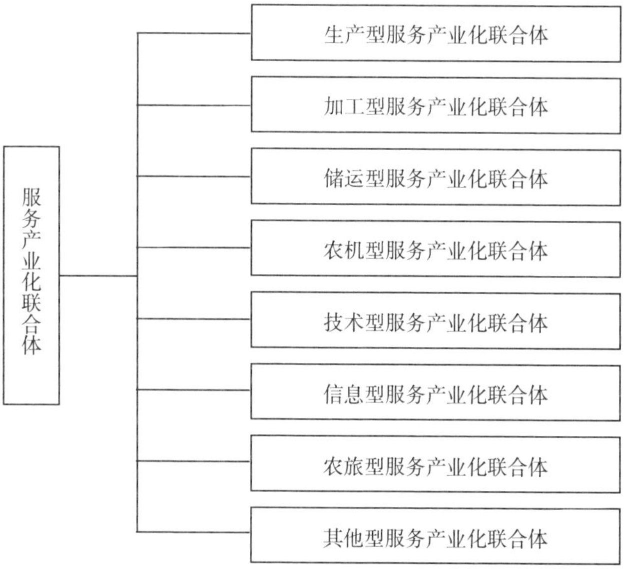

服务产业化联合体框架图

四、农业联合体的基本特征

1. 独立经营，联合发展

农业产业化联合体不是独立法人，一般由一家牵头龙头企业和多个新型农业经营主体组成。各成员保持产权关系不变、开展独立经营，在平等、自愿、互惠互利的基础上，通过签订合同、协议或制定章程，形成紧密型农业经营组织联盟，实行一体化发展。

2. 龙头带动，合理分工

以龙头企业为引领、农民专业合作社为纽带、家庭农场为基础，各成员具有明确的功能定位，实现优势互补、共同发展。

3. 要素融通，稳定合作

立足主导产业、追求共同经营目标，各成员通过资金、技术、品牌、信息等要素融合渗透，形成比较稳定的长期合作关系，降低交易成本，提高资源配置效率。

4. 产业增值，农民受益

各成员之间以及与普通农户之间建立稳定的利益联结机制，促进土地流转型、服务带动型等多种形式规模经营协调发展，提高产品质量和附加值，实现全产业链增值、增效，让农民有更多获得感。

五、发展农业联合体的基本原则

落实中央决策部署，围绕推进农业供给侧结构性改革，以帮助农民、提高农民、富裕农民为目标，以发展现代农业为方向，以创新农业经营体制机制为动力，积极培育发展一批带农作用突出、综合竞争力强、稳定可持续发展的农业产业化联合体，使其成为引领我国农村一二三产业融合和现代农业建设的重要力量，为农业、农村发展注入新动能。在促进农业产业化联合体发展过程中，要把握以下基本原则。

1. 坚持市场主导

充分发挥市场配置资源的决定性作用，尊重农户和新型农业经营主体的市场主体地位。政府重点做好扶持引导，成熟一个发展一个，防止片面追求数量和规模。

2. 坚持农民自愿

农业产业化经营有多种组织带动模式，农业产业化联合体在不同区域、不同产业有多种表现形式，具有各自的适应性和发展空间。是否发展农业产业化联合体、选择哪种合作模式，都要尊重农民的意愿，不搞一刀切。

3. 坚持民主合作

引导农业产业化联合体建立内部平等对话、沟通协商机制，兼顾农户、家庭农场、农民专业合作社、龙头企业等各方利益诉求，共商合作、共议发展、共创事业。

4. 坚持兴农富农

把带动产业发展和农民增收作为基本宗旨，打造产业链、提升价值链，挖掘农业增值潜力，发挥农业产业化联合体对普通农户的辐射带动作用，保障农民获得合理的产业增值收益。

六、农业联合体的发展路径

配套构建五大机制，推动农业产业化联合体健康发展。

1. 建立分工协作机制，引导多元主体共同组建农业产业联合体

（1）增强龙头企业带动能力，发挥其在农业产业化联合体中的引领作用。龙头企业要应用新理念建立现代企业制度，发展精深加工，建设物流体系，健全农产品营销网络，主动适应和引领产业链转型升级。龙头企业应强化供应链管理，制订农产品生产、服务和加工标准，示范引导农民专业合作社和家庭农场从事标准化生产。龙头企业应发挥产业组织优势，实行产加销一体化经营。

（2）提升农民专业合作社服务能力，发挥其在农业产业化联合体中的纽带作用。鼓励普通农户、家庭农场组建农民专业合作社，积极发展生产、供销、信用“三位一体”综合合作。支持农民专业合作社围绕产前、产中、产后环节从事生产经营和服务，引导农户发展专业化生产，促进龙头企业发展加工流通，使合作社成为农业产业化联合体的“黏合剂”和“润滑剂”。

（3）强化家庭农场生产能力，发挥其在农业产业化联合体中的基础作用。按照依法自愿有偿原则，鼓励农户流转承包土地经营权，培育发展适度规模经营的家庭农场。引导家庭农场与农民专业合作社、龙头企业开展产品对接、要素联结和服务衔接，实现节本增效。

（4）完善内部组织制度，引导各成员高效沟通协作。坚持民主决策、合作共赢，农业产业化联合体成员之间地位平等。引导各成员在充分协商基础上，制定共同章程，明确权利、责任和义务，提高运行管理效率。鼓励农业产业化联合体以多种形式沟通协商涉及经营的重大事项，共同制订生产计划，保障各成员的话语权和知情权。

2. 健全资源聚合机制，推动农业产业化联合体与农户融通发展

（1）发展土地适度规模经营。引导土地经营权有序流转，引导农户长期流转承包地并促进其转移就业。鼓励农户以土地经营权入股家庭农场、农民专业合作社和龙头企业发展农业产业化经营。支持家庭农场、农民专业合作社和龙头企业为农户提供代耕代种、统防统治、代收代烘等农业生产托管服务。

（2）引导资金有效流动。龙头企业应发挥自身优势，为家庭农场和农民专业合作社发展农业生产经营，提供贷款担保、资金垫付等服务。以农民专业合作社为依托，稳妥开展内部信用合作和资金互助，缓解农民生产资金短缺难题。

（3）促进科技转化应用。龙头企业应加大科技投入，建立研发机构，推进原始创新、集成创新、引进消化吸收再创新，示范应用全链条创新设计，提升农业产业化联合体综合竞争力。龙头企业要提供技术指导、技术培训等服务，向农民合作社和家庭农场推广新品种、新技术、新工艺，提高农业产业化联合体协同创新水平。

（4）加强市场信息互通。龙头企业应找准市场需求、捕捉市场信号，依托联合体内部沟通合作机制，将市场信息传导至生产环节，优化种养结构，实现农业供给侧与需求端的有效匹配。要强化信息化管理，把农业产业化联合体成员纳入企业信息资源管理体系，实现资金流、信息流和物资流的高度统一。积极发展电子商务、直供直销等，开拓农产品销售渠道。

（5）推动品牌共创共享。农业产业化联合体应统一技术标准，严格控制生产加工过程。龙头企业应依托农业产业化联合体建设产品质量安全追溯系统，纳入国家农产品质量安全追溯管理信息平台。要增强品牌意识，培育特色农产品品牌。打造联合农产品品牌。

3. 完善利益共享机制，做到农业产业化联合体与农户共同发展

（1）提升产业链价值。引导农业产业化联合体围绕主导产业，进行种养结合、粮经结合、种养加一体化布局，积极发展绿色农业、循环农业和有机农业。推动科技、人文等要素融入农业，鼓励农业产业化联合体发展体验农业、康养农业、创意农业等新业态。龙头企业应在研发设计、生产加工、流通消费等环节，积极利用移动互联网、云计算、大数据、物联网等新一代信息技术，提高全产业链智能化和网络化水平。

（2）促进互助服务。龙头企业应将农资供应、技术培训、生产服务、贷款担保与订单相结合，全方位提升农民合作社和家庭农场适度规模经营水平。引导农业产业化联合体内部形成服务、购销等方面的最惠待遇，并提供必要的方便，让各成员分享联合体机制带来的好处。

（3）推动股份合作。鼓励农业产业化联合体探索成员相互入股、组建新主体等新型联结方式，实现深度融合发展。引导农民以土地经营权、林权、设施设备等入股家庭农场、农民专业合作社或龙头企业，采取“保底收入＋股份分红”的分配方式，让农民以股东身份获得收益。

（4）实现共赢合作。遵循市场经济规律，妥善处理好农业产业化联合体各成员之间、与普通农户之间的利益分配关系。创新利益联结模式，促进长期稳定合作，形成利益共享、风险共担的责任共同体、经济共同体和命运共同体。

4. 配套政策支持机制，促进农业产业化联合体与农户借力发展

（1）优化政策配套。落实中央各项支持政策，培育壮大新型农业经营主体。地方应结合本地实际，将现有支持相关项目资金，向农业产业化联合体内符合条件的新型农业经营主体适当倾斜。落实相关税收优惠政策。

（2）加大金融支持。应鼓励地方采取财政贴息、融资担保、扩大抵（质）押物范围等综合措施，努力解决新型农业经营主体融资难题。应鼓励银行、保险等金融机构开发符合农业产业化联合体需求的信贷产品、保险产品和服务模式。积极发展产业链金融，支持农业产业化联合体设立内部担保基金，放大银行贷款倍数。应支持符合条件的龙头企业上市、新三板挂牌和融资、发债融资。鼓励具备条件的龙头企业发起组织农业互助保险，降低农业产业化联合体成员风险。

（3）落实用地保障。落实促进现代农业、新型农业经营主体、农产品加工业、休闲农业和乡村旅游等用地支持政策。年度建设用地计划应优先支持农业产业化联合体建设农业配套辅助设施，开展农产品加工和流通。

5. 强化措施保障机制，保障农业产业化联合体与农户稳健发展

（1）加强组织领导。各级政府应建立组织领导机构，加强对发展农业产业化联合体工作的组织、领导、指导和服务，完善农业产业化联席会议制度，推动落实扶持农业产业化发展的相关政策措施，帮助解决农业产业化联合体发展中遇到的困难和问题。

（2）开展示范创建。各级农业产业化主管部门应牵头开展农业产业化联合体示范创建活动，建立和发布示范农业产业化联合体名录，定期开展运行监测，适时更新，促进整体经营管理水平提升。

（3）加大宣传引导。做好农业产业化联合体统计调查工作，建立农业产业化联合体信息库，编制发布中国农业产业化龙头企业采购经理指数，为制定政策提供参考。组织第三方开展农业产业化联合体发展水平评价。及时总结好经验、好做法，充分运用各类新闻媒体加强宣传，营造良好社会氛围。

第十二章　都市农业的商业模式

第一节　都市农业的概念

一、都市农业概念

都市农业是指位于都市圈内或城市群之间的，具有多功能、多产业融合的，高技术化、高集约化、市场化、工厂化的，生产初级、高级农产品，满足人们物质、精神生活需求的都市新型基础产业，在我国是一项新兴的研究课题。它既与传统农业有本质区别，也不同于通常意义上的城郊农业。都市农业发展受到科技、政策、人才、投入、市场、小城镇建设等多种因素的影响；都市农业发展需坚持可持续发展战略，以农业高新技术为依托，以企业为主体，以市场为导向，以产业化经营为突破口，以多元化投入体系为保障，实现都市农业持续、快速健康发展。

都市农业是指在都市化地区，利用田园景观、自然生态及环境资源，结合农林牧渔生产、农业经营活动、农村文化及农家生活，为人们休闲旅游、体验农业、了解农村提供场所。换言之，都市农业是将农业的生产、生活、生态“三生”功能结合于一体的产业。都市农业是20世纪50～60年代由美国的一些经济学家首先提出来的，是地处都市及其延伸地带，紧密依托并服务于都市的农业；是大都市中、都市郊区和大都市经济圈以内，以适应现代化都市生存与发展需要而形成的现代农业；是以生态绿色农业、观光休闲农业、市场创汇农业、高科技现代农业为标志，以农业高科技武装的园艺化、设施化、工厂化生产为主要手段，以大都市市场需求为导向，融生产性、生活性和生态性于一体，高质高效和可持续发展相结合的现代农业。

目前，现有的都市农业概念是不完整、不准确的，不能真正反映都市农业的本质属性，有必要对都市农业作出科学的界定。科学界定都市农业应该涵盖以下因素。

一是地域性。即明确都市农业的特殊地域范围——都市圈内或城市群之间，这样才能与其他地区的农业相区别。

二是产品特性。即以农产品（包括农、林、牧、渔四大类）为终端产品

（包括以初级农产品为原料通过精加工成为高级农产品），突出了产业特征，这就限定了它只能称为农业而非其他。

三是功能复合性。都市农业除了传统农业的生产、经济功能外，还具有生态、休闲、文化等多种功能，这恰恰是都市农业的独特属性，因此应该作为概念的一部分。

四是与二三产业及科技应用的关联性。即在都市强大的科技、经济和文化辐射下，形成高技术化、高集约化、工厂化的特征。这也是一般地区农业无法做到的。

都市农业有以下特点。

（1）都市农业所包括的范围是都市城市化地区与周边间隙地带，不同于一般城郊型农业。

（2）都市农业的生产、流通和消费，农业的空间布局和结构安排，农业与其他产业的关系等，必须首先服从城市的需要并为此服务。这种由城市需求决定农业发展模式，体现了大都市对农业的依赖性，并进而实现相互依存、相互补充、相互促进的一体化关系。

（3）都市农业不仅是经济功能的开发，还是生态、社会等功能的开发，进而实现全功能性的大农业。

（4）农业生产经营明显的表现为高度集约化的经营方式，实现生产、加工、销售一体化经营，进而达到高度的农业发展形态和具有为都市服务的特殊功能。

总之，都市农业是指以满足城市消费者需求为主要目的，采用集约方式，利用自然资源和城市废弃物，在分散于城市或郊区各个区域的土地和水体里种养各种农产品，并进行加工和销售的产业。

二、都市农业的类型

我国都市农业的研究类型主要包括市民农园、农业公园、民宿农庄、观光农业、教育农园、高科技农业园区、森林公园、民俗观光园等。

（1）市民农园。市民农园的特点是把公园与农业生产场所、消费场所和休闲场所结合起来建设，利用农业生产基地来吸引市民游览，主要是供观赏和旅游，面积比较大。一般选择依山傍水，有林有草的地方，以地形和农产品种类作为自己的风格特色。市民农园是城市新经济发展时代的产物，是由没有农地的市民承租市区或近郊区农地进行耕作的园地。承租者可种植花、草、蔬菜、果树或进行庭院式经营，以享受耕种、体验田园生活的乐趣；农地所有者将农地出租收取租金，平时尚可帮助忙于工作的市民照顾农田，收入要远多于自己种田，因而这是一件双赢的事情。市民农园发展的类型也多种多样，如家庭农园、学童农园、高龄农园、残疾人农园（如盲人农园）等。

（2）农业公园。农业公园是将农业生产场所、农产品消费场所和休闲旅游场所结合于一体，一般根据土地的地形与原有农产品种类不同而分为专业性农业公园和综合性农业公园。例如，以单一农产品构成的专业性农业公园——葡萄公园，就是将葡萄园景观的观赏，葡萄的采摘、葡萄制品（葡萄酒、葡萄果汁、葡萄冰淇淋、葡萄大餐等）的品尝，以及与葡萄有关的品评、写作、绘画、摄影、体验、竞赛与季节、庆典活动融为一体。其他的如水稻、果品、花卉、茶叶、桑等也都可以构成专业性的农业公园。

（3）民宿农庄。民宿农庄主要是为已退休或将退休的城里人租住农村房屋，迁居农家。这些人中有教授、导演、设计师、工程师等，他们在城里均有较好的楼房，但非常向往农村的风光，游览田园景观，希望在林间散步，呼吸着农村新鲜空气，过着宁静淡泊、无噪音、无污染的世外桃源式生活。一个农家，也是一个很好的休闲度假场所，加之农场景观优雅瑰丽，更具吸引都市人口的魅力，因此许多农场都成为都市人口休闲度假的好去处，寒暑假还可以成为都市学童进行农村生活体验的场所。农民将废弃或多余的农舍加以改造，形成的为都市休闲度假者提供的小型住宿设施，称之为民宿。

（4）观光农业。观光农业的特点是开放农业园地，让市民观赏、采摘或购置。其种类多样，有的主要是供观赏农村景观或生产过程，有的可以购买新鲜产品（如花卉），有的可以参加果实采摘，有的农户开放自家的花卉种植温室，有的观光农园集中区还建立了展览室，让游人在观赏之余还能增长知识。观光农业是具有保护环境生态、美化环境和观光旅游等功能的农业。种植的无污染、优质、高效的农副产品和品位高雅、种类繁多的花卉既可食用或出售，又可观赏。农业生产的劳动过程也可让城市居民参与体验，感受高科技农业的独特魅力，体味农民收获的喜悦，品尝国内外精品特菜，一睹现代化农业的风采。同时，能美化净化环境，防治城市污染，营造绿色景观，使城市某些部分田园化，保持清新、宁静的生活环境，为城市开辟新的具有乡村风光的浏览区，使紧张工作、生活在嘈杂城市的居民回归自然，精神得到放松。

（5）教育农园。教育农园是一种兼顾农业生产与科普教育功能的农业经营形态，即利用农园中所栽植的作物、饲养的动物以及配备的设施，如特色植物、热带植物、农耕设施栽培、传统农具展示等，进行农业科技示范、生态农业示范，传授游客农业知识。国外具有代表性的有法国的教育农场、日本的学童农园；国内有台湾的自然生态教室、北京的少儿农庄。

（6）高科技农业园区。高科技农业园区是采用新技术生产手段和管理方式，形成集生产加工、营销、科研、推广等功能于一体，高投入、高产出、高效益的农业种植区或养殖区。这些园区有的可以对外开放，接受游人的观赏，有的属于封闭型，不接待游客。

（7）森林公园。森林公园一个以林木为主，具有多变的地形，开阔的林地，优美的林相，以及山谷、奇石、溪流等多景观的大农业复合生态群体；以森林风光与其他自然景观为主体，在适当位置建设狩猎场、游泳池、垂钓区、露营地、野炊区等，是人们回归自然、休闲、度假、旅游、野营、避暑、科学考察和进行森林浴的理想场所。

（8）民俗观光园。民俗观光园主要是选择具有地方或民族特色的村庄，稍加整修为可提供住宿的农舍或乡村旅店之类的游憩场所，让游客充分享受农村浓郁的乡土风情和浓重的泥土气息，以及别具一格的民间文化和地方习俗。

都市农业以农业为依托，由于其内容形式和功能不同而各具特色，大致分为以下几种类型：

（1）产业型都市农业。产业型都市农业主要是对农产品进行品质更新与功能改造，以促进农业的特色化、标准化生产以及农产品的深加工等。生产功能是城市农业的基本功能，但城市农业的生产功能已经超越了传统农业提供粮食供应的单一功能，它是对传统农业生产功能的全面提升和拓展。产业型农业由农产品生产、加工和销售等环节构成，把农业发展成为集约、持续、高效的产业。

（2）观光型都市农业。观光型农业即利用农业的自然属性满足城市居民观光、娱乐、度假等需求的休闲农业。休闲是现代城市人们生活的重要方面，休闲方式的选择可以是多种多样，当人们的休闲需求与城市农业的休闲功能联系在一起时，以休闲为内容的观光农业便无处不在。体验农业、观赏农业、旅游农业、休闲农业等说法，就是从不同角度对观光农业的描述。观光型农业立足生态资源优势和旅游资源优势，开发特色农业产品，建立独具特色的、现代化的休闲观赏农业生产基地，建设以观赏为主要目的的公园，如牡丹园、动物园、植物园、百鸟园、水族馆等，丰富都市居民的生活。

（3）科技型都市农业。科技型农业即依靠强大的科技支持，建立现代农业示范区和高新技术农业示范区。从农业生产种子的培植到农产品的消费，农业生产的各环节全部运用先进的科学技术，充分展示科技进步对农业效益提高所作的贡献。都市农业依托城市强大的科技、信息、经济和社会力量，最大限度地提高农业集约化和现代化，使农业资源得到最充分的利用和保护，成为现代高效农业的示范基地和展示窗口，进而带动持续高效农业乃至农业现代化发展。现代农业示范园区、高新科技示范园区等即是科技型都市农业的代表。

（4）生态型都市农业。生态型农业即发挥农业洁、净、美、绿的优势，发展营造绿色景观，改善生态环境，维护自然平衡的生态农业。都市农业除了提供高品质的农副产品外，还通过发展生态农业，改善城市环境，减少沙土流失和风沙寒流的危害，真正实现建设山水城、生态城、园林城等绿色城市目标。

（5）创汇型都市农业。创汇型农业即通过利用城市对外合作交流多、领域广的优势，发展以农产品出口为主的外向型农业。创汇型农业依托城市平台，培育具有强大市场开拓能力的外贸主体，加大资本、技术、品种和智力引进，拓展农业发展空间，逐步形成“种子种苗在内、加工在内、基地在内、市场销售在外”的“三内一外”格局，走优势互补、共同发展的外向型农业之路。都市农业可以依靠区域范围农产品的直接出口，同时组建内联外延的跨地区农业外贸集团扩大间接出口；开发涉外宾馆农业、旅游农业以节汇创汇；加大农业企业的物化技术和技术劳务输出的力度，创造条件组建跨国公司。

按区域划分，可以分为以下四种：

（1）中心区农业。本类型位于城市中心地区，人口和建筑密度高，土地利用的混合程度和集约程度最高，通常以公务和商业零售活动为主。这里的农业主要分布于屋缘（屋顶、阳台、宅院）、闲置地、院区和园区，是具有较高价值和需要较多投资的农业，多采用小型温室农业系统的形式，也是最容易受到城市改造吞噬的一类农业。

（2）走廊区农业。本类型位于高速公路或铁路两侧交通地带，属于高集约发展地区的农业。这类农业处在交通设施发达、与市场联系便捷、居民密度较高的有利环境；走廊地区的农业结构，可以经营观赏性园艺、温室蔬菜和花卉、放牧、家禽、微型动物，以农家产品集贸市场和批发市场为主。这类农业容易被城市和交通设施的建设所取代。

（3）隔离区农业。本类型农业地处交通走廊之间，呈楔式地分布，是都市农业土地、就业、产出集中地区之一。在城市化迅速成长的时期，这里往往是城市住宅、工业、绿化等建设发展的主要区域，土地利用类型有可能从农业用地大量转为建设用地，所以要注意保护农业。

（4）外缘区农业。本类型是相对稳定的农业区，也是都市农业土地、就业、产出集中地区之一。外缘农业区的大小，在很大程度上取决于交通运输效率和自然条件特征。外缘区农业的特点是以大量中小型农场的形式，按照都市区市场的需要，要以生产鲜活农产品为主；这一带的农业家庭比一般农区有更多的非农业就业机会和收入。

三、都市农业的特征及特殊性

（一）都市农业的特征

地域特征。都市农业处于城乡过渡带的区域空间。城市迅速发展地区的农业所处地域，城乡之间边界逐渐模糊，形成“灰色区域”，都市农业就在这种区域里发展。其中一种情况是如日本许多城市一样，在扩展过程中农业以其优美的环境被保留下来，并在都市内建立各种自然休养村、观光花园和娱乐园，形成插花状、镶嵌型农业；另一种是分布在城市群之间的农业，例如美国西海岸都市带，我国台湾台北、高雄都市走廊，以及我国长江三角洲、珠江三角洲城市群等，这些地区的农村基础设施与城市无异，与中心城区交通方便，已经完全城市化。这些城区的农业如网络状分布在城市群之间，既为城市服务，同时又接受城市强大的辐射，农业科技水平，劳动生产率都比传统农业高许多。

功能性特征。都市农业突破生产性内涵。都市农业除具有生产、经济功能外，同时具有生态、观光、社会、文化等多种功能。

经营性特征。都市农业表现出高集约化的趋势，处于城市化地区的农业资源稀缺性较之一般地区更为突出，资源约束使农业经营表现出高度集约化的趋势。一是表现为设施化、工厂化；二是表现为专业化、基地化；三是表现为产业化、市场化。都市农业是经营有利的前沿农业。从积极意义上分析，可以说都市农业处在生产经营最有利的前沿位置。这是因为都市农业接近市场，经营都市农业不仅可节减农产品上市成本，而且比其他地区更快、更直接地获取市场销售信息以调整生产结构。此外，都市农业可以满足饭店、宾馆等一些特殊、较高的要求，享受都市完备的基础设施带来的益处。更重要的是都市农业贴近消费者，可以随时了解市民的消费倾向，引领生产新潮流，这些是都市农业得以生存的有利条件。

（二）都市农业发展的特殊性

都市农业非常脆弱，是易遭破坏的农业。都市农业是依附于都市经济力场的农业，是存在于都市内部或紧邻都市的农业。都市农业易受到都市开发，农业用水污染、光照不足等自然环境恶化的影响，因此都市农业又是易遭破坏的前沿农业。

都市农业的生产、流通和消费，农业的空间布局和结构安排，农业与其他产业的关系等，必须首先服从城市的需要并为此服务。这种由城市的需要决定农业的发展，体现了大都市对农业的依赖性，并进而实现相互依存、相互补充、相互促进的一体化关系。

都市农业具有多重风险性，既存在自然风险，又存在人为风险，如都市发展造成环境污染，就增加了它受城市污水，有毒、有害气体、酸雨等破坏的风险。都市农业是直接面向市场的商品农业，因而市场风险十分明显；而都市农业高技术、高投入的特征，又使它面临新技术风险以及财务风险等的影响。因此，都市农业是需要有计划地加以保护的农业。从市场经济环境和经济政策看，如对都市农业弃之不管，都市农业则随时有可能从都市中消失。所以为了保证都市农业可持续发展，需要对都市农业采取有效保护，避免都市农业成为过渡性的、夕阳农业的厄运。

都市农业具有与二三产业的交融性，都市农业是在与二三产业融合过程中形成的发达农业形态。城市强大的科技、经济辐射力和社会文化对农业的渗透同时促进农业与其他产业之间的融合。这种融合最终会使农业摆脱自然环境的影响，并使农业实现工厂化生产方式的转变，实行多产业一体化经营，从而使农业与其他产业的本质区别最终模糊起来。

农业生产经营明显地表现为高度集约化的经营方式，实现生产、加工、销售一体化经营，进而达到高度的农业发展形态并具有为都市服务的特殊功能。

第二节　都市农业的功能及意义

一、都市农业的功能

（一）缓解社会压力的功能

发展都市农业可以为解决中小城市贫困和再就业问题提供一条新的思路。在我国许多城市，尤其是中小城市，最低生活保障金标准较低，难以满足贫困人群的生活需求。都市农业的发展可以引导贫困人群从事适当的城市农业生产，可以减少其购买食物的花费，使他们增加收入，提高生活水平，从而减轻政府财政负担，缓解社会矛盾。

（二）生产、经济功能

与传统农业生产相比，都市农业生产由于具有区位优势，受到大都市经济、科技强大的辐射作用，出现集约化生产的趋势，其生产的品种不是传统的大宗农产品如粮、棉、油之类，而是满足人们日常生活需要的禽、菜、肉、奶、蛋、渔、果等品种，以及日常交往、美化环境所需的盆景、花卉、手工艺品等，这些产品也是都市农业市场需求最旺、最主要的生产品种，是市民每天都要消费的品种。如果一旦生产不正常，城市正常运转就会受到极大的影响。因此，都市农业的生产功能是其主要的功能，尤其在我国，市民的“菜篮子”品种还需要进一步丰富，质量还有待提高，这要靠发展生产来解决。从经济功能分析，搞好生产既满足都市市民的需求，又为农业企业和农民增加收入。所以都市农业必须追求经济效益，但都市农业不能以追求利润最大化为唯一目标，因为生态环境要保护，就必然要求不施或少施化肥、农药，减少白色污染，这就必然影响农作物的产量，减少收入。在经济收入与生态保护产生对立时，经济应服从生态要求，这也是可持续发展理论的要求。

（三）生态功能

城市在不断扩大，城市的景观都是“人工自然”，环境污染日趋严重，城市快节奏、高度紧张的生活等因素迫使人们扩大城市绿化面积，保留城郊的田园风光，植树造林，治理环境污染等，这在客观上增加了都市农业的发展空间。反过来都市农业也发挥了维护生态环境、保护生态平衡的功能。从目前来看，这种功能还发挥得不够，人们没有自觉地采取行动。今后在城市向外发展的过程中，首先在规划上就应该确定留出多少绿地，保留多少农田，做到半城半乡，这样都市农业的生态功能才能被充分发挥出来。

（四）资源利用功能

发展城市农业还可以使我国宝贵的土地资源得到更加有效的利用。众所周知，我国人均可耕地资源稀缺，但同时，城市土地资源不能被有效利用，浪费现象也是非常严重的。尤其是中小城市，由于开发资金不足，圈占的城市土地闲置抛荒现象普遍。而城市土地地理位置优越，基本上都是肥沃的可耕地，由于我国城乡土地所有制的差异，这些已经成为国有的土地退耕还农需要寻找新的方式，发展城市农业应该是一个很好的思路。在日本、荷兰这样的发达国家，长久以来就重视城市农业生产，一定程度上缓解了耕地的不足，提高了土地的利用率，值得借鉴。

（五）文化教育功能

随着生态功能的日益发挥，都市农业的文化教育功能也逐渐发挥。目前我国多数都市市民生活已越过小康标准，正迈向富裕。人们开始追求提高生活质量。在精神生活上，对优美的生活环境和对子女精神文明培养的需求日益迫切。因此，人们来到郊外，回到大自然，在希望的田野里休闲、嬉戏、憧憬，旅游农业、观光农业、休闲农业、家庭农庄等应运而生。人们在田园风光、鲜花绿树、碧水蓝天的熏陶下，受到一种潜移默化的影响，一种人要与大自然和谐相处的文化教育。同时，家长带领子女或机关、企事业单位组织职工体验农耕劳作，植树造林更是一种直接的精神文明教育。

（六）满足居民需求的功能

发展城市农业能够更好地满足城市居民不断增长的生活需求。随着我国人民生活水平的日益提高，城市居民对农产品的需求越来越多样化、精致化。目前在许多城市，特别是中小城市，市民所需的时新蔬菜、水果、食用菌类等精细农产品还要靠长途运输来满足，不但增加了运输成本，质量也得不到保证。同时，与城市居民的精神生活需求、城市环境美化相关的农产品，如花卉、园艺、宠物、观赏鸟类等；与城市居民生活水平提高相关的经济类农产品，如蚕桑、中草药、花茶、食用鸟类（鸽子、鹌鹑）、蚊净香草、薄荷、天竺葵等，都会给城市农业带来很大的需求空间。

总之，都市农业的功能主要是充当城市的藩篱和绿化隔离带，防止市区无限制地扩张和摊大饼式地连成一片；作为“都市之肺”，防治城市环境污染，营造绿色景观，保持清新、宁静的生活环境；为城市提供新鲜、卫生、无污染的农产品，满足城市居民的消费需要，并增加农业劳动者的就业机会及收入；为市民与农村交流、接触农业提供场所和机会；保护和继承农业和农村的文化与传统，特别是发挥教育功能。

二、都市农业的意义

都市农业是把第一产业、第二产业和第三产业结合在一起的新型交叉产业，它主要是利用农业资源、农业景观吸引游客前来观光、品尝、体验、娱乐、购物等，是一种文化性强、大自然情趣很浓的新的农业生产方式，体现了“城郊合一”“农游合一”的基本特点和发展方向。发展都市农业具有如下意义：

◆ 充分利用农业资源，促进农业结构优化调整，提高农业生产效益。

◆ 为农副产品带来销售渠道，提高当地农业产品的知名度。

◆ 可以带动相关产业的发展，促进剩余劳动力转移，扩大劳动就业。

◆ 可以疏散城市拥挤人口，为减轻城市人口压力创造条件。

◆ 扩大城乡文化、信息交流，促进农村开放。

◆ 绿化、美化环境，提高城市生活和生存环境质量。

随着我国农业的发展和城市化进程的加速，以大城市为依托、为都市经济社会服务的都市农业逐步形成，但我国都市农业总体上处于城郊型农业阶段，其生产仍以满足基本的城市农副食品需求为主，而且这种状况在短期内不会有根本性的改变。不过这并不排除个别城市和个别地区发展都市农业的现实性。事实上，一些比较发达的城市和地区，利用资本、技术和市场的优势，已经开始了发展都市农业的实践探索。在一些经济比较发达的大城市圈内出现了高科技农业、休闲观光农业、花卉产业等农业生产形式。在苏南、广东等地，通过引进外资和技术，促进了精细化工厂式农业的发展，建成了大批创汇型、空运型的农副产品生产基地；在上海、山东等地，高技术化、规模化的蔬菜大棚得到了广泛发展。都市农业的发展具有极为重要的战略意义，具体表现在：

（一）都市农业有利于促进城乡一体化

都市农业提高了农业市场化的程度，把传统的生产方式与现代的科学技术融合起来，加速了城市郊区农业现代化的进程，把农产品的生产、加工、运销联结起来，提高了城郊农业的综合效益，从而促进了城郊农业向社会化、专业化、现代化的转变。而且，通过把农业纳入城市社会、经济、文化、生态的整体发展规划，形成农业、农村和城市的有机协调发展与相互兼容，既保证了城市本身的可持续发展，又加强了城乡的融合。

（二）都市农业的发展可以改变传统的农业土地利用方式

都市农业既重视发挥土地的生产性资源功能，又重视发挥由土地、农作物和自然环境共同形成的观光资源功能，同时还能发挥土地作为农业休闲、体验农业劳作和度假的场地性资源功能。

（三）都市农业有助于吸引众多的投资者

都市农业由于具有较高的比较利益和多种功能，从而具有投资主体多元化的特征，除农村居民外，城市居民和企业也可以将农业纳入其投资组合中。随着资源组合空间和规模的扩大，都市农业逐步向资本化、技术化和企业化方向发展。在我国的一些大城市郊区，都市农业的发展促进了农业应用科学技术的发展，遗传工程、自动控制、新材料等尖端科学技术正逐步在农业生产经营中得到广泛应用。

（四）都市农业可诱导城市健康发展

都市农业促进了郊区城镇化和城镇郊区化的互动发展。这种发展正在改变传统的农业人口向城市单向流动的格局，促进了城镇人口向郊区和农村流动、农村人口向城镇流动这一双向流动格局的形成。这一格局的形成，为缓解工业化和城市化过度发展所带来的问题和弊端创造了条件。

（五）都市农业的发展有助于吸引城市闲置的资本、技术，拓宽了城市的投资领域与渠道

都市农业作为一种资金、技术与劳动密集型相结合的产业，有助于城市企下岗分流与再就业工程的实施。都市农业改善了城市生态环境，有助于预防和缓解“城市病”的发生。

（六）都市农业有利于改变农业的弱势格局

传统观点认为，农业是一个社会效益大而经济效益低，易受自然和市场风险影响的弱势产业。都市农业的发展，改变了农业的弱势格局，使农业处于一个较为有利的经营位置。这是因为都市农业接近市场，不仅可节省农产品上市费用，而且能比其他产地农业、大田农业更快、更直接地获取市场销售信息以及时调整生产结构。此外，都市农业还具有可以满足饭店、宾馆等一些特殊的需求，享受大城市完备的基础设施带来的益处，贴近都市消费者，可以随时了解市民的消费潮流等有利条件。

（七）都市农业是大中城市郊区农业实现农村现代化最有效的途径，也是有效缓解我国农业面临的三大难题——农民收入低、结构不合理和加入世界贸易组织（WTO）后应对国际农产品冲击等问题的最有效措施。

（八）都市农业进一步密切了三大关系，即城乡关系，农业生产、生活、生态功能的关系以及农村一二三产业的关系。

（九）都市农业有利于解决乡村人口的就业问题和城市人口的休闲娱乐问题。

都市农业有比传统农业更长的产业链，不仅具有产品功能，更具有服务功能，这会带来更多的就业机会和更大的发展空间，有助于解决乡村劳动力过剩的问题；同时，城市的拥挤和娱乐场所的不足恰好可以通过观光休闲模式的都市农业来弥补。因此，在我国发展都市农业是城市周边地区的必然选择，而且能实现经济效益、生态效益和社会效益三统一。

第三节 都市农业的发展现状及发展模式

一、都市农业的发展模式

农业圈层模式。以市区为中心，向外递延，以距离市区的远近为主要分区标志，把都市农业布局分为近郊农业圈、中郊农业圈、远郊农业圈。

农业区域模式。按照大城市和都市地带的不同功能分为四类区域，即中心区农业，交通走廊区农业、隔离带地区农业、边缘远郊区农业。

农业生产经营模式。按照农业生产经营内容的不同，可分为种植区、养殖区、水产区、林业区、花卉区、蔬菜区、绿化隔离带。还有的分为蔬菜高科技示范区、特色粮油示范区、高效生态农业示范区。

农业旅游模式。按照农业观光、旅游、休闲之功能，可以分为观光农业区、休闲度假区、农业经营体验区、农业景观及自然生态区和公园绿化区。

二、我国都市农业发展中存在的问题

我国都市农业研究起步很晚，没有系统的研究，提出要实践都市农业的上海市也还主要处于全面规划论证阶段，尚未进入实质性的实施过程。目前我国都市农业发展存在下列问题：

（一）政策和经营机制不配套

任何新生事物的发展，都离不开完备的政策体系和行之有效的经营机制的支撑，都市农业的发展也不应例外。从目前我国都市农业发展的实际情况看，针对都市农业的政策尚未形成，其经营机制尤其是土地流转机制也不健全，这是制约都市农业发展的根本原因之一。目前，虽然我国不少地区在坚持稳定土地所有权、活化土地使用权的原则下，采用土地的“返包倒租”等土地流转形式，以扩大土地的规模经营，整体上还没有形成有序的土地流转机制，土地流转的规模偏小，农业经营领域的自由竞争和破产兼并机制几乎不存在，使具有规模效益的都市农业难以在竞争中形成。与发达国家相比，我国现行信贷制度的垄断性、僵化性和歧视性限制着对都市农业发展资本的供应，使都市农业发展举步维艰。

（二）都市农业理论研究比较薄弱

我国都市农业更多的是借鉴东亚部分国家和地区的经验发展起来的，发展之初虽然召开了几次国内外的专题理论研讨会，但国内就整个都市农业发展理论的研究仍十分薄弱。特别是对都市农业发展中的一些重大理论问题，如都市农业发展需要建立在多大的城市规模之上，都市农业发展的机理，政府、主管部门和市场建设主体分别应发挥何种作用等问题，缺乏必要的理论研究。一方面是发展实践的轰轰烈烈，一方面是理论研究的冷冷清清，这种理论与实践严重脱节的现象，必然影响和制约我国都市农业的健康发展。

（三）社会化服务体系不够健全

目前，发达国家的都市农业都已建立起十分健全的社会化服务体系和农业科研推广体系，而我国为都市农业发展提供的社会化服务机制发育还不成熟，经营者难以集中在某一专业领域施展才能，阻碍了经营效益的提高。特别是农业开发技术和推广体系还比较落后，农业生产仍以提供有形产品为主要功能，忽视了社会、生态等功能的培养和发挥，这势必会使都市农业受到来自于传统农业和其他非产业部门的冲击，导致其经济效益偏低，发展后劲不足，从而制约了都市农业的发展。

（四）缺乏总体发展规划

都市农业的发展必须建立在城市地方政府对城乡之间、产业之间的统一规划、统一部署的基础上，如果缺少政府的规划和政策支持，仅靠市场的自由发展，是难以保证都市农业健康发展的。从我国目前都市农业发展的实践看，除上海、重庆等较早发展都市农业的几个大城市外，其余的城市，如济南市都市农业发展战略研究市虽然也提出发展都市农业，但在制定总体发展规划时还不太重视都市农业的总体发展规划，没有将都市农业发展纳入国民经济发展规划中，整体布局、统筹安排、合理规划等政府宏观调控措施跟不上，单纯的市场行为导致了都市农业的盲目发展。造成这种现象的原因可能是理论研究的薄弱和发展的盲目。

（五）农村基础设施落后

与发达国家相比，我国一些都市的城市化地区及其周边地区的农村基础设施落后，特别是交通运输、产品流通条件还很恶劣，将长期制约着都市农业的发展。应该说，解决好上述问题和困难不是一朝一夕的。但都市农业的发展前景诱人，应予高度重视，并尽快着手研究，制定相应的对策和措施。

三、都市农业的未来发展趋势

世界都市农业发展最初以“市民农园”为主，随着城市化和经济现代化、城市现代化和国际化的发展，具有生态化和现代化特征的都市农业获得较快发展。根据对以上都市农业各类分析总结，今后都市农业发展的趋势如下：

（一）功能多元化

近年来都市农业根据现代城市发展的要求，进一步突破生产保障型的城郊农业模式，向多功能的现代都市农业模式发展。比如，生态农场、绿色食品基地、观光休闲农业园、文化教育农业园、加工创汇农业园等，体现了都市农业向多元化功能发展趋势。

（二）高度智能化

是指利用农业专家系统来指导农业生产的一种知识型农业。它是拥有一批高层次、多方面的农业专家，利用现代农业科学技术和计算机手段，对农业生产、科技、经济信息等进行加工处理，提出解决农业生产问题最佳方案，帮助农业生产者、管理者进行决策，提高科学管理水平和农民的文化素质，促进现代农业发展。

（三）农业信息化

农业信息化是将都市农业推向市场的重要手段。都市农业要广泛地利用农业科技信息、商贸信息、市场销售信息、农资市场信息、农产品价格信息、气象预报信息等信息源，通过计算机处理和农业咨询，为都市农业生产提供服务。

（四）经营国际化

随着经济全球化发展和国际化大都市的建设，都市农业将纳入国际经济轨道。为此，都市农业将充分利用对外开放的优势，建立以农副产品出口创汇为中心的、较高层次的农业生产体系，从而提高都市农业的外向化程度。

第四节　都市农业的国外模式

目前，都市农业已成为世界各国现代化大都市郊区农业发展的趋势和方向。纵观都市农业100多年的发展历程，世界各地出现了奇异的都市农业发展模式，有效推动了都市农业的快速发展。我国都市农业的发展势头也比较迅猛，因此探讨国外都市农业的发展模式，有助于推进我国都市农业的又好又快发展。根据不同的分类方式，都市农业模式被分为不同类型：

一是从国外或地域看，有荷兰模式、德国模式、日本模式、新加坡模式等。

二是根据都市农业的实施情况分为成品农业模式（出售产品和加工品为主）、生态农业模式、设施农业模式、精准农业模式。

三是根据其功能，有以经济功能为主的荷兰模式，以生态、社会功能为主的德国模式，兼顾经济、社会、生态功能的亚洲模式等。

四是根据产品属性，分为体验型（如养宠物自我消遣）、服务型（如养宠物供人观赏以取得收入）和产品型（如养宠物直接出售获得收入），也有多目的的混合型。如美国、荷兰的都市农业属产品型，中国台湾以服务型为主，日本、意大利等国以体验型、服务型为主。

五是依据生产内容，有的总结为郊外生态防护林业、郊外食物农业、城市园林园艺农业、城郊旅游农业、市内楼宇农业、都市文化农业，有的归纳为设施农业、种苗业、农产品物流业、观光休闲农业、农业科技园区、循环农业和生态农业等，也有的概括为生态景观型、高科技设施型、农业旅游度假型、体验参与型和特色精品型等。

六是根据产生机制，分为原生型都市农业和诱致型都市农业。原生型农业是直接受城市化发展影响而形成，在落后城市是城市贫民借以谋生的自发农业，在现代城市是为了保护城市生态功能的自觉农业。诱致型农业首先是半企业行为的现代企业，如城市近郊区的农业园区；随后是扩散型农业，即大城市郊区的现代都市型农业。

一、日本

日本的都市农业是指包含在都市内的农业及都市近郊的农业。日本是一个土地资源十分有限的岛国，经过 20 世纪 60～70 年代经济的高速增长之后，城市扩张迅猛，城市周边地区的地价不断上涨。由于土地属私有制，为保留土地以达到增值的目的，一些农户不愿过早出卖自己所拥有的土地，于是将继续耕种的土地在高楼大厦林立的城市内保留了下来。

之后人们发现，在城市星星点点的耕地上种植嫩绿的蔬菜、鲜艳的花卉，不仅为城市增添了绿色，增加了观赏的景点，而且改善了城市的生态环境，有不可忽视的存在价值。

到目前为止，日本已发展出 3 种主要的都市农业模式：

（1）观光型农业，即设立菜、稻、果树等田园，吸引游人参观体验，其实质是农业与旅游业的结合；

（2）设施型农业，即在一定范围内运用现代科技与先进的农艺技术，建立现代化的农业设施，一年四季生产无公害农副产品；

（3）特色型农业，即通过有实力的农业集团建设一些有特色的农副产品生产基地，并依托先进的科技进行深层次开发，形成在国际市场上具有竞争力的特色农业。

日本都市农业的发展趋势：一是生产逐渐规模化，以提高都市农业产品的国际竞争力；二是农业结构逐步调整，逐渐淘汰效益低、成本高的农产品，绿色保健品大量生产；三是生产手段向全自动化、设施化、智能化发展，尤其是蔬菜、水果特别明显；四是农产品批发市场逐步完善；五是生产经营管理向网络化方向发展。

日本都市农业发展的经验：一是各级政府给予保护政策；二是发展模式多样化；三是政府关注农业劳动力素质的提高。

二、德国

德国都市农业以市民公园为代表。市民公园起源于中世纪德国的

Kleingärten。那时德国人多在自家的庭院里划出一小部分作为园艺用地，享受亲手栽培作物的乐趣。而德国都市农业的真正发端一般被认为始于19世纪。19世纪德国政府为每户市民提供一小块荒丘，供市民用作自家的“小菜园”，实现生产自给自足。19世纪后半叶，德国正式建立了市民公园体制，其主旨是从建立健康的理念出发，让住在狭窄公寓里的都市居民能够摄取充足的营养。建立市民公园的主旨已发生很大变化，转变为市民体验农家生活的机会，使久居都市的市民享受田园之乐。

市民公园的土地来源主要是镇县政府提供的公有土地。每位市民公园的规模约有2公顷。大约50户市民组成一个集团，共同承租市民农园。租赁者要与政府签订25～30年的使用合同，自行决定如何经营，无论是种花、植草还是种菜、栽树等，政府都不加干涉，但其产品均不能出售。如果承租人不想继续经营，可以中途退出或转让，由市民农园管委会选出新的承租人继续租赁，新承租人要承担原承租人合理的已投入费用。德国市民农园呈兴旺之势，其产品总产值占到全国农业总产值的1/3。

德国市区农园的形式有很多种，以满足不同身份人的需求。比如：Gemeinschaftsgarten，Internationale Garten为城市居民提供了结交朋友、交流经验的机会，丰富了人们的业余生活；还有些移民思念家乡的食物，但是却不能在市场上买到，于是自己种植。

三、新加坡

新加坡是一个城市经济国家，面积只有556千米^2，自然资源贫乏，农产品不能自给，甚至连沙石、水都需要进口，本地只生产少量蔬菜、花卉、鸡蛋，水产品和乳制品等，加上城市化发展后耕地不断减少，因此非常重视都市农业发展，以追求高科技和高产值为目标，以建设现代化的农业科技园为载体，最大限度地提高农业生产力。

新加坡都市农业的发展模式有以下两种。

(1) 现代化集约的农业科技园（Agrotechnology Parks）。这是新加坡重点的都市农业模式。农业科技园的基本建设由国家投资，通过招标方式租给商人或公司经营，租期为10年。其中一个用气耕法（即在有空调设施的温室内种植植物，使其根部暴露在空气中，每隔5分钟喷洒含营养物质和肥料制成雾水的冷水来替代农药）种植蔬菜的农场，成为世界上第一个在热带国家以气耕法来种植、生产富有营养且安全的新鲜蔬菜。蔬菜的生长期由土耕法的60天缩短到30天，只是此种方式成本较高，当然如果生产高档蔬菜则优于进口；

(2) 农业生物科技园。占地10公顷，拥有现代化先进设备，进行新农业技术（如动植物基因研究、新品种选育等）研究开发工作。

四、荷兰

荷兰是一个欧洲小国，其面积约为中国河南省的1/4。荷兰自己没有都市农业的说法，但荷兰人口密度大，农业紧靠大中城市，特别是其园艺业和奶牛业，位于大中城市的“都市圈”内。荷兰是农业高度发达的国家，其发展目标不再是追求产量，而是强调农业与环境、自然的协调发展，重视农业的社会责任，这为荷兰形成“绿色生产力”打下一个很好的基础。

在荷兰都市农业中，花卉业和奶牛业是特别重要的产业。荷兰以“欧洲花园”和“花卉王国”驰名于世。荷兰花卉业有悠久的历史和文化渊源，且土壤和气候条件比较适宜。加之荷兰工商业发达，城市繁荣，人口密度大，园艺业产品从农村（相当于郊区）到城市不但距离短，而且不愁销路。这为荷兰的花卉园艺业的发展打下了坚实基础。在经济利用土地问题上，以花卉为代表的园艺业要优于一般的大田种植业，而温室园艺业又优于露地园艺业，且农场的规模也在不断扩大。荷兰温室产业具有高度工业化的特征。由于摆脱了土地的约束和天气的影响，温室园艺产品可以实现按工业方式进行生产和管理，其种植过程不仅可以安排特定的生产环节和生产周期，在产后的包装、销售方面，也同工业生产如出一辙，真正成了“工厂化农业”。

荷兰园艺业和奶牛业的发展又带动了农村合作社和加工业的发展。在单干的情况下，每个奶农必须自己把挤出来的奶运送到城市去卖，费时费力，因此奶农特别需要合作销售。花卉业也是一样，需要把大量的鲜切花以最快的速度运送到城市消费者手里，没有合作社也是难以办到的。

国外都市农业发展模式的成功做法中值得我国借鉴的经验主要有：

第一，坚持多元化功能目标。都市农业能产生经济、人文、生态、社会效益，能发挥经济、人文、生态、社会功能，具有多效能特征。纵览美国模式、德国模式、荷兰模式和日本模式等，尽管在各国功能侧重点不同，但都表明都市农业具有多元化功能，即具有高质量的生产功能，资源低耗与高效利用、环境洁净、景观优雅等生态功能，生活、就业、安全、福利等社会功能，以及教育、培训、示范、带动等服务功能。所以，我国必须改变只重视经济功能，忽视生态和社会功能的做法，坚持多元化功能目标。

由于我国人口众多，资源相对不足，生态环境承载能力弱，必须围绕都市农业的多元化功能，鼓励以生产功能为主，兼顾生态科教、服务就业等功能，科学规划其布局，积极转换都市农业的经营模式。这样，不仅能满足城市居民一年四季能吃到新鲜、优质和安全的农产品，享受农业休闲文化的需求，还能使城市成为农耕文化的教育基地，拓宽城郊农民的就业渠道，扩展涉农二三产业的发展。

第二，坚持以高科技为支撑。众所周知，新加坡在国土面积有限、自然资源贫乏条件下主要依托高科技，注重资金、智力、信息等生产要素的投入，注重引进工业生产管理技术、生物技术和信息技术，生产出了优质安全的高档农产品；荷兰也借助发达的设施农业，使人均农产品出口创汇居世界榜首。可见，发展都市农业必须以高科技为支撑。科学技术是第一生产力，都市农业科技同样是都市农业发展的第一推动力。都市大工业的技术、人才、设备形成了都市农业比较雄厚的物质基础和产业基础，而且整个农村基础设施的改善是其稳定扩展的长期基础。

我国都市农业生产的科技水平总体偏低，更要坚持以高科技来支撑都市农业的发展。一是加快实施都市农民培训工程，“有文化、懂技术、会经营”的都市农民是都市农业发展的主力军；二是加快完善农业高等院校都市农业专业设置，为社会输送大量都市农业人才；三是推进都市农业生产技术从传统型转向高新型。当前可以积极鼓励有条件的农业企业引进实用的农业高新技术，大力发展设施农业、农业科技园等。

第三，突出区域特色优势。美国、德国、日本等发达国家以及发展中国家，在土地资源享赋、自然资源条件、经济实力、科学技术、国家政策，尤其是城市发展水平等方面存在差异，各国都市农业呈现出各自的特色和优势。因此，发展都市农业要根据城市各区域功能定位，突出区域特色优势。

我国幅员辽阔，各地的资源禀赋和发展基础千差万别，每个城市应因地制宜发展都市农业，注重突出自身的禀赋优势。当前，我国东部沿海大城市社会经济已达到较高水平，可积极发展高附加值和外向型出口创汇都市农业，大力拓展其生态保护、休闲娱乐和文化传承等功能；中部地区土地资源丰富，是我国重要的产粮区，可以用工业化带动农业的发展，主要发展郊外食物都市农业模式；西部地区农业生态环境脆弱，在加强生态环境和基础设施建设基础上，借助丰富的自然资源、文化遗产，主要发展生态产业、乡村旅游、观光农业等都市农业模式；东北老工业基地可利用先天的农业资源优势，加上城郊的便利交通条件，借鉴美国大农场都市农业发展模式，发展高科技设施型、特色精品型农业等模式。

第五节 都市农业发展的思路对策

一、基本思路

都市农业是随着城市化水平和人们收入水平的提高而逐步发展起来的，它是依托城市、服务城市、适应城市、满足城市人们各种需要的现代农业。因此，城市发展规模和城市收入水平，决定着都市农业发展方向和水平。中国国情是城市化水平还不高，人们生活的基本需求刚刚得到解决，生态环境日益恶化。基于此国情，都市农业的发展应坚持生产鲜活农副产品、观光休闲、改善生态环境三功能相结合，根据区位特点及市场需求，因地制宜地确定都市农业发展方向、形式、规模和布局，建设绿色无污染型、观光休闲型和生态环境型现代农业。

要正确处理发展都市农业与搞好农产品生产的关系，即不能设想把整个郊区都开发成观光休闲农业区，因而忽视大宗农产品的生产；也不能借口只满足城市对食品的需求，而不发展观光休闲农业和生态绿色农业。要根据城乡一体化的要求，合理安排都市农业的发展方向和重点。

要注意把都市农业发展与全市、各县区旅游业发展密切结合起来，以旅游业发展带动都市农业发展，以都市农业发展促进旅游业发展。为了便于组织客源，新开发的都市农业景点，最好配置在旅游区内或旅游热线上，以形成规模优势。

要注意都市农业以农业经营为主，促进农业和旅游业相结合，一二三产业相结合，城市与郊区相结合，要把开发农业和保护农业结合起来，防止把发展都市观光农业变为娱乐性开发性行为。

农业资源要转化为满足人们物质生活和精神生活需求的产品，就要按照农业、文化、旅游等领域的规律加以艺术创意，这种创意过程，就是农业项目的规划和设计过程。都市农业是产生于农业产业和农村区域，是以农业和农村资源为基础，以依托城市、服务城市为主要目的。

都市农业园区分两类，一种是开放性的非主题公园类型的都市农业区，另一种是封闭性的主题公园式的都市农业园或休闲农场。前者属大地域、大范围、大景观的都市农业规划，景观规划要体现地方的农田、农村、农业风光和农业产品。后者除生产活动外，有吃、住、行、游、购、娱等多种活动。在规划设计中要注意六个结合：农业经营与绿色食品生产相结合；农业经营与康体健身相结合；农业经营与农业体验相结合；农业经营与农业文化展示相结合；农业经营与别墅建筑要求相结合；静态项目与动态项目相结合；农业发展与农村建设相结合；农业发展与基础设施建设相结合。

二、主要对策

（1）转变观念，提高认识，切实加强政府对发展都市农业的领导。特别要加深认识郊区发展农业对城市发展的作用，认识农业的多功能开发及其综合效益。政府各级有关领导、城市市民、城郊农民都要把创建都市型农业作为自己的职责，使农业充分发挥满足城市人们物质和精神方面多种需求，以及绿化、美化城市生态环境需要的作用。

（2）全面规划，确保重点。对都市农业的发展要在全市郊区或一个区域内全面规划，选准重要项目，集中资金，重点开发。不宜过多地发展自行采摘、承租农地等体验型项目和以休闲娱乐为主的游乐项目，以防投资、管理和经营带来的困难和对自然景观的破坏。对开发项目要注意整体规划，分步推进，使都市农业、观光休闲农业具有丰富的内容，保证有持续性的吸引力。一些县区把若干邻近的景点连成片，成为一条专线或一片专带，这是很有前途的。这就特别需要有一个通盘的规划，合理解决农产品的季节性生产与全年观光经营的矛盾，搭配不同季节的品种，尽量延长可观赏期。规划中要正确实行区域定位、功能定位、形态定位。同时要把都市农业规划与农村现代化、城市化规划结合起来。

（3）立足区位优势和资源优势，面向国内外市场。发展都市农业要充分发挥其区位优势和资源优势，要以旅游市场需求为导向，开发充满绿色、环境优美、对游客具有吸引力的都市观光农业园区，把资源优势变成经济优势。不同地区、不同项目需要有不同的目标市场。要根据旅游客源市场，确定都市农业发展的功能和规模。积极发展市场农业和创汇农业。

（4）都市农业要体现农业特色，突出农村生活风貌，丰富乡土文化内涵。发展都市观光农业，要扬长避短，表现和突出自己的特色，做到“人无我有，人有我新，人新我特”，使游客每到一处都有新的意境、新的感受、新的收获。在都市农业发展中，切忌建造过多的人文景观，使环境和设施过于人工化、商业化，也不要追求大投资、大规模、高档次、高消费。从发展趋势看，要注意开发农业对市民，特别是青少年的教育功能。开发农村民俗文化，发展民俗民风文化旅游。

（5）增加资金和科技投入。广开渠道，多方筹集建设资金。要在稳定现有农业投入的基础上，逐渐提高财政资金、借贷资金对农业投入的比重。除农民自筹和政府扶持外，还可通过搞股份制、设立基金、吸引外资等形式广开财源。建立国家、集体、企业、个人多元化投资机制。除生产性投资外，对发展旅游、休闲、观光农业的工程，也应加大投资力度。在科技投入方面，要以高科技武装农业，重点实施种子工程、温室工程、生物工程、绿色工程，形成都市农业科技配套工程。建设高科技园区，投入高科技设施，生产高科技产品，达到高市场占有率。

（6）加强农村基础设施建设和人力建设。加强农村道路、水电、环境卫生等方面的建设，建设相适应的饮食、住宿、休闲、度假等多方面设施，为游客提供方便、卫生、舒适的条件。大力发展农村成人教育和职业技术教育，将“引进来”和“送出去”培养相结合，提高农民的文化素质和管理技术。

（7）制定法规政策，加强科学管理。实行市场调节和政府调控相结合的政策。政府调控主要表现为对发展都市型农业的政策扶持和社会倾斜。要制定都市农业保护法，首先要制定保护农田的基本条例，建立农业生产资料最高限价、农产品最低保护价和生产风险基金、市场风险基金。制定吸纳农村剩余劳动力转移政策，要明确主管机构，进行专门研究、规划指导和监督管理。可考虑由农业、旅游、文化、工商、价格等部门协同运作。

中国是一个历史悠久的农业大国，也是一个城市化发展的国家。中国既有多样的自然景观和农业景观，也具有中国特色的农耕文化和民俗风情人文景观，还有独特的城郊农业景观，随着城乡经济的发展和人民收入的提高，人们对绿色食品和生态环境的要求日益增强，因而发展都市农业和观光农业具有广阔的前景。都市农业和观光农业在中国大地上已显示出它的勃勃生机，未来将是一项很有生命力的新型产业。

第十三章　乡村创意工程

第一节　创意的思维与视野

（一）创意的思维与视野

设计的本质是创新，是为了让人类生活得更加美好而不是为了改变自然，是利用现有的科学技术和社会人类学知识进行创新的过程。设计根植于人类的想象力，设计师不会仅仅问“这是什么”，更重要的是在“是什么”的基础上再继续追问“这可能成为什么”“应该成为什么”。设计组合了情感和审美，也组合了技术和逻辑。

好的创意作品，总是在意料之外，情理之中，既符合逻辑又超出常人的想象。在构思上视点独到，立意巧妙，既说明问题又寓意深刻。创造性的思维方式是推动设计创新的前提，它是一种复杂的思维形式，要求我们在已有经验的基础上进行多方位的思考，运用独特性和新奇性的方法去解决问题。

创新是设计迅速前进的不竭动力，是设计发展的前提。掌握不同的创新手法是设计灵感来源的基本途径。我们要善于运用多方位的思维模式，大胆进行创新。同时，还要紧跟时代的步伐，结合时代的信息进行超前的思维发散，使我们的设计思维紧跟时代的步伐。

（二）乡村农业创意工程：科技＋创意＋产品

对于乡村农业旅游产品的开发，首先应该立足于新型农业现代化，运用现代化科学技术推动农业用具和各种农产品的现代化，生产过程的现代化、数字化操作，建立具有地域特色的农业用具和农业博物馆。其次应立足农业旅游产品的观赏价值，利用生物技术改变农产品形态，如巨型南瓜、迷你西瓜、彩色番茄等；积极培育新的农产品，如荷兰培育的奶油郁金香与蕾丝郁金香，就具有很强的观赏价值。在此基础上，运用创意、生物技术、园林造景手法在乡村地区建立奇趣农产品主题园，诸如奇趣花园、奇趣瓜果园、奇趣盆栽园之类，既具有很强的观赏价值，还具有普及科学知识的功能。

南瓜园

（三）乡村民宿旅游工程：乡村文化＋文化创意

乡村民宿旅游产品包括民间文学、民间艺术、雕刻艺术、戏曲舞蹈、刺绣剪纸、木板年画等。民间节日仪式、游戏文化、节庆类民宿产品等，都是乡村民宿的产物，吸引大众的景观艺术。

乡村博物馆

首先，可以建立乡村民宿的博物馆，如木雕博物馆、剪纸博物馆。其次，可以将地域文化如电影、民间传说相结合，形成名副其实的乡村创意景观。再次，民间歌舞、节庆礼仪等可以与视觉艺术、表演艺术、音乐相结合，打造具有地域特色的大型实景文化演出，如印象刘三姐、丽江印象等。此外，民间游戏、民间节庆可以与会展、比赛相结合，增强旅游者对民间游戏、节庆的了解，同时比赛的形式更具有吸引力和参与性，甚至可以建立节庆礼仪体验园区，如杭州宋城千古情、清明上河园等。最后，对于民宿资源丰富的村落，可以组织社区民间艺人，建立集工艺制作、收集陈列、研究培训、表演销售为一

酒作坊

剪　纸

花　艺

体的“主题民艺村落”。开展木板年画作坊、剪纸艺术培训中心、刺绣传授中心等专项旅游项目。借助民宿、创意民宿，实现民宿产品深层次的开发，如宝鸡的泥塑村、张家口的建制村等。

第二节　乡村案例分析

随着全面建成小康社会进程的推进，我国乡村建设进入快速发展的轨道。同时创新发展思想兴起，创意设计氛围逐渐浓厚。这些变化既为乡村发展指明了方向，也倒逼乡村建设谋求新的发展模式和出路。创意乡村景观是响应以上发展的一种具体表现，本文将以浙江湖州为例，开展创意乡村景观调研、分析，并进一步对创意乡村景观建设内涵与方法进行归纳总结。本文先对国内外有关创意乡村景观的研究文献进行了梳理，对创意乡村景观的概念进行了辨析，再从自然生态、历史文化和社会经济三方面分析了创意乡村景观的发展条件；指出了创意乡村景观规划设计应遵从生态优先、因地制宜、文化传承和可持续发展四个原则；并按空间分布形态、景观资源要素等情况对创意乡村景观进行分类；总结了创意乡村景观的农业生产、农产品开发利用、农事活动、多元发展和特色主题五种创意模式。文章最后以湖州为例，选择出具有代表性的创意乡村景观实例作为研究对象，通过资料整理归纳和实地调查走访，总结了湖州创意乡村景观的发展特点，并以创意乡村景观有关理论为基础，对研究对象进行分析。归纳了自然生态型、历史文化型、特色资源型三种不同类型创意乡村景观发展建设要点，并提出了创意乡村景观进一步发展对策：健全法律法规，加强政策扶持；创新思想观念，强化智力支撑；合理规划布局，确保分步实施；拓展产业链条，树立品牌形象；完善设施保障，提高服务水平。

▶ 案例1：湖州之路

湖州市是首批国家级旅游业改革创新先行区，是浙江省唯一的乡村旅游提升发展专项改革试点市，安吉县更是获得了“国家乡村旅游度假实验区”“国家旅游标准化试点”“省级综合改革试点”等荣誉。湖州乡村旅游改革创新，促成了“农庄＋游购”“洋式＋中式”“生态＋文化”“景区＋农家”四种模式。截至目前，全市已形成了十大乡村旅游集聚示范区和乡村民宿、主题庄园、国际度假、生态景区、文化游憩、创意农业、婚庆旅游、养生养老、旅游商品、运动休闲十大旅游业态。

湖州市把乡村旅游发展与美丽乡村建设、生态文明建设、农业转型升级、农民致富发展相结合，依托湖州人文历史、特色资源和区位优势，充分挖掘观光、休闲、度假等功能，变园区为景区，变农庄为景点，变农副产品为旅游商品，形成了农村产、供、销一体的休闲旅游和农业产业发展体系，并以此带动了建筑业、加工业、通讯业、房产业、金融保险业等多个产业的发展，使生态文化等资源优势逐步转化为地方经济发展的现实竞争优势。

湖州乡村旅游发展的最大特色和成功基础，在于充分发挥生态环境优势，将“绿水青山”的生态优势转化为发展乡村旅游的产业优势。从边缘突围发展“农家乐”到多元规模发展“乡村游”，再到转型升级发展乡村度假，湖州乡村旅游实现了跨越转变，成为“绿色发展”的典范。

湖州市在充分利用丰富的乡村旅游资源上，深入挖掘民风民俗，顺应近郊游、自驾游消费增长的趋势，按照有一定建设基础与规模、发展潜力大、业态新颖，通过提升能够在区域内具有示范引领作用等要求，层层遴选，培育一批具有浓郁地方特色、多种业态的乡村旅游产品，打造乡村旅游升级版。

▶ 案例2：成都花舞人间

花舞人间景区由国内民营企业巨头华西希望集团重拳打造，是一座具有农业试验示范、生产经营、生态环保、科普旅游、观光健身、休闲娱乐等功能于一体的综合性农业主题公园。

2011年，花舞人间正式通过国家AAAA级景区验收，并成为国内唯一一个荣获联合国“全球低碳景区最佳范例”称号的旅游景点。近年来，花舞人间已打造出“四季赏花、四季玩水”的常态旅游景观，春季的杜鹃花节，夏季的清凉赏花玩水季，秋季的野菊花、百合花节，冬季的郁金香节等贯穿四季的花卉节庆，吸引众多游客关注。目前已累计接待游客200多万人次，多次被评为“四川省十大最美赏花景区”。

花舞人间景区占地面积达200公顷，拥有200余个品种、500多万株杜鹃花，樱花、梨花、桃花、海棠花、郁金香、风信子等百余种花卉。该景区历时20余年培育出来的全球唯一“杜鹃花树”“镂空杜鹃花柱”和全球独有的“杜鹃花瓶”。花舞人间已经形成亚洲最大的人工培育杜鹃花展示地。该景区扩建了游客中心、鲜花超市等配套设施，并新建了花花水街、金沙沟花海等近3.5万米^{2}景点，旨在通过景观升级进一步打造“西南赏花首选地”。

第三节 乡村景观设计的原则及方法

乡村景观源于人们的乡村活动，是人与自然和谐最生动的写照。日出而作、日落而息，这种生活习惯世世代代影响着人们的审美和追求，深深地烙印在人们的血脉之中。

随着社会的发展，人们的生活节奏逐渐加快，乡村似乎成为人们一种难以割舍的情怀。面对繁华喧嚣的城市，污浊的空气，人们更加珍惜和留恋静谧的、清新的乡村田园，更渴望享受大自然的美好馈赠，借以放松身心。乡村景观设计正是在深刻认识人与自然关系的基础上对乡村风景进行传承，筑梦心田，为诗意栖居营造最美的风景。

一、乡村景观设计的原则

（一）注重乡村原生态，保护自然生态环境的原真性与健康性

农村景观设计是以保护维持人类生命的自然生态环境为首要目的的设计。具体来说就是“设计与生态过程相协调，尽量使其对环境的破坏影响达到最小，尊重物种多样性，减少对资源的剥夺，保持营养和水循环，维持植物生境和动物息地的质量，以有助于改善人居环境及生态系统的健康”。

新农村景观设计

（二）构建精神家园，尊重地域特色文化与精神内涵

坚持尊重地域特色、保护传统文化的原则，是突出个性、尊重当地居民生产生活的人性化设计原则。

地域特色即当地特色，它包含了当地特有的地理和人文。农村景观设计要利用和发挥地域特色，保护传统文化，丰富当地的文化生活，重整精神家园，让当地老百姓的生活更加丰富更加有意义。地域文化包含了历史传统、民俗风情风物，是当地老百姓不可缺少的精神财富。尊重和保护地域文化是彰显地域特色唯一的途径，绝不是相互模仿和复制，更不是所谓的破旧立新，只有传承才能有效地展现和发挥地域特色。

为传承中华智慧与美德，打造新乡土建筑及农村景观时要提倡经济、实用、美观的设计理念，应结合场地的特质，优先选择价廉物美的建筑材料，建造有品位的、符合当地特色的新乡土建筑景观。

我们的祖先很早就有就地取材建造房屋的优良传统，以实用坚固为建造原则。我国各地农村至今保留完好的古老村庄大都是遵循这一原则，各地农村有着不同材料建造的各式各样的古老民居，多是祖先们因陋就简、因地制宜的结果，渗透着人类的智慧和才能，造型别致，功能完善。

（三）坚持可持续发展，优先考虑生态化、无污染、可循环的清洁能源和材料

目前中国正处于重构乡村和城市景观的重要历史时期。城市化、全球化以及唯物质主义向未来几十年的景观设计学提出的三大挑战之一就是“能源、资源与环境危机带来的可持续挑战”。节能环保、资源再生是绿色设计的根本，在农村景观设计中只要坚持这一理念，可以节约很多的资源，如利用太阳能发电、风力发电等。这是农村可持续发展的长远战略，是造福于人类的设计观，在全球能源、资源与环境面临危机的情况下更需要长期坚持这一设计理念。农村秸秆回收利用，垃圾无害化处理，减少环境污染等问题都是在景观环境设计中应该关注的重点。

新农村景观设计

二、乡村景观设计的方法

乡村景观设计应以生态为核心，合理运用以自然肌理为特色的点线面设计手法构建乡村景观骨架。当代景观设计讲究的是点线面的综合运用，需要具体手法和抽象手法完美结合，设计时要讲究节奏和韵律。但是，最重要的还是要以生态为核心，以自然为主题，从而形成乡村的自然肌理与表现风格。尊重点状景观在乡土自然中的运用。点是乡村景观设计的重要组成部分，如古树、古井、古桥、古厝等，合理的运用可以为设计增色。因此，在设计的过程中可以运用自由、放射、陈列、旋转等不同点的排列方式进行布局。例如，可以把每个小的景观看做一个点，设计者可以根据景观的整体布局安排小景观的分布，使整个大景观更具乡村田园风格。

新农村景观设计

尊重线性景观在乡土自然中的应用。线条的运用也是乡村景观一种必不可少的方法，如乡道、溪流、街坊、湖岸等。直线具有方向性，上升感，而曲线具有流动之美，设计者在设计的过程中可以利用直线和曲线结合的手法，突出流动和上升的感觉，更显自然之美、生态之美。面是线条不沿着原有的方向移动形成的，关于面的造型有多种多样，如几何图形、不规则图形、偶然形等，不管外形如何，关键在于设计者在设计的过程中怎样把握美感。例如，设计者在设计一块观赏景观时，就可以采取不规则形状，这样的景观看起来会比规则的面更具人情味和观赏性。

景观的设计要讲究因时、因景制宜，才能充分突出乡村特色。以景观中植物的配置为例进行说明，乡村植物配置要根据乡村的整体结构进行。无论是丛植还是孤植，纯林还是混林，片植还是行植，都要根据总体景观及其季相变化，因时、因景制宜。以建筑物周围植物配置来说，在配置过程中，一是将建筑物，如亭子、假山等建在树木中间，达到时隐时现的效果；二是将建筑作为主景，在其旁边辅以几株较大的乔木，作为遮挡，再从地下配置低矮的灌木或者鲜花，用作陪衬，以此来体现人工美与自然美的完美结合，突出乡村气息。

突出乡村景观的心灵属性，采用刚柔并济的设计手法营造静谧、安逸的乡村氛围。古人讲宁静致远，现代城市处于一种喧嚣的环境中，而乡村相对是宁静的。人们心灵深处更渴望拥有一种静谧平和的环境，相对宁静的乡村恰恰满足了这种强烈的诉求，因此设计者在进行景观设计的同时，要充分把握住宁静这一主题。

具体说来，则是要把握好节奏与韵律的运用，景观的设计要强弱得当，突出安逸的景象，高低均匀、刚柔并济，突出静谧的特色，从整体把握乡村风格。乡村规划中遵循绿色发展、循环发展、低碳发展的生态文明建设要求，协调推进统筹城乡发展和人与自然和谐发展，充分尊重田、塘、梗、丘、园、林、路等生态要素，打造山水与休闲宜居一体的生态网络。提升农业技术水平，发展生态循环农业建设，推广畜禽废弃物处理新模式，降低农业污染；完善农村生活污水、垃圾处理等基础设施建设；提高农业湿地保护水平；提升乡村风貌，构建看得见山、望得见水、记得住乡愁的美丽乡村。

美丽乡村

乡村的突出特点就是缤纷多彩，因此景观的设计也要色彩突出。在设计中应着重考虑植物色彩的搭配，如在进行绿色植物搭配时，可以根据嫩绿、翠绿、深绿、浓绿的顺序进行，既符合季节的变化，又给人一种层次感和波浪感。在进行色彩搭配时，要考虑到植物叶丛的类型，这也是植物色彩搭配的一个重要环节。叶丛类型会影响设计的季节交替关系、协调性和可供观赏性，在进行搭配时，植物的色彩应与其可供观赏性相适应。

夏季应以绿色为主，其他颜色为辅，突出夏季的特色，同时五彩缤纷的花色都能够与绿色很好的搭配，增添景观的活力与感染力。而秋天则可以黄色为主体，丰收的图景才是乡村的本色。

稻田艺术

延续场所文脉，注重特色元素的创新应用手法构建文化与精神家园。乡村景观是生活在乡村地区的人们在土地上建造房屋、耕种土地、生存繁衍形成的。在土地上所遗留的肌理与历史，事实上也是一种“自然”的过程，是人与自然相互适应而产生的“自然”的结果，是土地特有的特征。这种肌理在一定程度上反映了人们对土地的文化价值、标准和态度的发展演变，凝聚着丰厚的人文精神，是记忆的集中体现。设计应注重反映乡村景观所体现的场所历史、延续场所文脉，使其成为构建新景观、体现场所独特性的一种方式。

乡村景观

第十四章　物联网农业

第一节　物联网概述

一、物联网的产生与发展

物联网的使用最早可向前追溯至1990年。美国施乐公司发明了第一台网络上用于贩卖可乐的贩售机——Networked Coke Machine并正式投入了使用，这标志着物联网从理论阶断正式进入实践阶段。

1991年，美国麻省理工学院的Kevin Ashion教授第一次提出了“物联网”的相关概念，即将所有物品通过射频识别、红外感应器、激光扫描器、全球定位系统等各种信息传感设备与互联网连接起来，实现智能化识别和管理的网络。

1995年，微软前董事长Bill Gate在其所著的《未来之路》一书中再一次对“物联网”这一概念进行了阐述。但当时互联网还没有被广泛使用，无线网络并不完善，硬件、传感器等设施也尚未完全发展起来，因此并没有引起人们的广泛关注和重视。

1999年，在美国召开的移动计算和网络国际会议中，人们将“传感网”这一技术称之为“世纪人类所面临的重要发展机遇”并对其进行了较为详尽的介绍。

2003年，美国麻省理工学院所主办的《技术评论》杂志中将传感网络技术称为“未来改变人们生活的十大技术之首”，传感网络技术再一次被着重提出。

2005年，在突尼斯举行的信息社会世界峰会（WSIS）上，国际电信联盟发布了《互联网报告物联网》，报告中正式提出了“物联网”这一概念。会议指出物联网是即将到来的“物联网”通讯时代，通过物联网，世界上无论什么物品，从纸巾、牙刷等日常用品，地铁、火车等交通工具，到大型建筑物，都可以进行主动交换。传感器、射频识别、纳米、智能嵌入等各种先进的信息传感设备和技术将更加广泛地应用于人类世界的生产和生活。自此物联网的定义和范围发生了很大的变化，覆盖范围也有了极大的扩展。从此之后所谓的物联网不再局限于 RFID 技术方面，其连接扩展到了人与物和物与物的沟通。

奥巴马在就任美国总统之后也一直对物联网的发展极其关注。2009 年，他召集美国工商业的领袖举行了一次“圆桌会议”，作为会上仅有的两名代表之一，IBM 首席执行官彭明盛首次提出了“智慧地球”这一概念。彭明盛建议新政府大力投资包括 RFID 在内的新一代智慧型基础设施，从而促进物联网的发展。同年，美国将新能源和物联网列为振兴经济的两大重点。物联网从此作为了公认的促进科技发展、寻找经济新的增长点的有效途径而存在，得到了社会各界的高度重视。

2011 年，我国发布的《物联网白皮书》将物联网定义为“通信网和互联网的拓展应用和网络延伸，它利用感知技术与智能识别技术对物理世界进行感知识别，通过网络传输互联进行计算、处理和知识挖掘，实现人与物、物与物信息交互和无缝链接，达到对物理世界实时控制、精确管理和科学决策目的”。

二、物联网的定义

所谓的物联网（The Internet of Things）又被称之为传感网。顾名思义，物联网即是“实现物物相连的互联网络”，是在计算机互联网的基础上利用射频识别（RFID）技术、无线通信技术、全球定位系统和红外感应器、激光扫描仪等信息传感设备，按照约定的协议将互联网与任何物品连接起来，彼此之间进行信息交换和通讯，从而实现智能化识别、定位、跟踪、监测、管理等功效的一种网络。

物联网的定义包含了两层内涵：其一，物联网是在互联网基础上的延伸和扩展，其核心和基础仍然是传统的互联网；其二，物联网的用户端已经延伸和扩展到了现实中存在的物品，使物品之间能够彼此进行信息交换和通信。物联网将新一代的技术与各行业结合起来，具体来说，就是将感应器嵌入到各个物体之中，从而将物联网与现有的互联网整合在一起，最终实现人类社会与系统的整合。

第二节　物联网产业链分析

一、物联网产业链组成

感知信息的感知层、传输信息的网络层和处理信息的处理层构成了物联网产业链。由于物联网的应用涵盖着社会化大生产的各个环节，相应环节的特点引发对应的物联网产品，解决需求问题。在这个广泛的物联网产业链中，感知层主要包括芯片、敏感器件、传感器等技术设备，其主要功能就是感知识别物体释放的信息信号；传输层主要包括由各种网络，包括互联网、广电网、有线和无线通信网、网络管理系统和云计算平台等组成，其功能是传导传输物品信息；处理层由计算机等人工智能产品组成，用于处理存储信息，做出决策命令。从产业链不同环节的市场价值分析，应用开发商、中间件以及系统集成商合计约占整体产业价值的50%，提供网络服务的运营商约占整体价值的15%，提供通信模块的供应商约占整体价值的9%，设备制造商、射频识别与传感器约占整体价值的6%，剩余20%的产业价值共享服务提供商。

感知层是物联网产业链的上游，通过射频识别、智能设备、传感器和其他硬件的访问环境，整理或操作状态信息和通信模块，然后被发送传输到许多行业。传感器和通信模块的生产商生产的直接驱动效果更好，特别是需求驱动的射频识别技术等。凭借着纳米、光电子等高新技术的应用，在感知层面的传感器、敏感器件，能够凭借低廉的成本、更快的反应速度感知到比以往更宽阔的物品。2012年中国RFID市场规模236.7亿元，与上年相比，增长31.8%。物联网络不同于传统网络和通信网络，一是对象标识标准的多元化，导致识别的一种不可调和的矛盾和冲巧，使网络的本质在更大范围的信息共享和跨学科应用中受到限制，标志的使用、管理和传输也变得越来越复杂；二是快速增长的通信终端设备，造成很大的需求增加，IP地址资源识别码，导IPv4地址资源受限，在美国和其他发达国家已经开始了有关IPv6地址。

网络层主要是将数据、指令和信息在感知层和应用层之间进行传递。网络运营是物联网产业链的中间环节，是保障物联网整体有效运转、可靠传输的基础。网络层产业链主要包括信息网络传输保障系统和与感知层、处理层交换信息的设备。

今后，随着物联网产业的不断发展，电信运营商将再次从信息传递运营商向物联网产业链领导者转型。如果大多数企业应用系统的开发和使用一个单一的标准化的服务模块和平台，必须通过调整和兼容，并支持其他参与者接受这一标准，从而进一步从工业应用的信息，逐渐过渡到运营商的平台。

智能处理层主要是应用开发、系统集成和服务，根据客户的需求，为用户解决方案和相应的软件平台和进一步嵌入式软件，如微软的化OX游戏机Kinect体感控制器的安装，可以帮助用户以更准确地知道用户在移动的声音，可以更准确地看到用户的身体。芯片设计是一个非常重要的环节，它可以使前端信号的采集和传输，通过网络应用服务、集成、运行和维护。可见，系统集成水平决定效率的物联网产业链，在很大程度上会影响解决方案的推广和应用，物联网为企业和个人提供应用程序的运行提供服务的各种信息管理，这包括监测数据和对数据的分析、规划、提醒，市场规模将随着网络的发展和跨学科的不断扩大，包括网络的运行状态，故障定位的升级维护，维修费用成本决策分析，数据保护和经营管理服务的需求会越来越多，范围扩大研究中的应用。

二、物联网产业链的主要特征

（一）模块化特征

模块化是一种现代的产业组织模式，是将产品和服务的功能进行模块化分类，然后做标准化处理模块和模块之间的接口，便于交给不同的市场主体来生产，最后通过模块之间的组合，进而形成个性化的产品。据此，物联网产业链分感应模块、网络模块和应用模块三大模块。这三大模块又可由若干子模块组成，比如说，感应模块可以包括RFID、传感器、二维码、执行器、智能装置等子模块。物联网产业这种模块化的特性为其发展带来了两个重大的优势：一是模块化可满足物联网用户对产品和服务私人订制，追求个性的需求。物联网用户在购买时，可以根据自己的喜好来决定购买不同的功能模块，每个模块都有其个性化的产品。同时不同的功能模块可以替换，也可以是在使用一段时间后，选择替换部分模块的功能，尝试不同的服务。二是模块化结构特性使得产品部件或业务流程之间的联系减少了，可以抛开"兼容性"，让产品或流程的设计同时进行，这为物联网产业高效率的创新发展奠定了坚实的基础。

（二）闭合式特征

目前，物联网产业发展尚处于初级阶段，产业定位模糊，市场商业价值不足，核心技术需要突破，行业标准需要出台，应用需要大规模，研发的研究、开发、示范和应用程序的一部分，必须克服的主要技术标准，规范，开发和应用的全面发展，为原发性发展时期，大量的产业应用发展受到制约。首先，产业发展初期达不到规模经济规模效应，产品、技术和网络设备网络解决方案，可以实现规模经济，这是很难实现的低成本的推广应用和产业扩张；然后，产业中的应用没有达到标准，仍然是最重要的，在某些行业和企业的信息中使用，或在使用和管理过程中互相连接。被限制在有限的产业、企业和交换之间的互操作性，不同的地区有障碍物，真正的"物物互联"没有形成。最后，类似传感器网络等关键的核心技术不能实现大规模产业化应用；为了实现开环应用，开发一个封闭的循环是必要的，当闭环应用达到一定的规模，并能够进行互联互通，那么在不同行业、企业或领域之间的巧环应用才能最终实现。因此，物联网产业闭合式发展可以看做当前产业发展初期的权宜之计，物联网产业未来的发展必将是一个开放的、包容的产业，物联网未来发展蓝图就是最终要打破地域、行业及企业间的界限，使各个行业对标准和盈利模式达成共识。

第三节 物联网农业概述

一、物联网农业定义

物联网农业是物联网技术在农业领域的应用，是通过应用各类传感器设备和感知技术，采集农业生产、农产品流通以及农作物本体的相关信息，使用无线传感器网络、移动通信无线网和互联网进行信息传输，将获取的海量农业信息进行数据清洗、加工、融合、处理，最后通过智能化操作终端，来实现农业产前、产中、产后的过程监控、科学决策和实时服务。

二、物联网时代农业信息化

物联网时代农业信息化是指将物联网技术应用在农业信息化过程中，即将众多的传感器节点构成传感网络，并且与通信网、计算机网、卫星通讯网等现代信息网络相融合，形成一个庞大的网络，将先进的农业生产设施与土地相匹配，通过各种传感器、GPS、智能摄像头、手机等智能化终端和工具采集和收集信息，通过信息传输网络将信息传送到农业数据库系统、数字化图书馆等农业信息存储系统中，利用云计算技术、信息处理系统等对农业信息进行处理和决策，最后利用相关网络及农业自动控制技术等实现农业信息发布及远程控制。

三、物联网对于现代化农业的意义

物联网技术在农业方面的应用具有十分广阔的前景，它能够显著推动农业信息化的发展。因而想要从根本上改变传统农业粗放的生产方式，就必须依托以物联网为代表的智能化技术。物联网除了能够通过各种无所不在的传感器和无线传输设备对农田信息进行传输，实现农民和农产品的相互连接，还可以通过 RFID 等技术对农产品进行科学的运输和存储，对农产品信息进行监控溯源，保障食品安全。除此之外，还能够通过物联网技术建立起土壤墒情分析、自然灾害预警等模型，从而实现信息共享，方便管理者随时随地对农业进行监督控制，促进农业的自动化和信息化。

物联网技术能够显著提升农业管理水平。物联网技术广泛地应用于农业生产的各个环节，在对农作物的生长环境进行分析的同时，及时有效地对农业信息进行采集和远程发送，能够最大可能地提升农作物产量，降低成本，提升品质，同时及时地对动植物病虫害等情况作出反应。

物联网技术可以最大限度地保证农产品安全。将物联网技术广泛应用于农产品的流通领域，集成使用电子标签、条形码、传感器等技术，建立起基于物联网的农产品质量跟踪、溯源系统，对农作物进行全过程的网络化、智能化管理，对从生产开始直到销售的全过程进行监控，从而保证农产品的信息能够直接追溯至源头，最终安全放心地被人们使用。

四、物联网农业发展目标

物联网农业发展目标主要包括三个方面：一是提高农业生产率，二是增加农民收入，三是保护农业资源和环境。三个方面分别对应经济层面、社会层面以及环境层面的目标。

（一）提高农业生产率

提高农业生产效率的基本思想即为以同等的资金、技术、人力投入带来尽可能多的产出；或者在同等的条件下，以更少的投入带来相同甚至更多的产出。物联网时代农业信息化生产，就是在整个农业生产的前、中、后各个阶段，利用物联网的各种技术手段，收集、整合各种农业信息，为农业生产工作提供有力的技术支持，从而达到节约投入成本，提高生产产出的目的。

（二）增加农民收入

国内农业发展一直以来都致力于提高农民的收入水平。提高农民的收入，一方面是要做好农村的内部工作，另一方面是要推动农村劳动力的外出就业。就农村和农业内部工作来说，限制农民收入的因素有很多。国内的农业生产在过去几十年里一直都处在由传统农业向现代化农业过渡的阶段，还有很多地方存在“靠天吃饭”的情况。一方面，我国近年自然灾害时有发生，导致部分农民收入较低；另一方面，由于信息的滞后和不对称，农民种植的农产品无法和市场进行有效对接。新闻不断报道多地的各种农产品滞销情况，各种丰收的农产品卖不出去，导致农民承受巨大的经济损失。而在物联网环境下的农业生产，可以有效避免以上两种情况的出现。物联网的发展不仅可以提前预警自然灾害的出现，实施合理有效的避灾措施，更能及时了解市场行情，协助农民调整农产品结构，以达到满足市场需求的目的。

（三）保护农业资源环境

鉴于物联网的跟踪、监控等能力，农民在从事农业生产的同时，可以随时对其周边的土壤、水源、大气等各项环境指标进行监控和管理。在满足农业生产的同时，及时开展环境保护工作。目前，国内的物联网专业化行业应用已经有了完成的样本，如环保部门使用的环境在线监控网，可以实现全国范围内的环境信息监测。该监控网通过在适当位置安装多种自动监测的仪表和仪器，并配备有数据的采集和传输装置，可以将采集到的数据实时传递给环境监控中心，传递的方式可以是有线的，也可以是无线的，从而实现了对全国范围内关键位置的全天候环境监控。很多的状态信息和数据都可以通过传感器转化为电信号，成为感知节点，将需要监测的数据和状态通过网络传输给监测单位，并通过对应的数据处理模块和平台，对这些数据进行分析和处理，从而得到直观的结论。同时，这些数据还能够保存在服务器的数据库中，数据的存储和处理平台以及规模都在以几何级数的方式增长。

五、物联网农业技术分析

（一）技术环境

物联网技术、云计算技术、移动互联网技术等多种技术的结合、延伸、拓展，提升了农业智能化水平。通过物联网技术感知掌握有关土壤水分、土壤肥力（氢、磷、钾）、病虫害、作物苗情；通过遥感技术（RS）、地理信息系统（GIS）、全球定位系统（GPS）实时情况做出生产决策；通过互联网技术将信息传送到云计算中心，计算出结果传送到手机、平板电脑等智能终端；将成熟的技术逐步应用于物联网农业生产当中，不但提升了农产品的价值，提高了农业生产的生产效率，而且加快了物联网农业建设的发展。例如，由于新疆特有的干旱缺水气候，节水是新疆农业需要解决的关键问题。新疆建设兵团通过高效用水信息控制的渠系自动计量和膜下滴灌精准灌溉技术，巧发研制的农田土壤水分数据采集和智能节水灌溉系统大幅提高了劳动生产率，职工管理的农田由原来的 60～80 亩提高到 200 亩，实现每亩节水 40%，节肥 20%，棉花增产 25%以上。

（二）技术趋势

1. 区域智能化和数字化向物联网农业迈进

农业种植智能化、农业信息处理数字化是物联网农业的典型特征。目前，农业种植环节仅实现了小片区域的小型农业智能信息系统。未来，随着智能信息系统大面积在同一种植领域运用，分立的物联网农业信息系统将实现互联，最后实现多产业链信息系统的互联，构建成农业产业物联网。北京市的“221 信息平台”整合了市级相关单位和各郊区县的水、土、气等 23 大类 492 项涉农数据，形成了超过 50GB 的涉及“资源、市场、科技、资金”的农业专题综合数据库和超过 6TB 的覆盖全市的亚米级遥感影像及基础地理数据库；构建了粮食、蔬菜等 7 大类 160 种作物、13 种特色唯一性农产品、40 个新品种引种适宜性评价模型，建立了养殖场选址、三品基地选址、科技服务资源调配和动物疫情应急处置等 23 组空间规划与评估模型；研发了国内首个现代农业综合信息服务平台，可为政府管理者、生产者和消费者提供综合信息查询和分析决策服务。该信息系统形成了区域农业物联网的雏形。

2. “生态化＋智能化”成为物联网农业新方向

物联网农业以提升农业信息化水平为重点，以更节约、更高效的农业产出为目标。生态农业则是遵循生态学、生态经济学规律，通过农、林、牧、副、渔等多成分、多层次、多部口相结合的复合农业系统，在生态环境保护、能源再利用、生产发展相统一等方面取得了良好效果。通过生态化和智能化的有机结合，农业产业发展走向更节约、环保、高效、绿色的农业生态。宁波市鄞州区建立了智能生态农业区，农田里面种植水稻，水渠里面养殖乌龟、鱼，水上养殖鸭子，在水稻周围种植小面积的芝麻、玉米、蔬菜、水果等。芝麻、玉米、蔬果区域为蜘蛛、寄牛蜂等益虫提供栖息地，鸭子吃水稻中的飞虱，乌龟吃水稻田里的害虫福寿螺。建设养殖猪基地，将猪排泄物通过分离、高温发酵的方法处理，将干的用做有机肥料，种植水稻；湿的部分变成沼气，用做生活用燃气；其余废料投入河道，养殖浮游类生物，形成良性有机循环应用。借助生产企业管理平台，动物防疫指挥管理信息系统、测土配方智能配肥系统、病虫防灾防害系统等智能系统，生态农业区构成了“猪排泄物—肥料—蔬菜类食物—肉类食物”智能生态农业产业链。

六、物联网农业的应用分析

（一）应用环境

物联网技术在农业领域的应用，必将推动我国农业现代化与信息化的融合，早日实现“优质、高效、高产、安全、化态”的农业现代化。无线通信和网络、集成传感器、辅助决策支持与自动控制等高新技术，可对动植物生长、农业资源环境等进行实时监测，随时取得动植物生长过程中的病虫害、发育状态等信息，通过对生长环境因子的科学调控和动态模拟，便能达到提高农产品质量和产量、降低成本、合理使用农业资源、改善环境的目的。《国民经济和社会发展第十三个五年规划纲要（草案）》于2016年3月发布，将推进农业现代化列为经济社会发展的重要目标，同时指出，“要加快推进农业机械化，发展智慧农业，提高农业生产力水平，加强信息技术与农业融合，提高农业信息化水平和技术装备，健全现代农业科技创新推广体系”。国家多项政策、规划文件的出台进一步从战略层面保障了物联网农业建设的稳步推进。

（二）应用趋势

1. 农业生态环境监测

农业生态环境是指直接或者间接影响农化尘存和发展的水资源、土地资源、尘物资源和气候资源等各种要素的总称，是农业生存和发展的前提，是资源安全、农产品安全、生态安全的重要基础。在农业生态环境监测方面，我国主要运用遥感技术和无线地面监测站相结合的环境监测系统，水环境和大气环境监测系统，实现了对电导率和溶解氧、水温、PH、浊度等水环境参数，以及空气中二氧化氮、二氧化硫等有害气体的实时监测。农业生态环境开启了物联网技术在农业生态环境监测上的应用。目前，我国多个省市建立了环境监测系统。

2. 农产品安全溯源

农产品安全是维系人们生命和健康的重要因素，构建“从农田到餐桌”的农产品安全生产与溯源体系的需求日益迫切。通过分析我国农产品安全生产的产地环境和加工流通环节的实际情况，应用 GIS 技术，结合产区地形地貌、农产品品种等情况，采用将行政区划编码与地块编码相结合，赋予每个种植地唯一的编码，从而实现对种植区域的划分，并且将其与生产的农产品信息相关联，实现产品基本信息、产地信息的随时可查询。另外，结合农产品安全生产链，采用 RFID 技术，将农产品安全生产的生产和流通环节的信息联系在一起，实现农产品的质量安全全程跟踪与回溯。

3. 智能畜禽产品养殖

RFID 产业技术的进步，实现了精细化管理。存有动物个体信息特征微小型传感器和 RFID 标签进入各类养殖场当中。其中，RFID 标签的作用是对每个动物每天的健康特征、饮水量、是否发情、进食量等主要信息进行远程传输并记录；对动物进行身份识别；并进行动物疾病防治、精细化养殖及疫情预警管理。例如，我国河南省建立了畜禽饲养地理分布定位网络系统，系统涵盖了河南省所有畜禽交易市场、饲料厂、畜禽饲养和规模养殖场、畜产品加工厂及兽药厂的地理分布情况。该系统的应用促进了科学实施畜产品的区域布局开发，提高了重大动物疫情的控制指挥能力和应急能力，保障了我国畜牧化的长期健康发展。

4. 智能温室环境监控

温室环境智能监控是物联网农业的一个重要应用方面。温室环境智能监控系统可以实现对温室大棚内部视频图像、土壤水分和温度、空气温湿度、氧化碳浓度及光照强度等信息的远程获取，并且通过数据分析，对加温补光、湿风机、内外遮阳、喷淋滴灌、顶窗侧窗等设备进行远程控制，从而为农作物的生长提供最适宜的环境，为农作物安全、生态、高产、优质、高效创造有利条件。该系统还利用计算机、手机、PDA 等电子信息终端向用户发送实时农技知识、监测信息、预警信息等，实现温室大棚网络化、集约化远程监控管理，使得物联网农业技术在农业生产中的作用得以发挥。

5. 物联网农业防灾减灾

截至 2013 年年底，我国耕地面积 1.35 亿公顷。我国是世界上自然灾害最严重的国家之一，每年的自然灾害给农业造成的经济损失达 500 亿元。我国在未来很长一段时间内部难以避免自然灾害给农业造成损失，而物联网农业防灾减灾应用可以有效地减少自然灾害对农业生产和病虫害等灾害对农业生产作业造成的损失。例如，新疆生产建设兵团所处的地理位置特殊，气候条件对生产作业影响大，兵团为了搞好农业生产，保障官兵的生产生活，建设了 73 个地面自动气象观测站、43 个卫星气象单收站和 18 部数字化天气雷达。此外，兵团还利用农业气象信息服务平台，实现了统一区域联防、适时监控决策和统一指挥调度，大大提升了棉花亩产量。

第四节 我国物联网农业发展现状及存在的问题

与国外很多发达国家的物联网时代农业信息化相比较，我国物联网时代农业信息化的整体发展水平大概落后 10～20 年。虽然我国物联网时代农业信息化发展基础相对比较薄弱，但是随着国家对物联网时代农业信息化的重视程度提高以及农业信息技术的应用，我国物联网时代农业信息化发展步伐已经在逐步加快。国家出台了各种政策，如农业部发布的《关于进一步加强物联网时代农业信息化建设的意见》《国家中长期科学和技术发展规划纲要》等都强调了将物联网等相关信息通信技术应用在我国物联网时代农业信息化建设中的重要性，这有力地推动了我国基于物联网时代农业信息化发展的速度。

一、我国物联网农业发展现状分析

20 世纪 80 年代中期，农业部制定了有关在渔业、牧业、农业等领域应用电子计算机的规划，这项规划的出台和实施，拉开了我国物联网时代农业信息化的序幕，当时虽然在这几个领域已经应用计算机，但应用并不广泛，有关物联网时代农业信息化的内容都具有原则性特征，当时没有将信息化和农村生活、农业生产等联系在一起。20 世纪 90 年代后期，农业部建立了农业信息网，推动了计算机的应用和普及，人们在开展生产和生活活动时，开始广泛使用计算机。在该阶段，我国物联网时代农业信息化实现了快速发展，人们能够利用多元化渠道获得信息。最初，物联网时代农业信息化主要利用广播渠道传递信息，此时计算机、电视、电话等都得到了广泛应用，但该阶段的物联网时代农业信息化与一般的农民缺少联系。迈入 21 世纪后，我国对物联网时代农业信息化投入了较多的关注，国务院以及工业和信息化部、科学技术部、发展和改革委员会等都将物联网时代农业信息化作为一项重要工作。在“十一五”阶段，我国在物联网时代下发展农业信息化，无论是在软件方面，还是在硬件设施建设方面都取得了一些成就。

（1）物联网时代农业信息化设施建设步伐不断加快。据相关部门调查数据显示，2015 年，通电话的自然村所占比重超过 93%，通电话的行政村所占比重超过 97%，接通宽带的乡镇所占比重达到 96%，接通宽带的行政村所占比重超过 90%（表 14－1）。

表 14－1 2015 年我国物联网时代农业信息化发展规模情况

农业信息化项目	所占比重/%
通电话的自然村	93
通电话的行政村	97
接通宽带的乡镇	96
接通宽带的行政村	90

数据来源：国家统计局（2015）

此外，各地都在积极开展信息下乡活动。2015 年，我国约有 12 000 个乡镇实施了这项活动，建立了 11 000 多个乡镇信息服务站，建立了 107 000 多个信息服务点，建立了 8 400 多个涉农信息库，建立了 53 000 多个网上信息栏目。到 2015 年，在农村地区，平均每 100 户拥有的电视数量超过 99 台，平均每家拥有 1.4 台电脑（表 14－2）。

表 14－2 2015 年我国物联网农业信息化资源服务情况

项目名称	数　量
乡镇信息服务店	11 000 个
信息服务点	10 700 个
涉农信息库	8 400 个
网上信息栏目	53 000 个
每户拥有电脑数	1.4 台

数据来源：国家统计局（2015）

（2）物联网时代农业信息化网络平台的建立。在我国，农业信息技术起步较晚，这类技术应用范围较小，但发展较快。如今，我国许多领域都建立了一些网站，如农机、农垦、渔业、牧业、农业等，企业、院校、科研机构、政府等共同推进了信息网络的发展，此时信息网络实现了规模化，各类信息资源得到了高效利用。截至 2015 年，我国建立了 39 000 多家农业网站，拥有 9 500 多万名农村网民。

（3）在农业生产活动中应用遥感监测技术。目前，农业农村部建立了一个遥感应用中心，该中心达到国家级要求。此外，还建立了6个区域级遥感中心，在各地建立了200多个网点，并构建了几个运行系统，包括自然灾害监测系统、农业资源监测系统和大宗作物监测系统。

（4）农业信息服务方式逐渐增多。目前，广泛使用的农业信息服务方式包括移动公司建立的农信通、信息连锁超市、农民之家、农业技术协会、信息服务站等。农业信息服务站制作了许多与农业信息有关的视频，农民利用电视可以收看到这些视频；同时还在县级和市级开通了三农热线。将农业信息报、短信、电视、广播和互联网结合在一起，使信息的传递渠道实现多元化。

（5）农业产业已经广泛应用信息化技术，信息化推动了现代农业的发展。农业信息监测技术能够对农业生产条件和环境进行全面分析，它是借助遥感技术、计算机技术等高科技方法对网络信息进行分析的系统，它是在农业生产活动中应用数据库、网络技术的一个具体体现，它推动了现代农业的发展，使现代农业技术得到了广泛应用和普及。

（6）电子政务取得了良好的成效。大力发展物联网时代农业信息化，使计算机和网络得到了广泛应用和普及。农业农村部在推动物联网时代农业信息化建设过程中发挥了积极的引导作用，各类政务工作取得了明显的成效。农业农村部建立了信息系统，能够为各类单位提供便捷的服务；地方农业部门建立了网络系统，利用该系统对相关工作进行监督管理，还能使结果、过程和程序得以公开，也更加有助于树立良好的政府形象。

（7）有关信息化应用和研究获得的投资不断增多，取得了较高的经济效益。863信息技术应用示范工程投入的资金上亿元，各级政府与企业也投入了大量资金，建立了5个农业专家系统和200多个当地农业专家系统，这些系统为农民提供了丰富的信息技术，建立的知识库包含10万多条农业知识，建立的数据库包含3 000万条数据，建立的知识模型涉及几百个区域，将我国800多个县城全部覆盖在内，农作物增产超过24亿千克，产值增加了20多亿元，减少了6亿元的成本费用，增收总额超过28亿元，有700多万户农民享受到了物联网时代农业信息化成果。

二、物联网农业发展运用情况

目前，物联网技术在农业中的应用主要集中在种植环节，其次是物流环节，即农产品和食品的溯源。在物联网发展越来越成熟的时代背景下，物联网时代农业信息化的发展也将越来越成熟。通过物联网技术的广泛应用，物联网时代农业信息化的发展将向着智能农业、精准农业的方向发展。而随着国家城镇化水平越来越高，直接从事农业生产的人口规模将呈现直线下降的趋势，农业机械化、集约化发展是提高农业生产效率、提升土地资源利用率、保障城镇化进程中的必然要求。信息化是我国农业产业提升的新动力，信息化水平可以进一步提升生工业生产效率，促进农业增产、农民增收。而物联网的发展和应用，将极大幅度地提高物联网时代农业信息化水平，加快物联网时代农业信息化建设。

物联网农业使大众消费者、农产品需求企业与农业生产的各个环节，通过物联网进行有机结合。物联网中的庞大数据中心，将农产品信息与各种需求信息进行匹配，满足各个方面的需求。同时，通过物联网的数据分析，准确地向农业生产人员提供各种信息支持，协助农业生产人员及时对农业生产的各个环节进行调整控制，准确把控农产品各时期的生产状况，减少甚至消除自然灾害对农产品种植（养殖）过程造成的影响，确保农产品能保质、保量、准时抵达需求方的手中。

同时，农业物联网产业链可以细分为种植（养殖）、加工、仓储、物流和销售五个关键环节。而对农业物联网的投资可以分为政府政策性投资和民间资本投资。目前，农业物联网正是一个越来越被重视的产业。随着政府对农业物联网的大力投入，民间资本也蜂拥而至。

随着物联网时代农业信息化的不断发展，农业生产由“靠天吃饭”逐步转变为“精准作业”，农业产业的产量、周期、产品质量都大幅度提升。在传统农业中，自然灾害、异常气候等诸多自然因素对农业生产有着巨大的影响。随着物联网时代农业信息化的推广，智能农业技术的运用大大提高了农业收成的稳定性，因而在某些细分市场中农业从传统的先产后销的模式转变为精准订单模式，按需生产，优化土地等自然资源，这将极大地满足我国对多种农产品的需求。

三、我国物联网农业发展所面临的问题

虽然我国在进行物联网时代农业信息化建设时取得了显著成果，但这项工作与农业生产发展要求仍有一定的差距。在进行信息化建设时，出现了一些问题和缺陷，如服务水平较低、供应和需求未达到均衡状态等，这不仅影响了农业生产活动的开展，也使城乡的统筹发展受到了阻碍。就实际情况来讲，我国在进行物联网时代农业信息化建设时，存在以下问题：

1. 物联网时代农业信息化建设资金不足

一方面，在进行信息化建设时，必须为其提供充足的财政保障，创造良好的经济环境。我国物联网时代农业信息化无论是在培训上，还是在基础设施建设上都缺少资金支持。当前的情况是，政府虽在逐年加大对物联网时代农业信息化建设的财政投入，但总量较少，一些地区的资金较匮乏，特别是中西部落后地区的资金缺口较大。而且中部和西部一些落后地区无法提供配套资金，投入的资金比预期还要少。由于投入较少，难以推动物联网时代农业信息化建设工作。

另一方面，当前中央和省级的物联网时代农业信息化建设步伐有所加快，配备了基本的硬件设施，但村、乡、县特别是一些西部贫困地区仍然没有建立起完善的信息化体系，缺少必要的基础设施，一些地区仍无法获得信息服务。因为缺少充足的资金支持，基础设施平台在建设中遇到了许多阻碍和困难，由于未构建完善的基础平台，无法提供高效的信息化服务，也无法取得成效。一些地区的投入过少，影响了人才队伍的发展和建设。我国进行的物联网时代农业信息化建设不仅缺少资金保障，也缺少专业人才保障，物联网时代农业信息化仍无法满足新农村和现代农业的发展要求。

2. 物联网时代农业信息化服务水平较低

就信息网站来讲，网站上只有一些简单的信息，而且信息更新速度较慢，无法使农民的需求得到满足，没有对农产品价格、需求等进行跟踪调查。只有一些省级和国家级网站能够达到较高的要求，各地建设的网站流于形式，无法发挥有效的作用。大部分网站都是对当地农业进行宣传，为领导提供信息，但有关农户的信息较少，农民无法从网站上获取有效的指导和参考。据相关部门调查发现，在内容选排方面，超过 1%的网站选排的内容和其他网站的内容是相同的；超过 47%的网站在内容方面具有独创性，但这只在某些方面有所体现，并不是体现在整体上；超过 10%的网站在内容方面和其他网站有巨大的差异，这些网站在整体上实现了独创。就更新时间来讲，只有 6%的网站能够实时更新内容，超过 28%的网站每日更新内容，超过 11%的网站每周更新内容，超过 20%的网站每月更新内容，超过 4%的网站每季更新内容，超过 21%的网站每年度更新内容，超过 6%的网站更新内容的时间不确定。当前，我国建立了 20 000 多个农业信息网站，这些网站都存在相似性，在更新内容时，只是罗列一些信息，失效信息、过时信息较多，农民无法从信息网站上获得有效指导和帮助。

3. 农户素质水平低，限制了对物联网农业信息化的使用

面对信息化服务，农民不知如何进行操作，无法提高信息利用水平。据相关部门调查数据显示，我国有 1 亿多名农村网民，其中农民职业网民所占比重超过 5%，约有 2 500 多万人。这些农村网民通常不会进入农业网站浏览信息，我国农业网站每天的访问量不到 42 人次，访客在线时间不到 6 秒。可见，大部分农民不懂得在网络上查找有效信息。

通过上述分析可知，我国物联网时代农业信息化发展暴露出许多问题和缺陷，如系统建设缺少足够的资金投入，信息服务水平较低，大部分农民无法有效利用信息等，如果不采取措施改变这种情况，就会影响物联网时代农业信息化发展进程。

第五节　发达国家物联网农业发展经验启示

一、发达国家物联网农业发展经验借鉴

（一）美国物联网农业

美国地域辽阔、农业自然资源丰富多样，农田面积占国土面积的 21%，人均耕地面为 11 公顷。人少地多、劳动力短缺导致了劳动力的价格相对较高。物联网时代农业信息化，尤其是农业机械化对其发展尤为重要。

美国的物联网时代农业信息化推广起步于 20 世纪 50～60 年代。农村地区声像广播和电话的普及，使农业生产者获得的农科信息和市场信息不断增多，这不仅推动了农业技术的发展，也使市场行情得以稳定。1970—1980 年，计算机的应用和推广促使美国建立了许多农业数据库，同时各类计算机网络不断增多，计算机应用逐步拓展到农场范围；进入 21 世纪，计算机的普及使美国的农场管理水平得到了提高，推动了农产品的销售，让农场主获得了大量收益。而互联网的普及更加刺激了农业电商的发展。

在世界范围内，美国的电子信息产业最发达、最完善，美国在发展物联网时代农业信息化时，以市场经济和信息技术作为基础，使农业信息与社会信息实现了共同发展。美国的物联网时代农业信息化已达到全球领先水平，其物联网时代农业信息化具有以下特点：

（1）完善的物联网农业信息法律体系。美国已经构建了有关收集、传播、发布农业信息的完善、规范的物联网信息法律体系。对农业信息行业从业者给以特别的法律待遇，并且做到对农业信息的公开与保密度的高度统一。美国在管理物联网农业信息时，建立了一套完整的管理体系，能够采集各类信息，并对信息进行整理和发布。美国非常重视信息的监督工作，确保信息能够达到真实、科学、规范的要求，这不仅使信息使用者的合法权益得到了维护，也提高了农业信息资源的使用效率。

（2）建立健全政府农业信息体系。各级政府都对物联网农业信息投入了较多的关注，并采取了一系列措施进行加强管理，美国的农业服务局、海外农业局、研究局、统计局、农业委员会等机构共同建立了收集、整理和发布农业信息的体系。美国农业部和 40 多个州的农业部加强沟通和交流，建立的信息采集点超过了 100 个，同时安排了报告员，负责收集、整理和发布信息，并利用互联网将信息传送到各区域的接收站，之后借助电视、广播、网络和报纸传递给公众。

（3）保证对物联网时代农业信息化的高投入。美国政府每年在信息网络建设方面投入的资金超过 15 亿美元，在物联网农业信息方面每年投入 10 亿美

元，该项费用在农业费用中所占比重为 1/10。因为获得了足够的资金支持和保障，美国的物联网时代农业信息化实现了快速发展，正是因为获得了源源不断的财政支持，加之政府建立了专门的管理机构，美国物联网时代农业信息化才能取得显著的成效，并在全球达到领先水平。

（4）对农业数据库的建设投入了较多的关注。要想推动物联网时代农业信息化发展，必须建立完善的农业数据库，该国政府为数据库的建立提供了大量的支持和帮助。美国农业部和农业图书馆在 20 世纪 70 年代建立了检索农业文献的系统，该系统的记录较多，不仅在美国有着巨大的影响力，同时在世界上也是一项收集、检索、查阅农业生产信息的有效工具。美国建立的 AGNET 农业网络系统，其规模在世界上排名第一，该网络覆盖面积较大，包括本国的 40 多个州、加拿大的多个省以及其他国家，并将十几个州的农业署和农业部、30 多所高校、许多农业企业联系在一起。使用者利用计算机、电视、电话等能够及时获得网络中的数据和信息。美国建立的农业数据库，推动了该国农业的健康发展，同时也使全球农业市场信息得到了高效利用，推动了农产品贸易的快速发展。精确农业起源于美国，它利用地理信息系统、遥感系统、定位系统、监测系统、农业专家系统等，对农作物进行全面的管理和控制，推动了现代农业的发展。

（5）农民的信息意识不断增强，这为物联网时代农业信息化的发展提供了前提保障。美国的大部分农场都构建了信息管理体系，许多农场都安排了管理信息的人员。为应对和控制各类风险，农场通常不会和缺少信息记录的人员合作。美国农场采取了多种措施和方法维护自身信用，经常会在信息报告中查找有关自身的信息，防止报告中有自己的负面信息。

（二）德国物联网农业

在欧洲地区，物联网时代农业信息化发展最成功的一个国家是德国，该国政府对物联网时代农业信息化投入了较多关注。德国大力发展一些重点技术，努力实现技术创新和突破，通过发挥技术优势，推动了物联网时代农业信息化的建设和发展，同时物联网时代农业信息化的快速发展也使该国的社会信息化达到了较高的水平。

1955—1970 年，德国的通信技术实现了快速发展，包括电视、电话、广播等，这些通信手段都在农村得到了推广和普及，这是德国农业信息发展的起步阶段。1975—1985 年是德国物联网时代农业信息化技术从初级阶段走向成熟的阶段。1985 年后，德国政府和一些研究部门合作，共同开发建立农业经济模型，在对该模型进行改进和完善后，德国建立了完善的可以处理农业信息的系统，该系统能够为制定农业决策提供依据。1985—1990 年，德国在农业数据库技术研究开发建设方面开展了很多工作。1990 年后，德国的信息技术实现了跨越式发展，计算机已经得到普及，德国利用互联网技术大力发展和建设通讯网络。1995年后，国际互联网日益发展完善，这为德国的农业信息发展创造了良好的条件，过去存储数据的设施效率较低，如今计算机系统能够快速处理各类数据信息。当前，德国利用一系列网络可随时获取有关经济、科技、农业研究等领域的信息。

在欧洲地区，德国的物联网时代农业信息化达到了较高的水平，该国的农业信息技术得到了普及和推广，并且构建了完善的信息体系。德国按照农业信息的实际情况，对其进行了分类，包括专业化信息、科技信息、经济信息等，并针对各种信息采用有针对性的管理措施。该国按照各地的实际情况进行信息化建设，并没有制定统一的建设规划，德国物联网农业现状可总结为以下四点：

（1）德国建立了农业生产技术服务系统。该系统可利用多种计算机网络发挥作用。各地农业局建立了管理电子数据的系统，利用它能够将农业信息、病虫害预防技术、农作物生产信息以及市场信息等传送给农民。邮电局建立了电视文本显示系统，德国农林生物研究中心开发建设了植保数据库系统，这些系统能够为农民提供全面、科学的农业信息。

（2）德国还建立了农业文献信息服务系统。这套系统是由德国农业科技文献中心建立的，它是以互联网作为基础对农业文献进行管理的系统。这套系统能够随时接收欧盟的法律文件，并将其转换成本国语言。德国的各联邦州能够利用该系统获得相关资料和文献。

（3）关键技术的发展和应用。该国的精确农业技术、遥感技术、模拟技术、决策技术、自动控制技术、模型技术、计算机技术等都达到了国际领先水平。德国在推动物联网时代农业信息化发展时，使信息技术得到了广泛的应用和普及，德国物联网时代农业信息化已经实现了全面发展。其主要特点：一是德国政府始终致力于物联网时代农业信息化基础设施的建设投入；二是使网络资源和农业信息的使用效率得到了提高，推动了农业信息网络的快速发展；三是在发展物联网时代农业信息化时，积极利用各种关键技术。努力做好精确农业技术、决策系统技术、模拟模型技术等其他技术的发展，推动了物联网时代农业信息化的快速发展；四是政府对网络技术、计算机技术的培训投入了较多的关注，各所学校都设有网络和计算机课程；为了推动物联网时代农业信息化发展，德国为居民提供计算机培训，并将妇女和儿童作为该项培训的重点对象。

德国物联网农业信息化发展趋势主要表现在以下几点：

（1）农业信息数据库和网络建设向更全面、系统、实用的方面发展。德国现有的农业信息服务系统正在逐步完善其数据库，在加快原有建设进度的同时，还需扩大数据源，增加信息的各类，同时建立网络平台实现与地方信息系统的资源和信息共享。通过网络的建设，农业信息系统能够更好地服务于农业生产。农业管理方面的信息化和网络化办公等工作的开展，使得德国的物联网时代农业信息化水平达到了世界领先地位。

（2）由农业信息技术的单方向发展向全面、自动化和集成化发展转变。在德国物联网时代农业信息化发展的过程中，首先是分别对计算机辅助决策技术、精确农业技术、电子自动化控制技术、农作物模拟模型技术、遥感技术以及计算机网络技术进行研发，在完成各个单项技术后，再将这些技术组合成为一个系统，使系统能够实现高度的自动化和智能化。

（3）农业信息技术的发展强调实用化和专业化。通过信息技术，德国目前已经完成了多个农业生产模型的建设工作，通过反复的测试和研究，这些模型已经可以对农业生产进行准确的预测和模拟，在专业化的前提下逐步实现了实用化，对于生产实践的指导作用得到了验证，体现了巨大的实用价值。

（4）发展可持续发展的环保农业。在德国物联网时代农业信息化系统中，所有的模型模拟以及病虫害预报和诊断等工作都要把实现农业生产的可持续发展以及对于环境的保护考虑在内。如德国的精确农业技术，可以实现对同一地块内不同位置农作物施用不同剂量甚至种类的肥料，从而实现资源的高效利用，避免对环境造成伤害。这种未来感十足的农业生产控制技术有望在不久的将来在德国实现普及。

（三）日本物联网农业

日本国土面积小，农业自然资源匮乏，耕地面积 508.3 万公顷，占国土面积的 13.5%，人均耕地面积仅为 0.04 公顷，人地矛盾严重，这就导致了日本物联网时代农业信息化发展主要依靠农业科学技术的发展。相较于许多发达国家，日本的物联网时代农业信息化服务起步比较晚，在其他产业信息化快速发展的同时，物联网时代农业信息化发展水平严重滞后。但在过去的 30 年里，日本的物联网时代农业信息化实现了快速发展，在亚洲乃至世界上都达到了相当高的水平。

为了实现这一转变，日本在 2010—2015 年提出了一系列行政措施，由日本自治省、国土资源厅、邮政省、农林水产省等部门共同在国家经济发展层面上推动物联网时代农业信息化建设。日本先将其他国家已有的成熟经验复制过来，在全国范围内进行推广，并于 2010 年 11 月制定了 IT 基本法，即高度信息通信网络社会形成基本法。在 2014 年又出台了“e-Japan 战略”，为物联网时代农业信息化的发展制定了详细的发展战略。在 IT 基本法和“e-Japan 战略”的基础上，农林水产省也开展了相关工作，并于 2015 年的 4 月出台了农林水产领域的气信息化战略，旨在缩小农村与城市的信息化差距，使农村充满活力。通过对日本物联网时代农业信息化 30 年发展情况的研究和总结，其现有的物联网时代农业信息化服务具有以下特点：

(1) 物联网时代农业信息化相关规则和政策的制定。日本的信息化战略已被法律法规化，有规范的体系。根据农业生产生活的实际情况，日本政府建立了对应的咨询委员会来负责具体农业生产工作制度和规则的制定，通过规范农业生产中各方参与者的行为，来推动农业生产信息化的稳步发展。

(2) 农业基础设施的建设。农业基础设施的建设主要包括大容量通讯网络及地方网络的基础设施建设。由于硬件和软件建设的资金投入很大，难度相对也比较高，采取了由地方政府和中央政府联合出资，通过公开招标由专业公司进行承建的方式，在解决经费问题的同时也保证了建设的质量，完善了农村的信息基础设施。

(3) 完善的农业市场信息服务系统。日本的农业市场信息服务系统根据功能的不同可以分成两个，一个是由日本农协统计并发布的农产品生产和市场价格信息预测系统，另一个是由农产品中央批发市场联合会主办的销售信息服务系统。这些组织负责具体实际农业技术指导和信息化的实施工作，使得农产品信息能够及时、全面、准确地发布，促进了农产品销售的同时，也为农业生产作出了很好的指导。

(4) 农业科技信息网的建立。由政府出资维持运作的各种研究机构掌管了日本大部分的农业科技资源。无偿地向农民提供各种技术信息，做好服务工作，将各种信息通过网络送到农户手中。

二、发达国家物联网农业发展经验启示

（一）结合本国特点，选择适合自身条件的农业技术模式

以上三个国家的物联网时代农业信息化发展情况各不相同，也各具特色。从这三个国家在实现物联网时代农业信息化的过程来看，农业技术都发挥了重要的作用，其共同的特点是国家农业技术进步都是与本国的实际国情相结合的，走出了符合本国发展要求的进步道路。因此我国在实现物联网时代农业信息化的过程中，要重视农业技术的重要作用，但是又不能生搬硬套发达国家的发展方式，而是要寻求符合我国基本国情的物联网时代农业信息化发展方向。

（二）需要政府的大力支持

政策的支持和引导、相关法律法规的倾斜，是国家政府对农业发展必不可少的支持。国外发达国家的经验告诉我们，在农业科技的发展、物联网时代农业信息化的推广中，政府起到了至关重要的作用。只有在国家层面上重视农业的发展，社会资本才能有效地流向农业发展领域，市场手段才能发挥作用。

（三）健全的物联网时代农业信息化推广体系

一个系统的、有效的物联网时代农业信息化推广体系是将农业信息技术转变为劳动生产力的必要途径。以上三个国家都各自拥有健全的物联网农业信息技术推广体系。同时，从物联网时代农业信息化发展的历程中不难看出，农业科技的发展与推广是农业迅速发展并成熟的重要条件。

（四）完善的物联网农业科技人员培养体系

农业科技人才的培养是农业长期保持强劲发展势头必不可少的重要环节。要重视科研与教育，加强农业科技的推广。为了提供农业技术研发水平和推广应用转化率，发达国家建立了包含国家、地方和农场的三级科研体系，加强农村教育力度和人才培养。在此基础之上，还鼓励个体农户自愿成立农业技术互助合作组织。为了鼓励这种合作组织的发展，各国都出台了相应的扶持政策，如德国规定此类合作社可免交33%税金。经过几十年的发展，很多发达国家的农户都成为了这种民间合作组织的社员，自发组成的合作组织或者合作社占据了农产品市场的大多数份额。从国家层面上来看，发达国家的农业实现了从宏观由政府调控到微观由农民自由合作的农业发展方式转变，农民从事农业生产积极性极高，对农业科技的学习热情也大大加强。这就使得在物联网时代发达国家的农业科技水平远远高于一般的发展中国家。

第六节 物联网农业发展的对策及保障措施

一、物联网农业发展的对策

在当前的农业发展环境下，市场、资源和环境的约束不断增强，农产品的供给压力持续增加，再加上市场竞争的日益激烈，农民收入增长压力的上涨，农业发展面临极大挑战。发展物联网时代农业信息化，转变农业发展模式，是破除当前农业发展瓶颈的有效解决方法。

（一）加大对物联网时代农业信息化建设的投入力度

一是需要政府增加投入。农业作为整个国家的重要基础行业，其公益性决定了政府应承担其发展的主导责任。各级政府应在新农村发展的背景下把物联网时代农业信息化发展工作提到更高的层面上，在重视的同时增加投入。随着国家的综合实力不断增强，进一步发展物联网时代农业信息化，提高物联网时代农业信息化建设投入的条件已经具备，各级地方政府要认识到发展物联网时代农业信息化对于农业生产以及地区经济的重要作用，承担起物联网时代农业信息化建设的投资责任。二是完善政策和激励、法律法规体系建设，吸引社会资本，让更多的资源进入到物联网时代农业信息化建设中来。

(二)全方位开发利用信息资源，加强农业信息数据库建设

发展物联网时代农业信息化，需要综合考虑农业资源的配置结构、市场需求、农业技术、农业生产、生态环境、价格波动、政策、气候等多个方面的因素和资源，并使这些资源和因素在信息化系统中实现最优化；需要同步建立起农业综合信息、农机信息和科技信息数据库，并以这几个数据库为基础进行数据处理的交互，建立起物联网时代农业信息化决策支持和管理系统，使传统农业实现现代化转变，完成信息化的田间管理、选种、播种、施肥、灌溉和采收。

(三)实现农业产业化，提高物联网时代农业信息化程度

农产品的生产、加工和销售结合在一起，就是农业产业化。在传统的农业生产模式下，小农户分散经营，市场作为一个庞大的主体与分散经营之间存在着诸多矛盾。高水平的农业产业化对应着高水平的农业社会化和市场化，相应地，信息化水平也必须足够高，因而实现农业产业化是实现物联网时代农业信息化的重要条件。美国目前已经实现了 91.6%的物联网时代农业信息化程度，这主要是因为美国的农业产业化程度本身就很高，信息的运用、发布需求旺盛，推动了物联网时代农业信息化的发展。

(四)制定和完善物联网时代农业信息化支持政策

首先，发展物联网时代农业信息化，要加强政策的制定，可以借鉴发达国家在物联网时代农业信息化领域的经验，学习已有的模式，根据国内农业发展的实际情况，建立起针对性的物联网时代农业信息化政策体系。其次，完善利益分配结构，健全惠农政策体系。在城市化和工业化的过程中，农业作为基础行业为国家的发展提供了源源不断的动力，也做出了巨大的牺牲，实现城市化的同时城乡差距也越来越大，解决城乡二元结构必须要加强对农村经济发展的扶持。政府必须加强惠农政策的制订，调整利益分配的格局，使农业人口的收入比例提高，促进工业反哺农业，由工业化推动物联网时代农业信息化，建立和谐的城乡发展格局，完善产业布局，加强农村基础设施建设，提高公共服务的一体化程度。最后，完善农业信息服务体系的相关政策。自然条件和市场对于农业生产和经营都会产生巨大的影响，而国内物联网时代农业信息化落后造成的直接后果就是市场与农业生产相脱节，需求与生产不匹配。农业生产盲目性造成了农产品买卖困难，农民收入持续过低，影响了农民从事农业生产的积极性。目前来说，通过物联网时代农业信息化服务系统向农民提供最及时的市场需求信息使其及时调整农业生产计划是最迫切的要求。物联网时代农业信息化要吸取 20 世纪 80、90 年代农业科技推广的教训，建设物联网时代农业信息化的同时，要培养一支高水平的农业信息管理人才队伍，主要以各村的村干部、龙头企业、经营大户等人员为重点培养对象，建立农业信息员模式，使物

联网农业信息化服务能够切实执行起来。

（五）加强物联网时代农业信息化法规建设

国内当前在物联网时代农业信息化领域与信息采集、传播、处理、发布、利用等方面还没有建立起系统的法律法规体系，没有完备的法律来保障物联网时代农业信息化建设。根据发达国家物联网时代农业信息化建设的经验可以发现，健全物联网时代农业信息化法律法规建设，加强规章制度的制定，能够有效促进物联网时代农业信息化的有序、健康、稳定发展。

（六）提高农民物联网农业信息化意识，培养农业信息人才

乡村振兴是以农民为基础的，农民是建设的主体，对于物联网时代农业信息化来说也是如此，提高农民的信息意识和信息化能力，对推动物联网时代农业信息化的发展来说会有很大的帮助。针对农民和农村的特点，可以多通过广播、电视、巡回宣传等方式来让更多农民了解信息化的概念，信息化对他们的意义，以及信息化对于资源和财富的价值，提高他们学习和运用信息化手段的积极性。同时还要提供多种形式的培训，及时更新培训的内容，以便为农民提供深入和系统学习的机会。在县、乡、村三级建立起信息化队伍，可以是专职的，也可以是兼职的；同时建立起农业信息人才网络，为物联网时代农业信息化提供人才支持。

二、物联网农业发展的保障措施

（一）充分发挥政府的引导作用，营造良好的宏观环境

物联网时代农业信息化在促进农业发展的同时，还会带动其他行业的同步发展，具有很大的公益性，能够产生巨大的社会效益。这项工作要由政府牵头来推动，同时还需要政府来进行引导和规范，才能使物联网时代农业信息化工作能够健康、稳定的推进。这种引导信用体现在两个方面。一是物联网时代农业信息化要以宏观需求为引导。政府负责相关规定、标准、政策的制定，同时也要为物联网时代农业信息化提供良好的社会外部环境。二是物联网时代农业信息化建设需要极大的投入，国内目前的物联网时代农业信息化发展水平还比较低，需要政府继续加大投入，在健全基础设施建设的同时，还要加强技术研发、网络建设。另外，政府还要制定激励政策，引导和鼓励社会力量参与到物联网时代农业信息化建设中来，为物联网时代农业信息化建设提供更多的优秀人才。

（二）带动多主体参与的积极性，有效利用各种信息资源

基于物联网的农业信息化发展工作起点比较低，未来还需要很长的时间来建设，也需要投入很大的人力、物力、财力，但政府的财政支出有限，因而不能只依靠政府的投入，需要推动实行多方合作来实现物联网时代农业信息化的

建设工作。目前国内还是以政府为主导的组织模式为主，但随着建设工作的深入，建设的难度也越来越大，各方面的要求也在提高，这时就需要有更多主体参与进来，共同完成农业信息的采集、处理、传输、发布等工作，提高工作效率。

（三）积极推进相关技术的研发，实现技术的集成化应用

物联网时代农业信息化相关的技术是实现基于物联网时代农业信息化建设的基本条件和工具，这些技术支撑着相关工作的开展。当前国内物联网技术及物联网时代农业信息化相关的技术正处在研发和引进消化吸收的阶段，技术的总成也刚刚开始，一方面，基于物联网的农业信息化，需要通过现代和传统两种方式进行信息的传输和发布，传统的技术方式已经比较成熟，现代技术方式还需要进一步的研发和优化，因而应加强这些技术，尤其是传感网、农业自动控制等领域的技术开发工作；另一方面，要加强技术的总成工作，使这些技术能够完美地融入到物联网农业系统中来，服务于物联网时代农业信息化。

（四）统筹农业发展的各项因素，注重农民的切身利益

在建设基于物联网的农业信息化过程中，要切实考虑农民的实际利益，统筹考虑各个影响因素。发展物联网时代农业信息化，需要政府、农民、资本、科学技术等多个方面的投入，在建设的过程中，尤其是初期，必须从全局的层面上对工作进行统筹安排，调动社会力量的参与。同时，对于农民利益的关注，应兼顾其当前利益和长远利益，明确发展思路，致力于实现物联网时代农业信息化的有效性。

第十五章　农业区块链

区块链是一种按照时间顺序将数据区块以顺序相连的方式组合成的一种链式数据结构，并以密码学方式保证的不可篡改和不可伪造的分布式账本。广义来讲，区块链技术是利用块链式数据结构来验证与存储数据，利用分布式节点共识算法来生成和更新数据，利用密码学的方式保证数据传输和访问的安全，利用由自动化脚本代码组成的智能合约来编程和操作数据的一种全新的分布式基础架构与计算方式。

一、区块链特征

（一）去中心化

由于使用分布式核算和存储，不存在中心化的硬件或管理机构，任意节点的权利和义务都是均等的，系统中的数据块由整个系统中具有维护功能的节点来共同维护。得益于区块链的去中心化特征，比特币也拥有去中心化的特征，在火币联合清华大学五道口金融学院互联网金融实验室、新浪科技发布的《2014—2016 全球比特币发展研究报告》中就有详细报告。

（二）开放性

系统是开放的，除了交易各方的私有信息被加密外，区块链的数据对所有人公开，任何人都可以通过公开的接口查询区块链数据和开发相关应用，因此整个系统信息高度透明。

（三）自治性

区块链采用基于协商一致的规范和协议（比如一套公开透明的算法）使得整个系统中的所有节点能够在去信任的环境下自由安全地交换数据，使得对“人”的信任变成了对机器的信任，任何人为的干预不起作用。

（四）信息不可篡改

一旦信息经过验证并添加至区块链，就会被永久地存储起来，除非能够同时控制住系统中超过 51%的节点，否则在单个节点上对数据库的修改是无效的，因此区块链的数据稳定性和可靠性极高。

（五）匿名性

由于节点之间的交换遵循固定的算法，其数据交互是无需信任的（区块链中的程序规则会自行判断活动是否有效），因此交易对手无须通过公开身份的方式让对方对自己产生信任，这对信用的累积非常有帮助。

二、新农业应用区块链

基于全球领先的农业物联网、农业大数据及区块链技术，区块链技术在金融方面有重要的应用前景，认证溯源也是区块链的主要应用场景之一。利用不可篡改和时间戳的特性，区块链技术在奢侈品、疫苗等物品流转环节均有所应用，但在农业领域的应用目前还比较稀缺。

（一）区块链加速农业的可持续发展步伐

区块链不仅仅是一项技术，更是颠覆农业生产方式和销售方式的重要手段，区块链在农业领域大规模的运用，必将推动农业进入可持续发展的轨道。

（二）助力农村电商创业

随着互联网的快速发展，越来越多的人开始投身于农村电商的创业中，但是由于种植方法的不规范，农药、化肥的过量使用，农产品的标准化、规范化难以实现。而农村电商作为创业者的首选，失败者不胜其数，分析根源，还是农产品的质量问题。而区块链技术的运用，可以解决这个问题，实现农产品的标准化，助力农村电商创业者取得成功。

（三）区块链＋农业是风口，但前路漫长

2016 年 12 月，国家印发的《“十三五”国家信息化规划的通知》首次提及区块链，并提出要加强前沿布局。

三、区块链将改变农业六大领域

目前研究机构一致认为，“区块链市场开始孕育，短期尚不具备大规模落地条件，关注上下游产业链和未来商业场景的落地”。

农业农村部信息中心康春鹏博士认为区块链将会在物联网、质量安全追溯、农村金融等六大领域运用，并推动产业发展。

（一）物联网

目前制约农业物联网大面积推广的主要因素就是应用成本和维护成本高、性能差。而且物联网是中心化管理，随着物联网设备的暴增，数据中心的基础设施投入与维护成本难以估量。物联网和区块链的结合将使这些设备实现自我管理和维护，这就省去了以云端控制为中心的高昂的维护费用，降低了互联网设备的后期维护成本，有助于提升农业物联网的智能化和规模化水平。

（二）大数据

传统数据库的三大成就，关系模型、事务处理、查询优化。数据库技术在不停发展，未来随着农业大数据采集体系的建立，如何以规模化的方式来解决数据的真实性和有效性，将是全社会面临的难题。以区块链为代表的技术，保证数据真实有效不可伪造、无法篡改的这些要求，相对于现在的数据库来讲，是一个新的起点。

（三）质量安全追溯

农业产业化过程中，由于生产地和消费地距离远，消费者对生产者使用的农药、化肥以及运输、加工过程中使用的添加剂等信息根本无从了解，这使得消费者对生产的信任度降低。

在基于区块链技术的农产品追溯系统上，所有的数据一旦记录到区块链账本上将不能被改动，依靠不对称加密和数学算法等先进科学技术从根本上消除了人为因素，使得信息更加透明。

（四）农村金融

农民贷款整体上比较难，主要原因是缺乏有效抵押物，归根到底就是缺乏信用抵押机制。区块链技术公开、不可篡改的属性，为去中心化的信任机制提供了可能。

当新型农业经营主体申请贷款时，需要提供相应的信用信息，这就需要依靠银行、保险或征信机构所记录的相应信息数据。但其中存在着信息不完整、数据不准确、使用成本高等问题。而区块链的用处在于依靠程序算法自动记录海量信息，并存储在区块链网络的每一台电脑上，具有信息透明、篡改难度高、使用成本低等优点。因此，申请贷款时不再依赖银行、征信公司等中介机构提供信用证明，贷款机构直接调取区块链的相应信息数据即可。

（五）农业保险

农业保险品种少、覆盖范围小，经常会出现骗保事件。将区块链与农业保险结合之后，农业保险在农业知识产权保护和农业产权交易方面将有很大的提升空间，而且会极大地简化农业保险流程。

另外，因为智能合约是区块链的一个重要概念，所以将智能合约概念应用到农业保险领域，会让农业保险赔付更加智能化。以前如果发生大的农业自然灾害，相应的理赔周期会比较长。将智能合约应用到区块链之后，一旦检测到农业灾害，农业保险就会自动启动赔付流程，使赔付效率更高。

（六）供应链

区块链技术有助于提升供应链管理效率。由于数据在交易各方之间公开透明，从而在整个供应链条上形成一个完整且流畅的信息流，这可确保参与各方及时发现供应链系统运行过程中存在的问题，并针对性地找到解决问题的方法，进而提升供应链管理的整体效率。

区块链技术可以避免供应链纠纷。所具有的数据不可篡改和时间戳的存在性证明的特质能很好地运用于解决供应链体系内各参与主体之间的纠纷，实现轻松举证与追责。区块链技术可以用于产品防伪。数据不可篡改与交易可追溯两大特性相结合，可根除供应链内产品流转过程中的假冒伪劣问题。

农产品溯源可以运用区块链技术。农产品品牌商标和知识产权，将在区块链技术下得到完善和保护。除此之外，区块链技术在农产品品牌文创、版权、农业专利、供应链等方面，都将有突破性地广泛应用，区块链将改变农业。

第十六章　共享农庄与“农立方”“花立方”

第一节　“共享农庄”新概念

共享的概念如今已经渗透到各个领域，共享单车、共享雨伞……2018 年海南省提出了发展“共享农庄”新概念，标志着我国乡村旅游经营模式进入了一个全新的领域。“共享农庄”概念的提出，不仅迎合了时尚主流经济发展的需求，还为乡村旅游经营模式提供了新的发展思路，也为休闲农业和乡村旅游发展探索出一条新路。与此同时，“共享”业态也在悄然兴起。在互联网、VR 等现代技术支撑下，共享农庄模式将成为未来旅游产业发展的重要趋势。遭遇发展“瓶颈”的中国乡村旅游由此正在迎来新的活力和勃勃生机。

那么，什么是共享农庄呢？共享农庄就是将有条件的村庄、农场、基地通过基础设施、产业支撑、公共服务、环境风貌等建设，实现农村生产生活生态“三生同步”、一二三产业“三产融合”、农业文化旅游“三位一体”的一种新型产业模式。共享农庄是以共享经济为理论支撑，互联网为技术支撑，中高收入家庭及“候鸟”群体需求为市场支撑，以私人定制服务为核心，联合政府、企业、农户等多元力量，培育的农旅融合发展新业态。

一、共享农庄是新农村建设的模式探索

社会主义新农村建设是指在社会主义制度下，按照新时代的要求，对农村进行经济、政治、文化和社会等方面的建设，最终实现把农村建设成为经济繁荣、设施完善、环境优美、文明和谐的社会主义新农村的目标。

党的十六届五中全会提出要按照“生产发展、生活富裕、乡风文明、村容整洁、管理民主”的要求，扎实推进社会主义新农村建设。

2014 年中央农村工作会议提出，积极稳妥推进新农村建设，加快改善人居环境，提高农民素质，推动“物的新农村”建设和“人的新农村”建设齐头并进。

农村建设是在我国总体上进入以工促农、以城带乡的发展新阶段后面临的崭新课题，是时代发展和构建和谐社会的必然要求。当前我国全面建设小康社

会的重点、难点在农村，农业丰则基础强，农民富则国家盛，农村稳则社会安；没有农村的小康，就没有全社会的小康；没有农业的现代化，就没有国家的现代化。

共享农庄建设是实现乡村振兴战略的重要抓手。共享农庄的主要特征就是以农民专业合作社为主要载体；以企业经营为主，让农民参与生产、经营并受益，集生态农业、循环农业、创意农业、订单农业、体验农业于一体；以移动互联网、物联网等信息技术为支撑，以现代农业和民宿共享为主要业态。

通过以互联网、物联网技术为平台，与城市租赁住房需求对接，形成政府、集体经济组织、农户以及城市消费者“四赢”局面。美丽乡村安居乐业，通过发展共享农庄，使农民转变为股民、农房转变为客房、农产品现货转变为期货、消费者转变为投资者，最终实现农民增收、农业增效、农村增美。

二、共享农庄是农业农村经济发展新动能

近年来，党中央、国务院高度重视农村一二三产业融合发展，2017 年中央 1 号文件提出，采取以奖代补、先建后补、财政贴息、设立产业投资基金等方式扶持休闲农业与乡村旅游业发展。2018 年中央 1 号文件提出，允许将年度新增建设用地计划指标确定一定比例用于支持农村新产业、新业态发展；允许将通过村庄整治、宅基地整理等节约的建设用地采取入股、联营等方式，重点支持乡村休闲旅游、养老等产业和农村三产融合发展。

发展共享农庄，是持续稳定推进农村全面小康的时代要求。处于两个“一百年”奋斗目标和实现中华民族伟大复兴的中国梦的大时代背景下，推进新农村建设，实现农村全面建成小康社会，消除农村贫困是必须完成的任务，同时也是历史和时代赋予使命。

发展共享农庄，是农民脱贫创收的致富新路。推动贫困户脱贫致富，必须从实际出发，发挥优势，扬长避短，必须有市场主体带动，必须有产业支撑。共享农庄是解决农产品滞销和价格波动、美丽乡村建设缺少商业模式和持续运营能力、乡村旅游产品单一和水平较低、贫困户持续稳定脱贫致富、农耕文化传承等问题的有效举措。发展共享农庄有利于从根本上解决贫困户持续稳定脱贫致富问题。

“共享农庄”模式的优点在于农民最大程度的自愿、自主、自发参与，充分尊重了农村发展现状与传统民俗风情，在不影响正常农村生产生活的情况下，引导农民盘活资源、参与创业或发展第三产业，增加农民收入，增强市场与经营意识。

共享农庄提倡因地制宜，在统一规划下小规模、创新发展农庄经济，避

免了过度城镇化过程对农业生产环境的侵害，能让无法规模城镇化或不满开发商开发的区域也享受人居升级，逐步实现农民增收与科技导入、城乡交流融合。

共享农庄不仅为乡村旅游提供了新的发展思路，同时也为发展休闲农业、富碳农业开创出一个全新平台。随着共享农庄的不断建设发展，休闲农业和乡村旅游的供给结构更加优化，要素资源更加活跃，休闲农业和乡村旅游呈现出“井喷式”增长态势。发展共享农庄，坚持把壮大新产业、新业态，培育新主体作为推动农业供给侧合结构性改革，促进农业增效、农民增收和农村增绿的重要途径。强化政策创设，使农村经济新动能产业发展焕发出巨大活力，呈现出多模式推进、多主体参与、多机制联结、多要素发力、多业态打造的多元化推进格局。

三、共享农庄是“分享经济”下的农业共享模式

共享经济正深度重塑中国的经济形态。从工农业生产到老百姓衣食住行，以物联网为基础的共享经济正给产能过剩、产品过剩、发展不平衡不充分的中国带来新的发展机会。共享经济进入农业领域，一方面淘汰掉中间环节，另一方面还要真正做到“共享”为农业、为农村、为农民真正起到帮助作用。“共享经济”模式最基本的就是拿出私有财产、资源或者信息，与用户达成互惠互利的合作，增加资源的利用率。

共享农庄意味着农庄使用权共享，收益在合作各方共享，资产增值收益大部分归属农民，平台只获得信息中介服务费用，日常经营与承包经营权流转中的税费归属政府。在整个运作过程中，实现资源高效配置与产业合理布局。采取政府支持、企业和合作社投资、农民深度参与的共享经济商业模式，使农民转变成为股民、农房转变成为客房、农产品现货转变成为期货、消费者转变成为投资者，从而实现农民增收、农业增效、农村增美、“庄主”增彩。

实现共享经济与农业的融合，可依靠的平台中最具优势的就是互联网。目前，“互联网＋”农业成为新趋势。借助物农网，通过共享经济模式，农村资源得以充分利用，如农器具租赁、农村闲置人口再就业、农村闲置土地流转等。改变传统思想，让资源共享，达到共赢目的，“互联网＋”农业将会成为新趋势，共享经济模式也将融入农村生活！

第二节 共享农庄规划运营思路

共享农庄是由中国人民大学土地政策与制度研究中心紧密结合农村集体土地政策改革方向，从城乡需求端出发，参与设计完成的这一农村集体土地改建

租赁住房的创新性解决方案，整个模式设计突出了“安、居、乐、业”四个要义。

“安”，就是安心、安全。在不改变农民产权归属，保证农民、农村资产安全的前提下，“共享农庄”平台提供信息中介、法律确权、规划设计、改建报批、租赁运维服务，使城市消费者同样安心、安全。

“居”，简单来说就是在保障集体土地权属不变的前提下，村集体和农民出空间，社会资本或城市居民、企业出资，通过共同翻建提高人居环境，改善周边宜居配套，形成宜居宜营的合作农庄，吸引城市居民或团体短租、长租或承包运营。

“乐”，就是农民将闲置资源租赁经营权有偿让渡，不仅获取闲置资源的合理回报，让农民增收，市民也能实现田园梦、创业梦，提升居住品质和感受，同时政府税收增加，何乐而不为。

“业”，就是真正实现农民不离乡、不离土实现创业、就业。城市资本、管理、人员有序进入农村投资兴业，过去单纯经济利益导向的大规模开发变为各方和谐共赢，这才是可持续发展的基础。

共享农庄就是在不改变农民所有权的前提下，将农村闲置住房进行个性化改造，形成一房一院一地，并根据需求改造为市民田园生活、度假养生、文化创意产业等多种模式，通过互联网、物联网技术为平台，与城市租赁住房需求对接，形成政府、集体经济组织、农户以及城市消费者“四赢”局面。

一、共享农庄规划要点

（一）理念普及

向农户等生产经营者普及共享理念，弱化农户所有权观念，强调使用权思想，提倡“产消者”的概念，即每个人都是生产者和消费者的双重角色，资源和产品都是共享的，不是任何人独有的。让农户手中的生产资料、生活资料和生态环境等能够通过共享农庄平台转化为产品，实现农户与消费者产品共享化。通过产品培育逐渐培育农庄独特的共享文化。在产品中注入共享理念进行培育，让共享文化逐渐内化为农庄的文化，成为其独特的旅游吸引物。

（二）资源整合

将产业资源、文化资源、特色建筑等个体资源进行有效整合，针对主要客群需求确定产品打造的方向，对其进行综合开发。

（三）顶层设计

顶层设计包括从资源开发到农庄运营的一体化过程，需要整合政府、村集体、农民、消费者各方利益与诉求，以期实现社会效益、经济效益、文化效益的最大化，顶层设计决定着旅游者进入农庄的直观感受。

（四）平台打造

利用云端互联网技术打造共享交易、共享平台，为全国乃至全球的需求者配对。可以采取联盟的方式，将全国共享农庄信息进行整合，建立共享农庄网站。向全国乃至全球进行共享资源的宣传推广。

二、共享农庄建设类型

（一）订单农业模式

以个人订制和团购订制等形式，为消费者提供农庄的特色农产品认养、直供等订制服务。对消费者认养的农作物建立档案，打码，制作防伪识别体系，标注安全食品标准。严格按照约定标准进行生产，并确保消费者可现场或以远程监控等方式实时查看生产或生长情况。产品成熟后，按照消费者的要求进行个性化包装、处置，既可以配送到指定地点，也可以进行代销，将销售收入按比返还消费者。这种模式适合水果、蔬菜、肉禽类批发市场经营户、超市、酒店、企业、机关学校等机构合作或直接投资共享农庄。以 VIP 会员的方式，建立农庄生产基地与消费者之间长期、稳定的直销关系，产供销一体化，由消费者决定种什么、种多少、怎么种，最大限度地减少无效供给，扩大有效供给，从根本上解决农庄生产基地产不愁销，消费者购不愁食品安全等问题。

（二）文化创意模式

立足特色资源，吸引各类艺术家、创客利用品牌设计、故事挖掘、艺术再造、农业科普等文创艺术方式，打造特色农庄。

文化创意旅游是文化创意和旅游有机融合后形成的产业。20 世纪 90 年代以来，在体验经济成熟、知识经济发展、文化和创新得到全球重视的时代背景下，创意产业迅速发展起来，其发展前景得到了世界旅游组织、欧盟旅行委员会等有关国际组织的重视。中国旅游业过去的发展模式主要以景区为依托，以旅行社团队旅游为运行方式，旅游景区大体分三类：一是自然景区，二是近代和古代景区，三是人造景区。但目前，随着人民生活水平的不断提高，特别是“全域旅游”兴起，人民对旅游的需求也在改变。中国由点线旅游体系转变成板块旅游体系，旅游载体变成一个城市、一个特色镇、一个村等特定的旅游目的地。以景区开发为主转向旅游目的地开发离不开相关产业的配合，所以乡村旅游和文化创意融合后形成的文化创意旅游产业的发展是大势所趋。立足特色资源，树立文创理念，引导包括本土在内的各类艺术家、草根艺人、非物质文化遗产艺术、创客利用品牌设计、故事挖掘、艺术再造、农业科普、地方曲艺等文创艺术方式，打造集人文要素、生态要素、科技要素、艺术要素、创意要素于一体的特色共享农庄，增强乡村旅游的文化性、艺术性、趣味性、参与性、互动性。

（三）休闲养生模式

鼓励农村集体组织和农民以出租、合作等方式发展特色民宿客栈，吸引消费者特别是“候鸟”前往农庄休闲养生度假。打造“民宿＋农地”休闲养生产品，把经营权租赁给“候鸟”人群、城市居民用于农业生产或农事体验。

农民或集体经济组织以出租、合作等方式盘活空闲农房和宅基地，规划发展养生养老、民宿客栈、特色膳食、禅修辟谷、登山运动等项目，吸引消费者前往农庄投资和消费。随着美丽乡村纵深推进，乡村环境和基础设施建设不断优化，旅游“六要素”的融入显得尤为重要。只有这样才能为美丽乡村提供产业支撑，使农庄和美丽乡村成为既有“面子”、又有“里子”的休闲度假田园综合体。打造“民宿＋农产”休闲养生产品，将农庄农地按一定面积或农作物按一定数量分块，把经营权租赁给城市居民和返乡农民，用于“共享农庄”的农业生产、休闲养生或农事体验项目。

（四）众筹及合作社模式

众筹模式是消费者及投资主体通过众筹方式募集资金发展共享农庄，合作社模式是农民利用自身资源优势自愿组合发展共享农庄。农庄为消费者及投资者提供农资、技术指导、托管代种代养、产品销售等配套服务，消费者及投资者按约定分红、获得实物或获得其他投资收益回报等。众筹不仅仅是筹资，还包含筹人、筹智、筹渠道，多途径发展优质会员和合作伙伴，扩大品牌知名度和影响力。

（五）扶贫帮困模式

扶贫帮困模式就是引导消费者及投资主体与贫困村或贫困户直接对接，消费者认养贫困户的农作物或者承租贫困户的农地、农房，贫困户通过出租土地、房产或以土地、房产入股获得财产性收入以及通过打理农庄获得务工收入，实现持续稳定增收。

投资主体和贫困村发动社会力量，依托当地资源优势，共同打造“慈善村”“爱心家园”“扶贫基地”等，使共享庄园升华为全社会共同参与的社会福利慈善基地。“消费即扶贫，购买即帮困”。扶贫帮困模式的共享农庄远远超出了农庄本身的经营意义，它经营的是爱心、社会责任和传统美德，其意义重大而深远。

三、共享农庄建设原则

（一）以农为本

突出农业特色，发展现代农业，促进一二三产融合，挖掘农业多元属性，拓宽非农功能。坚持“农旅文”融合，以农促旅、以旅强农、以文创促产品销售，树立共享农庄品牌。

（二）规划先行

与规划设计团队合作，认真编制农庄建设发展规划和建设实施方案，坚持先规划，后建设。规划设计要重点强化农庄民宿（客栈）建设的体量、高度和风貌管控，充分体现地域特色。不要借共享农庄建设变相大搞房地产开发。

（三）资源共享

农庄建设要整合相关资源，与当地全域旅游、百镇千村建设以及休闲农业示范点、乡村旅游示范点、现代农业示范基地建设项目等相结合，与农村集体、个体相结合，实行股份制经营，实现资源互补共享。

（四）助力脱贫

发展共享农庄和扶贫政策结合起来，将贫困户与经营主体形成利益共同体，通过土地入股、出租、在农庄务工等方式增加贫困户收入。探索运用共享农庄理念开展生态扶贫。

（五）绿色理念

农庄规划与建设坚持尊重自然、顺应自然的理念，保护乡村好风光，美化山水林田湖，打造田园绿色美，真正留住乡愁。

（六）彰显文化

农庄通过精心创意设计，提升品位、格调，多种形式挖掘利用展示村落文化、特色民居、红色文化、民族文化、农耕文化等，体现当地风情人文之美，努力打造“当代精品、后世文物”。

四、共享农庄运营策略

（一）共享农庄完善基础设施建设

共享农庄要建设高标准农田和水利配套设施；建设水肥一体化、沼气、田间废弃物回收等设施，确保共享农庄达到生态循环农业发展要求；配套建设共享农庄通信网络基础设施。在休闲旅游功能建设方面，农庄要完善农庄及周边的道路、餐厅、客房、景观、生态停车场、污水处理、标识标牌、休闲娱乐等设施，实现农庄美化、亮化。

（二）打造标准化共享农庄品牌

建立健全共享农庄技术标准、管理标准、服务标准等标准体系。按照产品生产标准和技术规程实行标准化生产，为消费者提供绿色、优质、安全的农产品。农庄要建立农业物联网系统和可视化监控系统，做到全程可视化生产，实时监测农产品生长情况，对产品实行标识和编号管理，确保质量可追溯，确保“三品一标”农产品质量安全。

（三）开展共享农庄专项营销

设计共享农庄品牌形象，提高辨识度，增强社会认知。组建专业营销团队开展推介，打造共享农庄品牌。开展线上、线下推广活动，利用门户网站、微信公众号等自媒体以及电视、报刊开展线上宣传，与知名电商平台合作推广，吸引广大消费者（经营主体）参与项目。整合公共资源大力推介共享农庄，扩大共享农庄品牌知名度和影响力。

（四）搭建共享农庄网络平台

经认证的共享农庄可进入省级平台，参与省级平台组织的集中宣传营销活动，并在平台上发布产品。

第三节 共享农庄开发模式研究

共享农庄作为一种平台化思维的产物，对于政府、农庄主、农民以及城市消费者而言，可谓“四赢”局面。

共享农庄是指把乡村低效利用的农房、田地、山地、林地资源利用起来，修建成现代化的高级农场。农民可以通过产品认养、托管代种、自行耕种、房屋租赁等多种形式参与农场的管理，分享农场的经营成果。城市人群可以通过会员的形式进驻农场，享受农场资源。共享农庄起源于社区支持农业（CSA），国外较知名的是美国的 Farmigo，用户直接在网上下单，农民将产品送到中转站集中包装，Farmigo 公司再将包裹送到社区配送点，顾客从那里取走包裹。国内的共享农场以广州艾米农场为代表，通过共享经济把乡村低效利用的优质农田有效激活，标准化、规模化开垦田园、筑建小院，搭建自然生态圈，以自然生态的理念共建专属定制的共享农场，统一种植有机水稻，融入物联网智能，形成统一标准化系统，让城市家庭享有安全营养胚芽米的同时坐拥农场主身份，恢复乡村美好，让乡村致富。

共享农庄——让都市人体验到当农夫的乐趣。

共享农庄的三种模式：基于互联网的社区支持农业、有机蔬菜会员制、会员制和订单式农业。

一、模式一——基于互联网的社区支持农业

随着城市化进程的发展，乡村人口不断向城市转移，闲置土地被各大企业流转承租，与田地打了一辈子交道的农人想要守住这片土地，在土地上种出好日子，变得越发艰难。如何既保住农民的菜园子，又让农民获得利益，缩小城市与乡村之间的差距？相互提携、团结合作是必不可少的。

社区支持农业（internet-based community support agriculture，以下简称

CSA）便是这种合理调和城市与乡村微妙关系的“团结农业”有效模式。

近几年，起源于日本、瑞士的 CSA 概念被引进到国内，CSA 在国内的发展还是初级阶段，要有更大的发展还需要在各方面不断作出努力。一些人热心从事 CSA 事业的人建立起有机农场，但 CSA 要在国内得到全面的发展不仅需要从事有机事业的这些热心人士和农场，还需要有此共识的社区消费者和促进发展有机生活理念的乡村新农人，而共识的基础便是信任。作为以信任为基础的互助 CSA，参与其中的消费者具有两种信任属性——基于面对面交互的经验信任与基于价值认同的特征信任。这两种信任形式使得 CSA 的信任范围只能局限于某一特征群体，难以扩张。同时，目前已运营的 CSA 会员流失现象频现，这体现了 CSA 中消费者信任程度还存在不足。

物联网（IOT）技术便是一条增加消费者信任的新途径。物联网技术的应用与物联网平台的构建可以使消费者获得更多关于农产品与 CSA 的信息，并促进制度信任的形成，使 CSA 赢得更多的消费者。这便是基于互联网应用平台的社区。

通过互联网应用平台，消费者可以开展的经营活动有：

（1）在线购买土地。

（2）在线挑选农民合作伙伴。

（3）指定种植方式。

（4）在线打理土地，远程安排农民翻地、施肥、播种等工作。

（5）与其他消费者进行经验交流。

（6）在线配送下单。

（7）查看土地及时照片和实时视频。

（8）追溯配送食品的生产和流通历史记录。

二、模式二——有机蔬菜会员制

会员制营销又称俱乐部营销，是指企业通过发展会员，提供适合会员需要的服务，开展宣传、销售、促销等活动，培养企业的忠诚顾客，以此获得经营利益的一种营销模式。近年来，在我国有机农产品的营销中有越来越多的农业企业或个人采用这种模式。有机农产品会员制营销的基本形式有两种，农业企业或个人自建和专业销售机构建立。这种模式包含五大环节：营销环节（宣传方式、定价机制、成本结构、规模与收益），入会流程环节（入会意愿、入会条件、会员类型、权利与义务），生产环节（排产计划、产品供应、采摘包装），物流环节（物流方式、物流周期），会员服务环节（会员活动、配套服务、附属产品供应、投诉建议）。

有机蔬菜会员制模式优势体现在生产过程的规范化、营销方式的多样化、物流配送的便捷化、会员服务的人性化等方面。但此模式在各环节仍然存在很多问题。例如：营销层面，定价方式单一、宣传有效性较低、营销成本较高、品牌发展较慢；生产层面，农业 ERP 系统发展缓慢、GAP 标准较低、生产技术缺乏科学性、排产计划标准性价比低；物流层面，成本较高、时间较长；会员服务方面，规范性较差、会员活动缺乏组织性、配套服务有待完善。

三、模式三——会员制和订单式农业

订单农业，也称合同农业或契约农业，是指农户在农业生产经营过程中，按照与客户（农产品购买者）签订的合同组织安排生产的一种农业产销模式。订单农业通过合同的形式，把双方的利益紧密联结起来，明确各自的权利、义务，依照合同的规定，完成生产经营中产销活动的全过程。其实质就是通过订单的形式把市场需求反映出来，引导农民按照市场需求进行生产。

村民可将现有房屋进行改造升级成民宿进行出租，民宿的经营权、股权可以转让。城里人、“候鸟”老人可租赁农田农庄，用于农业生产或农事体验。建设共享农庄是解决农产品滞销和价格波动、美丽乡村建设缺少商业模式和持续运营能力、乡村旅游产品单一和水平较低、贫困户持续稳定脱贫致富、农耕文化传承等问题的有效举措。在互联网、VR 等现代技术支撑下，共享农庄模式将成为未来旅游产业发展的重要趋势。

（一）整村综合开发模式

整村综合开发模式是由企业或农民专业合作社对整村进行统一规划、统一建设，利用村庄空闲地等建设民宿和其他相应设施。民宿可以出租，民宿的全部或部分经营权、股权可以转让；将整村农用地进行统一规模化生产经营，消费者可以租赁农用地经营权或认养农作物，企业或农民专业合作社可以为消费者提供系列服务。

（二）村庄农房改造升级开发模式

村庄农房改造升级开发模式是由企业或农民专业合作社将村庄现有房屋进行改造升级，其房屋可以出租。将村庄部分农用地进行统一生产经营，消费者可以租赁农用地经营权或认养农作物，企业或农民合作社为消费者提供系列服务。

（三）基地开发模式

企业或农民专业合作社利用农业基地内农业附属设施用地等建设管理用房，或利用基地已有的建设用地建设民宿，民宿可以出租，民宿的全部或部分经营权、股权可以转让。消费者可以租赁农用地经营权或认养农作物，企业或农民合作社为消费者提供系列服务。

（四）共享模式

建设共享农庄可采取租赁合作、股份合作、生产合作、劳务承包或务工等多种形式参与共享机制。

企业或农民专业合作社从农民手中租用土地、房屋等，采取实物计租货币结算、租金动态调整等计价方式，兑现农民土地、房屋租金。农民以土地经营权、房屋使用权等入股企业或者农民专业合作社，企业或农民专业合作社将土地、房屋等进行统一规划建设运营，利益分配采取“保底收益＋按股分红”方式，农民获得土地和房屋股份收益。企业以统一技术、统一标准、统一管理、统一订制的方式，将农民自有分散的土地，组织纳入到“共享农庄”生产合作中，农民按保底价获取收益，企业或农民专业合作社获取营销差价、管理服务等方面的收益。农民承包农庄的生产管理和其他订制服务，完成任务后，获取相应的劳务承包收入，超额完成的享受额外的分成收益。农民在农庄务工，获取工资性收入。

第四节　国外共享农庄发展模式及案例解析

一、美国——艾米农场

（一）艾米农场概况

位于洛杉矶以东 60 多千米的安大略市（人口 16.7 万、中等规模城市）郊区，有一个占地约 54 亩的艾米农场，正式员工只有艾米和其父亲二人。农场饲养着 3 头牛、4 匹马、10 多头猪、20 多只羊、100 多只鸡、鹅等家禽，种植着几十种蔬菜、几十棵桃树、李子树、橘子树等果树。艾米农场成立于 1997 年，此时美国大型农场的生产方式不可持续性日益明显，以小型、多样化经营的生态农场替代大规模工业化农场已成趋势。

（二）农场特色

（1）在农场劳动的主要是志愿者。周一至周六，门随便进、活儿随便干、菜随便摘。欢迎任何人来参观或劳动。人们可以在这个农场随便进出，地里的农活儿愿意劳动的就随便干。志愿者多的时候有 100 多人，有人甚至开车 80 多千米来干农活儿。农场有一块小黑板，上面写着当天志愿者来了可以帮忙干哪些活儿，还提醒人们天热别忘多喝水、干活别忘戴手套、临走别忘带点菜回去。

（2）自助商店。商店主要出售果蔬、蛋类、肉类，农场加工的奶酪、果酱等初加工产品。每种产品都明码标价，旁边放一个盒子，买东西将钱放到盒子里，自己找零，也可以用旁边的刷卡机自助刷卡。

（3）科普教育。每逢春季开学，农场就会迎接一批批学校的新生来农场参观。30 年来已经接待了超过 30 万名中小学生。

（4）自然教育。在每周一至周五上午 9:00、9:45、10:30、11:15 分别开设

4 堂自然教育课。两位教师是自然教育的灵魂人物，交替上课。所有自然教育课程均要提前预约。每个时段最多可接待 120 名学生，最少 10 名。提前预约但不足 10 人的散客，需要现场拼团。没有提前预约的散客，无法参加自然教育课程。农场实行分流，建议游客周一至周五下午和周六全天前来参加购物。

针对幼儿园和小学生，农场开设了动物体验课程。针对高中生，农场重点传授生态保护和社区农场知识。针对初高中生，每周六上午 10:30 农场推出科学研究专题，涵盖植物动物研究和动物解剖技术。

(5) 农场节日。开展了每周“欢乐游艾米”、春季“放飞春天”募捐、4 月西红柿节、10 月迎万圣南瓜节、12 月迎圣诞系列活动。

(三) 农场盈利点

艾米农场年收益已达百万，以免费体验和“四个随便”为引爆点，发展亲子＋科普＋教育模式。

(1) 自助商店。价格比普通蔬菜高出好几倍。以农场参观、劳动、采摘体验带动自助商店，周末的免费采摘项目可使自助商店里菜、蛋、奶的销售收入翻一倍。

(2) 参观收费。大规模参观收取少量参观费。

(3) 亲子教育。推出“让你的孩子在艾米农场过周末”等活动，收取孩子参加活动的费用，除了销售蔬菜、畜产品方面的收入，每天 100 人左右参观、采摘的收入，大约每年可净入 25 万美元。

(4) 自然教育。孩子的课程费占农场的收益的一半以上，自然教育是农庄收入的强大引擎。在引流导流、活动引爆、推动三产消费方面可以让农庄充分受益。

(四) 生态可持续的生产模式

农场基本使用人力，以节约能源；采用滴灌系统，以节约水资源；从来不使化肥和农药，以避免破坏土壤里的微生物。牲畜的粪便是农田很好的肥料，连杂草都飞快生长。将牲畜放到田地里，让羊吃杂草、鸡吃虫子，整个农场进入了一个良性循环、可持续发展的理想模式。

二、日本——Ma farm

Ma farm 创立已经有 10 年。这个农场的建立是为了让更多人快乐地从事农业。公司 2016 年收入总额达 10 亿日元，利润 4 000 万日元；2017 年的经营目标是年收入总额 12.9 亿日元。

1. 都市小农园

公司将距离市区较近（车程在半小时内）的农地包装成“都市小农园”，目前已建成 120 多个“小农园”，拥有会员 1 万多人。公司每周会派遣农业专业人员在小农园进行现场指导。为了增加项目黏性，公司每个月还会向租地客户邮寄新品种蔬菜种子和各种主题活动的资讯，吸引客户来小农园参与活动。

“都市小农园”的模式创新不仅解决了大量的闲置农地，同时也实现了农地的土地增值。在日本，1 000 平方米的农地如果用于水稻种植收益是 10 万日元，用于蔬菜种植收益是 30 万日元，而他们的“共享”小农园收益是 300 万日元！

2. 专业农业学校

公司在东京、大阪和名古屋创办了自己的农业专科学校，学制是一年半，开设有务农技术、农业经营和蜜蜂养殖三个专业。学校每年会收取高达 64 万日元的学费，现在已有 800 多名学生毕业，Ma farm 的理想是培养 10 万专业“快乐务农”的毕业生。

3. 农场产品直营

Ma farm 拥有三家自营的蔬菜直营店，不是普通意义上的菜店，而是设计时尚的蔬菜卖场，让客人有快乐的体验感。公司创办自己的产品直营店，为的是传播农产品当地化生产与消费的理念，最大化实现产、供、销的“本地化”，减少原来农产品在生产、销售过程中不必要的物流成本。“本地化”保持了农产品的新鲜与流转成本的降低，真正达到了多赢。

4. 农园土地租赁经纪

Ma farm 设计了一个“农园土地租赁经纪”平台，有闲置农地的人可以上网登记自己的土地位置，想租赁土地的人可以在平台上搜索。平台目前还不能自动成交，因为日本的相关手续比较复杂，而且拥有土地的农民对要租地的客户信任度较低。

这时 Ma farm 作为一个专业的“第三方”就会承担起甲乙方合作的“经纪”工作，使交易变得简单、顺畅。每完成一笔交易，Ma farm 获得 50 万日元的手续费。通过互联网，Ma farm 把这些长尾需求有效聚合起来。因为越是复杂的交易，越需要中介、平台的专业化服务，并取得交易双方信赖。

三、法国——专业农庄

（一）专业农庄概况

20 世纪 70 年代，法国城市居民兴建“第二住宅”，农庄旅游业兴起。旅游活动给法国农民带来的收益相当于全国旅游业收入的 1/4。

法国农庄最突出的特点是专业化，即农庄将耕种、收获、运输和供应等工序交给农庄外的专业企业来做。专业农庄大部分只经营一种产品，并突出各自产品特性。按照经营内容，农庄大体可分为畜牧农庄、谷物农庄、葡萄农庄、水果农庄、蔬菜农庄等。

（二）农庄旅游类型

乡村传统型：保持旅游产品的原真性与本土性，致力于传统农业生产开发，给予游客贴近传统、贴近自然的清新体验，凸显法国乡村旅游的独特之处。如法国农庄的葡萄园，围绕葡萄种植，提供观光采摘、酿酒体验、产品购买等旅游服务。

休闲度假型：借助农场秀美的自然风光，构建别具特色的旅游产品，设计多样农业旅游活动形式。如玛丽农场，通过木屋的设计建造打造独特的度假体验。

（三）发展模式：非政府组织引导

非政府组织在旅游经营者与政府间扮演着纽带角色，以保障旅游从业者经营活动的顺利开展，确保旅游产品质量有效提升。

1998 年，APCA（法国农会常务委员会）设立农业与旅游接待服务处，并联合其他社会团体组织建立了“欢迎莅临农庄”的组织网络，系统负责全国农场的定位区域与营销。

APCA 日常工作：

（1）计划“欢迎莅临农庄”组织网络的各种活动。

（2）了解消费者与农民的需求。

（3）组织农庄旅游活动设计等提案，保障农场经济稳定。

（4）提高加入“欢迎莅临农庄”组织网络的产品价值。

（5）提高促销活动的竞争优势。

（6）发展与其他乡村旅游活动相结合的链接网络。

非政府组织将法国农庄按照属性划分为九个系列。一个自然人或法人在每一系列农场中，只能经营一个农场。

（四）农庄分级：农庄分布全法

根据法国农庄分布全法，房间数超过 25 000 间。民间组织（Gites de France）按照农庄的房价数目、设备条件等，以麦穗为分级标志，将农庄房间分为一到四级，度假小屋则分五级。一般而言，两颗麦穗的农庄品质就颇令人满意。

农庄根据主人品位，布置出各具特色的房间。同时，农庄房间还保留着农舍原本结构，体现地道朴实风味。

法国是著名的葡萄酒产区，很多农庄还提供品酒、采摘葡萄、酿葡萄酒等休闲娱乐活动。

（五）九大农庄产品系列

（1）农场客栈：餐饮类型农场，提倡食材与烹调法呈现本地乡土美食特色。

（2）点心农场：经营时间一般为下午 3～6 点，只允许提供农场自产的点心。

（3）农产品农场：经营农场的同时可以生产农产品并通过经营公司进行销售。

（4）骑马农场：农业与马匹饲养共生，为不同级别骑马者提供不同种类的马匹。

（5）教学农场：农场主与教师共同策划，为中小学生提供真实的农业环境与体验。

（6）探索农场：通过设计让消费者从自我探索中发掘自营农场的乐趣。

（7）狩猎农场：提供狩猎相关活动，包括体育活动、文化活动、泛狩猎活动等。

（8）暂住农场：提供在农村短期的餐饮住宿服务，并提供配套休闲产品。

（9）露营农场：露营农场标志授予极为严格，各省旅游休闲露营场不得超过25个。

第五节 “农立方”产业模式解析

一、“农立方”产业模式解析

“农立方”产业模式是以市场为导向，在充分发挥市场机制作用的前提下实现产业经营方式的变革，主要通过产业链的延伸及立体化运作，实现农产品的广度深度开发和多次转化增值，进而克服传统农业的弱质产业特征，有效地提高农业比较效益。通过龙头企业联结农户与市场，使农产品生产与市场有机衔接，引导农民进入市场，极大提高农业的自我发展能力。农业产业化运作是市场经济发展的必然，农业产业化的发展也必须以国内外市场需求为导向。

“农立方”产业模式是突破原有农业产业模式，进行“立方式”的产业模式。在遵循农村生产生活生态“三生同步”、一二三产业“三产融合”、农业文化旅游“三位一体”的基础上，进行四产资产、五产互联网、六产创意等产业模式升级。六产业互融互动，传统产业和现代产业有效嫁接，文化与科技紧密融合，传统的功能单一的农业及加工食用的农产品成为现代休闲产品的载体，发挥引领新型消费潮流的多种功能，开辟新市场，拓展新的价值空间，产业价值实现乘数效应。从而实现全空间、全过程、全功能、全产业、全领域的新型“农立方”农业产业模式。

这种农业产业模式“立方式”的突破，是顺应文化发展、技术进步、市场演变、制度革新的，通过结合供给侧改革探索，激发原来受局限的资产和资源效力，形成了乡村社会产业发展的广阔空间。

二、“花立方”产业模式解析

“花立方”是指“花”除本身观赏价值之外，再进行多层次、多方位、多维度的产业模式扩展。在花种子、种花、养花、看花的基础上，进行立体拓展：花前、花边、花边边、花旅游、花养生、花民宿、美食花宴、花茶、花药、花文创、花产业链等。

在一产、二产、三产传统产业经营模式的基础上，进行广度深度开发和多次转化增值，从而实现"花"本身资源效力的立方式扩展提升，将有限的"花"资产变成无限的乡村社会产业能量，提高"花"本身的自我发展能力。

三、"林立方"产业模式解析

"林立方"同花立方，是在"林"本身产业价值的基础上，进行产业经营模式的拓展：林上、林下、林前、林后、林左、林右、林里、林外、林动漫、林旅游、林养生、林住宅、林开发等。如林漫画，2012 年国产动画片大火的 IP——熊出没，主要讲述了森林保护者熊兄弟与破坏森林、采伐原木、占领土地开发创业实验田的光头强之间搞笑对决的故事；林开发，浙江温州——文成森林氧吧小镇，集产业、文化、旅游"三位一体"和生产、生活、生态相融合，围绕"康体养生""禅修养心"两大主题，依托浙南闽北最大的滑雪康体中心和全球最大的药师佛文化养心中心为主体，重点发展集健康养生、森林旅游、休闲度假、文化创意、时尚运动等为一体的综合型旅游休闲产业，基本创建成省级产城人融合发展的现代化开放型旅游产业特色小镇，计划年接待游客 220 万人次以上。

"农立方"产业模式通过产业链的延伸及立体化运作，实现农产品的广度深度开发和多次转化增值，通过文化与科技、制造、资本的融合，实现文化经济的繁荣和发展。"农立方"产业模式承载着文化体制改革和文化大发展大繁荣的创新、引领和示范者的使命。

第十七章　全享农业与全享农产品

第一节　全享农业基本理论基础

一、全享农业概念

随着越来越多的共享经济模式出现，“全享”一词被提出。全享农业的产生需要具备四大要素。综合分析目前市场上共享农业模式的产品，大多数以认购土地、获得产品的形式来运营，以“收购土地＋自产自销”的方式让终端消费者参与进来，其实并没有从根本上解决“三农”问题。

全享农业以“创意农业”为前提和基础，要求在农业产业链全过程中，农民掌握股权、分红权、观光权、休闲权、粉丝权、消费权。将分散零碎的消费需求信息集聚起来，形成规模，以全享的产品模式实现与供给方精准匹配对接，从产业格局上彻底解决农业发展的实际问题，实现全方位的产业模式。

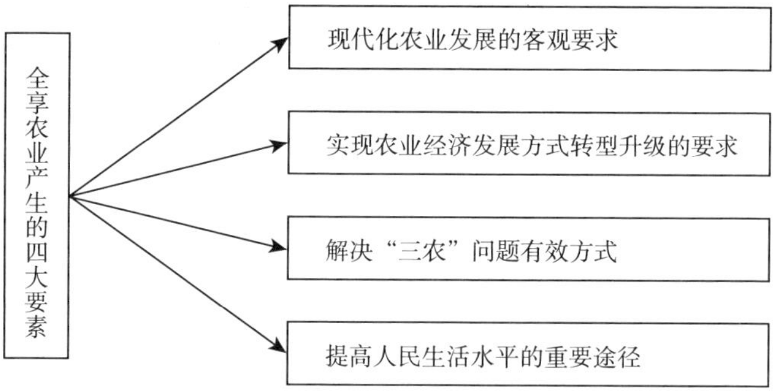

全享农业产生的四大要素

创意农业起源于20世纪90年代后期，反映了“创意”思潮对农业行业的影响。创意农业是在世界经济步入创意经济时代，伴随消费需求升级发展起来的新型现代农业形态，是文化创意与现代农业相结合的产物。人类社会在经历了以生产要素为动力和以投资为动力的经济发展阶段后，正在走向以创意为动力的经济发展新阶段。创意已成为推动21世纪经济增长的重要驱动要素。

全享农业是在创意农业的基础上发展起来的，在今天全享农业不仅仅作为一个新兴产业在农业产业方面发挥作用，更重要的是对传统行业经济发展形式的倾覆和创新。因此，我国应大力发展全享农业，深度利用各种农业资源，提升农业产业价值，实现整体农业产业结构的优化和升级，转变农业发展方式。

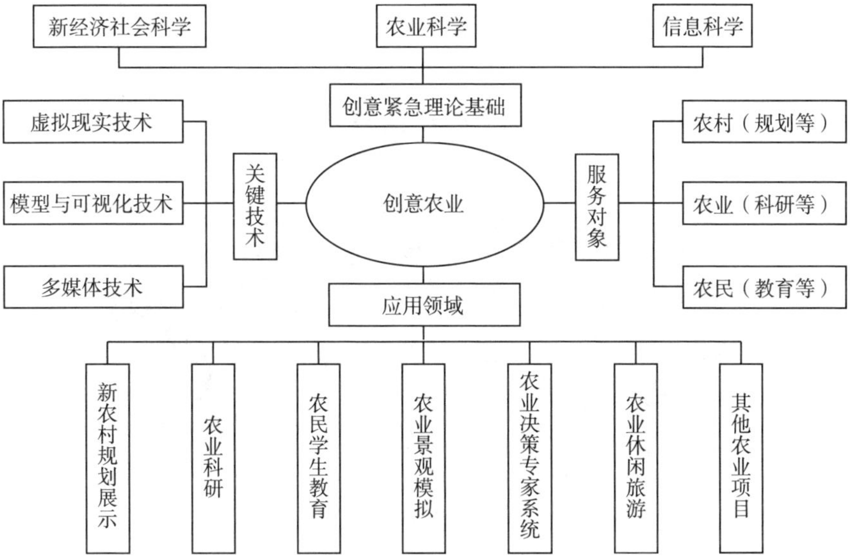

全享农业的概念

因此，在目前“全享农业”发展中，促进不同形式、不同功能以及不同类型全享农业之间的融合共生和平衡发展，提供特色鲜明、彰显个性的创意产品或服务，不仅是满足消费者消费需求的必要前提，同时也是乡村振兴发展的需要，其全享农业的科学内涵。

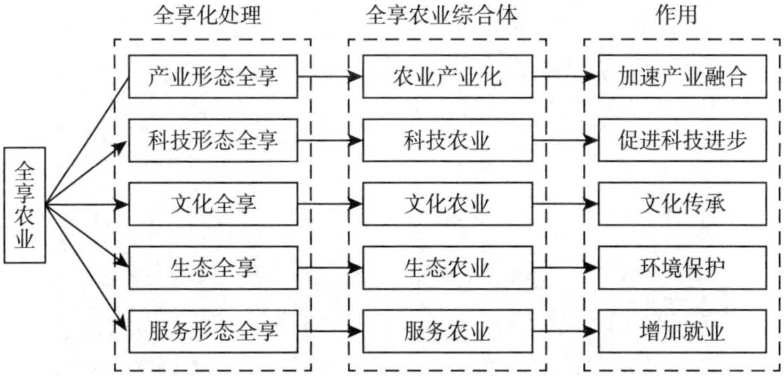

全享农业的科学内涵

二、全享农业的类型

（一）农业文化开发型

文化是诸多产业发展常用的手段，全享农业的发展亦是如此。正所谓文化搭台，经济唱戏，就是充分利用文化这张牌，以实现经济的发展。农业文化的开发利用也是全享农业发展的重要内容。常用的文化策略有农业节日、农业庆典活动等。例如，2018 年在河南省中牟县举行的第一届全享农业嘉年华庆典活动。

河南省中牟县第一届全享农业嘉年华庆典活动

（二）农产品奇异化生产型

农产品创意是国内外全享农业发展常见的方法。比如培育新、奇、特、优的农产品，增加其经济价值。常见的有培育形状奇特的水果、蔬菜，颜色鲜艳的花卉；饲养新品种动物等。如河南登封一养殖户在园区饲养乳猪及放养野猪，不仅可以用于观赏，还可以供游客体验。

河南登封一养殖户在园区饲养乳猪及放养野猪

（三）农业生产过程利用型

农业生产过程利用是指在日常农事活动中，把容易利用、比较有趣、易成规模的方面展示并利用起来，让游客参与其中，体验农事活动的乐趣。如现在比较流行的开心农场，既有实践意义，又具有教育意义；又如浙江省千岛湖有机鱼休闲观光园利用巨网捕鱼吸引游客。

浙江省千岛湖有机鱼休闲观光园利用巨网捕鱼

（四）农业景观利用型

利用农业生产所特有的生态环境，为都市居民提供观光旅游或者休闲度假的场所。此类创意在大城市郊区普遍适用。如郑州普兰斯薰衣草庄园，为城市居民及游客提供了一个集休闲娱乐、婚纱摄影、享受自然为一体的农业旅游平台；又如沈阳建筑大学稻田校园，在景观营造中运用了大量的水稻，通过最经济的途径营造美丽的校园环境。

郑州普兰斯薰衣草庄园

沈阳建筑大学稻田校园

（五）农产品用途转化型

大多数农产品的原有价值非常有限，仅靠这些很难真正提高农民的收入，这就需要转换思维，深刻挖掘农产品的其他功能。牡丹给人的第一印象是具有观赏功能，但仅靠观赏创造的价值有限。小浪底全享农业园区不仅利用牡丹的观赏功能，还深刻挖掘其在化妆品方面的高端市场，通过思维转变、产品转变，实现经济价值的稳步提高。

（六）农业软件开发型

随着科学技术的发展，数字农业和精细农业越来越受到人们的关注。新的农业形式的发展需要新的技术支持，农业软件的开发顺应时代的潮流，正如火如荼地发展起来。作为一个农业大国，伴随着农村网络的普及、信息化设施的建设、新型农民的成长，农业软件在中国市场巨大，具有极大的开发价值。

（七）农业修复功能开发型

农业生态系统具有很高的修复和自我修复功能，全享农业可以利用此功能调节和修复日益脆弱的自然生态系统。目前，农业修复功能在林业、环境、水利等领域，都已得到了普遍的应用，并且取得了很好的社会、经济和生态效益。农业生态系统可以创造很高的碳汇，生态化修复环境。

（八）农业废弃物创意利用型

很多与农业相关的材料，通过对其形态、色彩、文化等方面的利用，可以变废为宝，充分发掘其更大的价值。如嵖岈山温泉小镇观光采摘园在深刻挖掘西游文化的基础上，利用桃树的副产品制作桃木宝剑、桃核工艺品等；登封市送表乡创意养殖园利用鸡、鸭蛋壳做彩绘、蛋雕等工艺品。

桃核工艺品

蛋　雕

三、全享农业的特征

（一）具有较强的时代性、创造性

发展需要适应“全享”理念，在建设、市场、服务和组织等环节，深入贯彻并注入文化创意、科学技术以及生态绿色理念，赋予比现代农业更加深刻的内涵、更加光明的前景，紧跟潮流；另外，全享农业形成规模发展有利于使农民的身份转变为农业从业者，有利于推动城乡一体化的建设，具有较强的时代性和创造性。

（二）高产业性

全享农业的发展模式的核心观念在于形成全享农业产业链，将传统农业的第一、第二产业升级转型为第三产业，并且通过第一、第二产业发展来带动第四、第五、第六、第七产，通过核心产业来带动周边配套产业的全面协调可持续发展，实现经济效益成倍增长。仅靠农民单人单户是无法实现全享农业发展的，故发展全享农业前期需准备大规模的资金和物质投入，同时还需具有基本的基础设施、产业规模和再生产能力。发展全享农业的核心是创新的顶层设计价值，位于全享农业产业链的最高端。全享农业的规模发展，也能辐射带动周边村镇的农民，形成一条龙产业链，实现共同富裕。

（三）全享农业的创意性

在全享农业中突出创意的作用，将创意的苗头对准农业的生产全过程（产前、产中、产后）、农业投入品（技术、品种、设施等）及产出品（农产品、精神文化产品）等，用创意来武装和指挥全享农业的发展。脱离了创意的思维，全享农业就不能称之为全享农业，创意是全享农业的第一特征。

（四）市场导向性

全享农业产品具有双重性：物质属性和精神属性。全享农业所提供的产品和服务离不开物质载体，主要用于满足人们的文化精神需求。全享农业的发展受制于消费市场的发展和引导，是需求高级化和消费升级的产物。只有符合农民和相关经营者投入产出原则，资本回收率较高，全享农业才能持续发展，达到市场化和产业化目标。

（五）富有艺术表现力

艺术表现力是全享农业有别于其他农业发展模式的又一重要特征。过去农业的发展重点都落在农产品自身，追求农产品的增收、增值和经济效益扩大，而全享农业在此基础上还注重农业与艺术的结合，将农业艺术化、精致化、时尚化，用富有艺术表现力和感染力的农产品及农业景观作为吸引消费者、带动农业旅游观光、树立农业文化品牌的重要筹码。

（六）较强融合性与渗透性

全享农业并非是某一种独立或孤立产业，而是将创意产业的创新技术、知识和文化与农业生产或农业服务的融合，其产品或服务则是创意产业的新思想、新技术和新知识的物化，是创意产业、农业生产和科技服务等多学科、多技术和多文化的相互交叉、相互渗透的结果。例如：大兴区的玻璃西瓜，平谷刻字寿桃等不仅是农业生产高新技术的应用，同时也是文化创意的体现。因此，全享农业具有较强的融合性和渗透性。

（七）较高知识文化品位

全享农业以文化创意为核心，是文化与技术相互交融、集成创新的全享产物。在现代科技技术支撑下，全享农业呈现出智能化、特色化等特点，通过与文化、旅游等其他产业的融合，对传统农业进行“二次开发”甚至到“N 次开发”，发掘文化内涵，突出文化品位；发挥文化功能，丰富农业资源的文化内涵，通过文化创意思维模式及相关活动提高农业产业附加值；用创意产业的思维方式，提升全享农业的综合功能。因此，全享农业产品的价格也并非局限于农产品本身的价值，更重要的是其拥有的文化与知识内涵，其产品和服务具有的高文化、高知识特征。

（八）较高附加值和较高盈利性

传统的农业生产以自然资源的过度消耗为基础，而全享农业的核心是产品的文化创意，其生产关键要素是信息知识，特别是文化和技术，将文化创意和科技技术融入农业生产，提高农产品或服务的特色化与个性化，增加普通农产品和服务的科技和文化知识附加值。同时，由于全享农业综合了文化创意和科技创新，具有生产模式新颖、规模化生产、标准化管理、质量安全水平高、无污染、低能耗等优点，大幅提高了农业生产的综合经济效益。因此，全享农业产品具有较高的附加值和较高的盈利性。

（九）具有规模化特性

全享农业是农业知识、农村文化以及现代农业技术发展与现代营销理念的综合创新。全享农业的发展也并非仅限于农业生产模式的改变与农业生产的发展，而是融合了创意产业、科技创新以及服务行业等。全享农业的发展必须以创意产业发展为背景、农业生产扩大为基础、服务行业发展为前提，同时，也需要通过现代管理手段，整合从研发到营销环节的各种资源。因此，全享农业的发展是以创意产业为主导，融合了第一、第二和第三产业的发展，必须具有一定扩大再生产能力，具有一定的规模。

（十）个性程度高

全享农业是通过个性化的农产品加工、农产品带来的新机遇和新市场而形成的新消费理念。当今社会，没有创意个性化的特征，就很难有生存的市场空间。全享农业通过个性化、特色化、优质化、多元化等特性的呈现，以满足当今人们的消费需求。人们也越来越青睐具有文化内涵、保健功能、艺术价值、安全功能等个性化的全享农产品。

（十一）全享农业是对特色资源的再整合

全享农业的发展并非农业生产资源或创意产业资源的增加或再制造，而是创意产业与农业生产的融合，通过文化创意产业的创意灵感、创新技术等对已有的农地资源再发现、再利用与再整合。在两种产业融合发展过程中仍以创意产业为核心，以农业生产为基础，农业生产资源是文化创意的载体，通过引入文化创意产业的新理念、新技术，赋予传统农业生产新的辅助资源，重新开发传统农业生产、重新设计农业生产过程、重新包装传统农副产品，突出其独创性，开拓其新的市场。

（十二）高风险性

全享农业与传统农业相比拥有更大的收益，同时也意味着更高的投资风险。全享农业在市场竞争中比传统农业拥有更大的商机和更大的竞争力。但由于其需要的前期资金和技术投入费用较大，准备周期较长，成本高，如何结合当地实际定位准确的文化主题具有一定的风险性，同时还有造成雷同的可能性。其次，全享农业作为一个新兴产业人们对其认知度不够深，前期经验少，市场定位还不足够明确，勇于尝试新产业的人较少，故全享农业在发展中面临着更大的投资风险。

四、全享农业的功能

全享农业以农业生产为基础，文化创意为手段，将传统农业生产与现代创意科技、知识及思想相结合，赋予农业生产新的形式与功能，根据创意途径、形式及产品不同，全享农业主要具有以下八大功能：

（一）农业生产功能

农业的本质是生产，生产依靠的是农作物，农作物承载着丰富的生物质能源。这种生物质能源是绿色的、可再生的，并且可以循环利用。随着科学技术的发展，如果能充分挖掘其生物质能源功能，必将缓解现如今能源短缺的状况。

（二）文化功能

根据全享农业的内涵，文化功能是全享农业基本功能之一。农业是人类文明的起源，也是文化形成的重要基础，这是因为农业发展的过程就是农耕文化孕育的过程，农业本身具有丰富的文化内涵。

全享农业是创意灵感在农业中的物化，是科技与文化相互聚集与融合创新，展现出农业生产或农产品的特色化、智能化、艺术化、个性化，所以全享农业具有较高的文化品位，农业文化具有引导农业朝着既定方向发展的功能。通过培育打造一个积极、向上、先进的农业文化，引导农业朝着积极、向上、先进的方向发展，从而生产出能够满足人们日益增长需求的农产品。因此，全享农业的文化功能不仅指农业本身的文化功能，也包括创意灵感在农业生产中的体现。

通过将农业生产与文化创意相结合，赋予农产品和农业生产丰富的文化内涵，可以给予人们物质难以带来的精神层面的享受，提高农业产业的文化附加值，满足日益变化的消费者对精神和文化的需求。

（三）教育功能

全享农业是文化创意和科技创新的综合运用，科技和文化在农民中的普及，提高了农民的科技素质和文明素质。此外，全享农业中的创意对消费者也具有强大的教育功能。首先，对广大城市消费者来讲，全享农业消费过程也即农业生产教育过程，特别是对未成年人而言，对农村生活的体验有利于培养其节约意识和环保意识，从而弘扬“劳动者光荣”的社会文化，并激发城市要素向农村流入。

（四）休闲功能

经济水平的提高直接刺激了旅游消费的增长，全享农业的发展优化了农业布局，丰富了地域空间的色块化，极大美化了城市和城郊空间，加快乡村振兴战略的实施进程。耕种模式和布局形态的创意，既是效益的叠加，又是观赏的增强，有力地把农业生产、农村生活、农村生态环境联系起来，通过扩大农村消费群体，实现了农业经营的延伸。循环农业创意和农业科技文化旅游，逐渐成为旅游经济发展的亮点。

（五）经济功能

全享农业在传统农业生产的基础上，通过文化创意提高农产品附加值，并将创新科技、创新生产技术应用于传统农业生产，与现代营销手段相结合，突破传统农业生产自然条件束缚，提高农产品收益。同时，全享农业也是拉动内需的动力产业之一，其发展潜藏着巨大的消费空间，直接带动城镇居民消费和国际高端消费。与之相对应，全享农业的发展也蕴藏着巨大的投资空间，如农业产业集群所带来的全享农业投资乘数效应，剩余劳动力的再就业和剩余劳动力的转移等。

（六）生态功能

创意生态是全享农业内容之一，生态创意是全享农业的体现。城市越发达现代都市人离大自然就越远，人们对农业的生态期待也越多。全享农业并非违背自然规律，而是尊重农业固有规律、秉承传统农业精髓，通过文化创意和科技创新全面深化农业经济、生态和社会功能开发。在城郊发展全享农业，发挥农业的绿化、美化功能，促进城市空间基础资源配置，有利于弥补城市绿化不足、郊区农业落后、城乡生态质量不高的局面。通过大量创新科技在农业生产中的应用，全享农业坚持了“三生”资源的充分利用，降低了全享农业污染和能耗，提高了农业生产的“绿色”水平。

（七）社会功能

全享农业增加了农产品的附加值，提高了农民收入，使得农民素质提高有了必要的物质保障。根据全享农业发展科技、知识以及文化创意需要，转移或培训农村剩余劳动力，提高农民科技文化素质和科技应用水平，培养、引进各类人才，鼓励工业企业、文化企业、科技企业投资和支持全享农业发展，在改善农村硬环境的同时，进一步改善农村软环境，通过发展创意生产、提高生态环境建设、创新农村生活、提高农民文化素质，统筹城乡协调发展，加速城市文明向农村转移，推进创意产业化，促进城乡产业融合和城乡一体化，完善基础设施，缩小城乡差距，推动新农村建设，对于解决“三农”问题具有良好的推动作用，具有明显的社会效应。

（八）品牌功能

全享农业面对的消费者多是高收入、高消费人群，该类人群要求农产品味道更好、外观更美、质量更安全。在全享农业发展过程中，我国不仅注重科技创新和文化创意在农业生产中的应用，还引进了大量的国外品利、资金、技术和先进的管理经验，实现了标准化生产，并逐步建立起科学、有效的质量监控体系，实行贸工农一体化，向“优质、高产、高效、生态、安全”的现代农业迈进，打造出了中国全享创意农产品高端品牌，如山东鱼台县的“鱼台大米”，山东胶州大白菜等。

第二节　全享农业的研究

一、发展全享农业的必要性

全享农业能够充分发挥人才、信息、科技、市场以及资金等方面的优势，不仅可以带动郊区特色产业的形成，而且可以突破当前中国城市周边农地资源紧缺，农村土地浪费闲置等问题，走可持续发展的道路。因此，全享农业是当今中国乡村振兴战略下田园综合体现代农业发展的重要方向。

（一）农业技术模式转变所需

随着人民收入水平不断提高，消费者需求日趋多元化，对营养食品和保健食品等的物质需求以及对乡愁文化旅游的精神需要不断增加，对农产品的需求由传统的生理需求不断向心理满足转变，对全享农业的农产品品种、质量以及品牌等个性化和多层次化需求不断提高。消费者对味道、外观、特殊功能及心理满足等方面的追求，直接表现为明显的个性化需求。其中以北京高消费群体消费特征最为明显，高消费群体对农产品消费具有特殊性（高档），对高档农产品消费较高，对农产品的消费不仅需要满足文化品位、表现个性化特征，同时要满足地位身份象征的心理需求。

（二）资源、环境、生态压力

中国人高度密集，人均占有的自然资源十分有限，同时，近几年来，由于城市的迅速扩张以及对某些资源的过度开发，市郊区农业生态环境遭受破坏和污染也相当严重，尽管资源与生态环境已得到高度重视，但局部地区的生态环境仍在继续恶化。大城市周边农地资源十分有限，且质量不断下降，因此农地资源受限，城市、工业不断扩张，环境、生态的压力不断增加，传统农业发展模式已经到了发动创意革命，利用乡村振兴战略提出的契机，开发农村的潜在资源，扩大农业生产可能性边界，将会提高农村资源利用率。

（三）现代农业发展需要

与全享农业相似，现代农业以开发农业的多功能为核心，具有全享农业所具有的所有特征，同时，现代农业是第一产业向第二、第三产业的延伸与融合，是技识、技术和资本高度密集的农业，具有可持续性强和技术先进等特点。因此，以全享农业的形式来展示现代农业的发展，创新农业休闲旅游项目，形成郊区特色产业，加深消费者对农业人文和科技内涵的理解，关心珍惜现代农业以及生态环境，带动创意农产品的消费，并借助农业文化开发满足消费者的文化需求和享受需求。

（四）产业融合发展与产业升级需要

将文化创意与地方特色农业生产或农副产品相结合，设计具有地域或产品特色的体验经济，激发农业创意设计感和行动，带动农业产业结构和农业生产或农产品加工技术升级，不仅可以促进农业经济，而且对扩大农村剩余劳动力就业，增加农民收入，拓展更加多元化的全享农业发展空间具有重要意义。

同时，作为具有独创性的农业产业化经营方式，全享农业的前端创意需要一定的专业水平和市场开拓眼光，一旦形成产业化运作，便能带动一系列低端服务业的发展，从而促进农业大发展。

（五）城乡协调发展的需要

与发达国家相比较，我国农村深加工技术、装备和农业旅游资源开发普遍落后，存在初级产品多、深加工产品少，中低档产品多、高档产品少等现象；全享农业以市场为导向，将农产品生产由初级加工向深加工转变，提高农产品附加值，将资源优势转化为经济优势。伴随着我国经济的市场化转型不断深化，城乡二元的市场分割日益变成经济总量扩张的桎梏，开发农村资源、建设中国特色的农业现代化成为我国乡村振兴发展的必由之路。

协调城乡发展首先要发展一种创新机制，建立城乡互动互融的共生机制。全享农业作为一种新型发展模式，在转变经济增长方式中有着重要的地位，通过将创意产业和现代农业相融合发展全享农业，以创业带动就业，用惠民催生富民，全享农业逐步成为我国农民的增收产业、致富产业，将是统筹城乡发展的不竭动力，有力地推动了在城乡协调发展中建设社会主义新农村。

二、发展全享农业的可行性

近年来，现代农业格局的形成，为全享农业的发展创造了必要条件，而农业资源的多样性和人才、信息、科技、市场以及资金等方面的优势，则给全享农业的发展提供了丰厚的物质基础。

（一）丰富多样的农业资源是全享农业发展的基础

全享农业以农业生产为基础，丰富的农业资源是发展全享农业的必要基础，各地农业具有其特殊性，多种多样的地貌类型决定了多样的资源类型、复杂的内部结构与功能，并集中体现为资源开发的利用优势，这些优势是山区发展的潜力和基础，为山区农、林、牧、渔业综合发展提供了有利条件，这样的地形地貌条件决定了农业格局和农业发展模式必然以特色资源为主。

山区独特的自然地理条件为特色农产品的生产提供了有利条件，有利于唯一性农产品或特色精品农产品的形成与发展，如房山的种子、平谷的大桃、怀柔的冷水鱼、昌平的苹果等。这些优质特色农产品为全享农业发展提供了良好的物质载体。

（二）丰富的自然历史文化资源是全享农业发展的源泉

全享农业以传统农业生产为基础，文化创意产业为核心，文化创意对全享农业的发展起着关键作用，特别是文化资源，是全享农业形成与发展的基础动力，在文化对经济发展有着深刻影响的知识经济时代，只有有了文化的渗透，创意产业才能得以迅速发展；只有创意产业快速发展，将文化渗透入创意农产品，农产品才能提高其附加值。我国历史文化源远流长，高新技术的快速发展与深厚的文化底蕴相结合，将成为全享农业发展的强劲动力。

以北京市为例。作为历史文化名城，北京市具有丰厚的历史文化底蕴，特别是北京山区，不仅具有独特的自然景致资源，而且具有丰富的历史文化和民俗文化资源，这些资源赋予山区旅游无穷的开发价值和发展潜力。因此，北京市全享农业的发展不仅要挖掘京郊和山区的文化内涵，更要注重农产品与自然、风景等资源要素与文化渊源相结合。目前，北京各区县举办以农业为主题的各种文化节，如西瓜节、草莓节等都融入了文化创意；各种创意农产品，如豆塑画、桃木工艺品等，极大地满足了北京市城乡居民对乡村文化、民俗文化以及村落文化等方面的需求。

（三）多元化的消费市场需求是全享农业发展的动力

当今消费群体对产品多样化需求强烈，特别是文化方面的需求尤为显著，而且对消费质量的要求也日益提高。随着收入水平的不断提高和城市生活压力不断增加，面对生活压力和都市生活的单调，他们越来越青睐个性化、特色化以及艺术化的产品，这为全享农业的发展提供了广阔的市场空间。北京市怀柔区旅游局调查显示，95%以上的北京市民希望到郊区旅游、观光、度假，近1/3的市民愿意在双休日到郊区旅游，其中25%的市民有在外住宿的意愿。大的市场需求为发展郊区民俗旅游和全享农业创造了广阔的发展空间。2011年，北京全市民俗旅游接待16 688 923人次，较2010年增长7.4%，而民俗旅游总收入同比增长8.2%。同时，农业观光园2010年接待18 429 456人次，同比增长3.8%，总收入同比增长22.0%。

（四）创意人才、科技资源优势是全享农业发展的保障

借助高校、科研机构、创意型企业等培养了大批适应农业现代化发展需要的较高水平的专门人才，为全享农业的发展提供了有利的人才与科技保障。在创意人才和科技发展的大力推动下，全国已经出现了一批科技含量高、文化创意特色浓厚的全享农业形式，通过科技手段来突破自然条件限制，突出文化特色内涵，如北京昌平区的特菜大观园、怀柔中天潮海的茶园等，“南果北种”让人足不出京就能亲手采摘到南方热带水果，而天潮海的茶园则让北京消费者品尝到北京自产的新茶。

（五）农民经济理性的逐渐成熟

农村改革解决了农民的温饱问题，提高了农村劳动力的经济价值，伴随着农民收入的提高，他们愈发产生对高期望收益的新生产方式的选择性激励，增加了对无形要素投入的需求，增加了农民收入，极大地推进了山区经济发展，如民俗旅游、农业观光园等。基于创造力的全享农业将会改变农业、农村和农民。

三、全享农业的供给主体

全享农业供给包含两层含义：一是全享农业的资金筹集渠道，即全享农业产品及活动的资金来源渠道，是通过国家税收还是服务收费，前者是政府供给，后者是市场供给。一般来说，公共品通常是政府免费向消费者提供产品和服务，私人品通常是市场提供方式取得消费权。二是全享农业产品或服务的生

产方式，即产品或服务由谁生产，是公共生产还是私人生产，是什么样的组织在提供。与之相对应，谁为创意农产品出资，谁就成为了这种产品的供给主体。全享农业的供给主体主要包括各级政府组织、农业龙头企业、农村专业合作组织、科技园（产业园、孵化园）、农民专业合作社、农业发展带头人等类型。它们具有不同的功能定位、职责范围和供给任务，共同构成全享农业供给主体的组织体系。

（一）政府

政府是全享农业发展的规划者和决策者。政府根据全享农业发展相关情况，整合地区特色资源，制订发展规划，并结合市场需求信息，为全享农业发展提供政策支持、资金补助、人才资源等，指明全享农业发展方向，形成地域特色优势产业。

此外，政府也是各区县各类文化艺术节的倡导者和主办者。如昌平区的农业嘉年华。

（二）农业龙头企业

农业龙头企业根据自身具备的创意、生产、销售、资金等方面的优势对相关农业项目进行全面产业链的发展，企业对农产品或农业项目进行广泛的创意发展，提高农产品的附加价值，为合作农户提供产前、产中、产后等一系列科技、管理服务，迅速扩大创意农产品的生产规模，使得企业形成生产经营型、加工服务型、营销推广型等综合性全享农业龙头企业。如顺义区的顺鑫绿色度假村，意大利农庄等。

（三）科技园、产业园、孵化园

农业科技园区、产业园区、孵化园区根据各地农业资源特色进行新技术和新品种引进开发、农业科技示范等，为全享农业的发展提供技术推广和科学培训，引导农业向科技含量高、符合市场需求等方面发展，对全享农业产品和项目的发展提供技术、人力支持。如顺义区的三高科技园，昌平区的小汤山现代农业科技示范园，怀柔区的北房镇城市农业园等。

（四）农民专业合作社

合作社的出现是现代农业发展的需要，是农民为提高农产品质量，提升农产品市场竞争力、维护自身利益和发展全享农业产业化的必然选择。这一主体需要系统化的专业知识和创造力作为支撑，建议发挥地方院校和科研机构对全享农业的综合规划、产品设计、技术研发和组织管理等优势，通过入股、参股等方式参与创业合作，挖掘、创造能够成为本地区标志的创意农产品品种和服务项目，积极注册使用原产地标识和地理标志等。行业协会作为连接农业生产与市场的组织，对全享农业的商业开发、产业化发展、信息和技术推广等作用重大。如顺义区的七彩樱桃园等。

（五）农业发展带头人

农村发展带头人是在农业发展过程中掌握信息多、销售渠道广，以连接整个生产销售环节为活动中心并赚取一定销售服务费用的人。这些带头人分别在科技、信息、市场、生产、运输、销售、研发等领域广泛发展农业项目，是全享农业发展走向市场、开拓市场的积极因子。然而，目前全国这方面的人才仍十分缺乏，应有计划地培育有文化、懂技术、会经营的新型职业农民，加快形成新型职业农民培育的政策和措施体系，探索解决农民半农半读，使其享受国家助学和免学费等教育优惠政策和职业教育培训服务，支持农业院校和科研机构有针对性地开展职业农民培训。通过提高待遇、提供城市户口等政策优惠，引导农业人才、科技特派员、大学生村官等长期留在农业领域，成为全享农业带头人。

四、全享农业的理论支持

无论从全享农业发展外延还是内涵来分析，全享农业是在多种产业的基础上发展起来的一种新兴的产业形态，因此要在建立多种理论的基础上进行尽量低资本、高效率的实践创意规划。

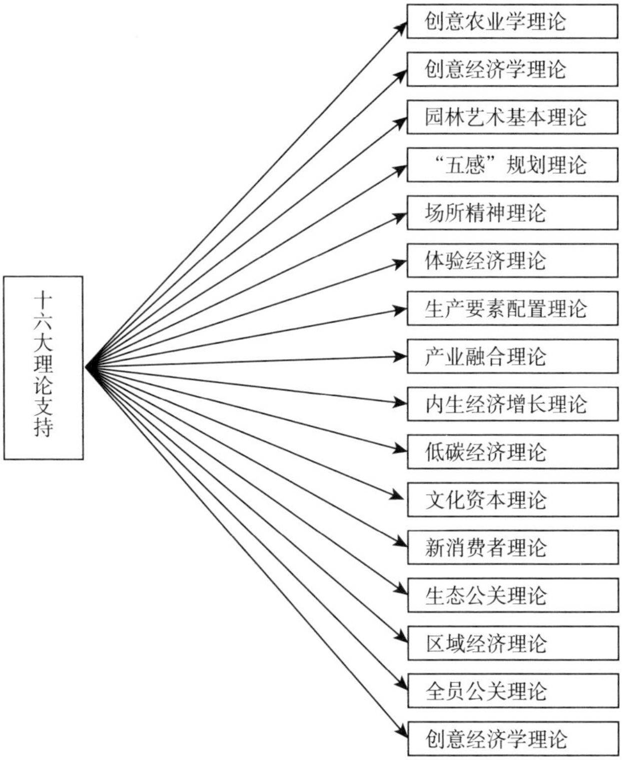

全享农业的十六大理论支撑

五、全享农业的主要模式

基于当前国内外成功经验：荷兰的科技创汇型、德国的社会生活功能模式、英国的农业旅游模式、法国的环保生态模式、日本的一村一品模式，成都“五朵金花”模式、上海“山阳田园”模式、南京“嘉年华”模式，总结以下七大全享创意模式：

（一）农产品全享创意

农产品全享创意包含五种形式，分别为景观农业创意模式、主题创意发展模式、全享农业园区模式、创意节庆会展模式和农业文化创造模式。

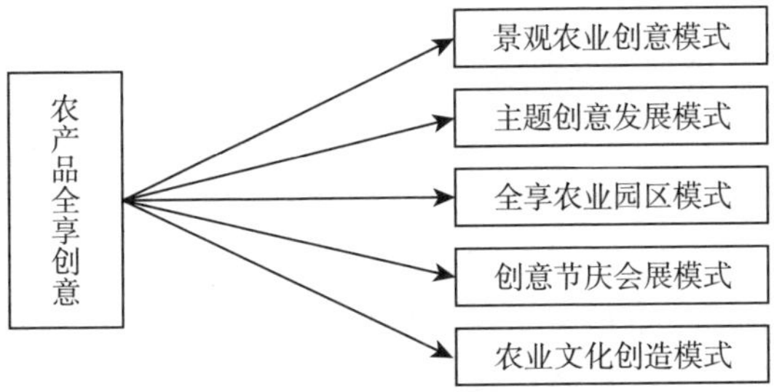

农产品全享创意

（二）营销形式全享创意

营销形式全享创意包含区域品牌开发模式和农业空间拓展模式两种模式。

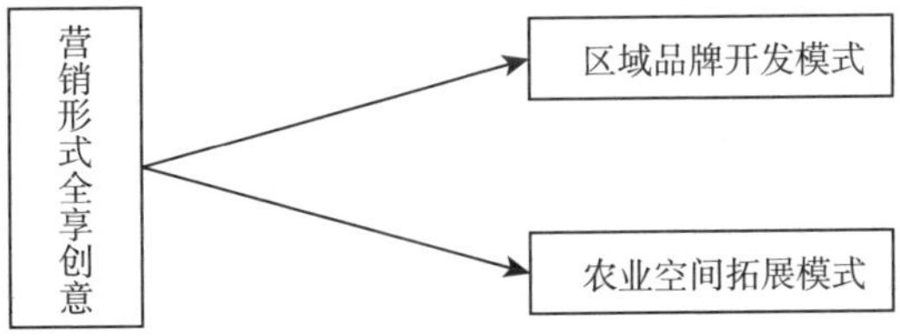

营销形式全享创意

（三）农业产业全享创意

农业产业全享创意包含三种形式，分别是产业融合创意模式、产业链条开发创意模式和空间集群发展创意模式。

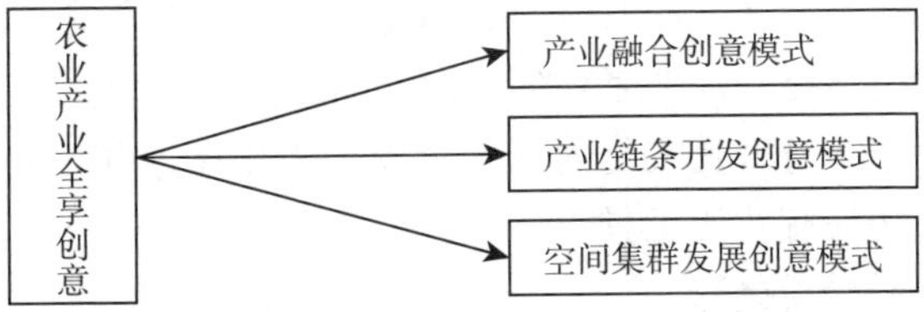

农业产业全享创意

(四)资源转化为资本模式

资源转化为资本模式是全享农业发展的基本模式，也是在实践中广泛存在的形式。一方面“农业、农村、农民”本身是取之不尽的资源，可以通过创意转化为推动其发展的资本；另一方面，各类社会文化资源也都可以通过创意与农业相融合，成为新的发展推力。这一模式在农村发展中已经比较普遍，通常融入到农业节庆、农业旅游、观光农业和休闲农业等各类新业态的发展之中。一是以创意产业的手法将资源转化为推动农村发展的资本。发展全享农业就要以故事力来活化文化资源，将其转化成能为农业带来增值的资本。二是以创意产业的思维整合各类社会文化资源为农业生产服务，提升农产品的附加值。

(五)全景产业价值体系模式

全享农业和普通农业不仅是在创造新形式的高附加值农产品上有显著区别。全享农业强调的是全景产业，基于对价值体系建设的思考，以发挥全享农业的巨大潜力，释放更大的经济效益。全景产业价值体系指的是通过农业方面的知识产权（如商标、专巧、品牌、企业核也竞争力等）的重复交易，用来形成不同层次的产业系统，从而促进相关产业和整个地区的发展。

由于渗透能力强，创意产业能够以各种各样的形式达到与不同行业的整合，形成完成的农业体系和价值体系。而且全享农业是以文化创意为核心，它将给农村带来新领域品牌和一系列衍生品行业。这种全景产业价值体系不仅包括农业核心产业，也包括支持农业的配套产业和农业衍生品产业集群的四层产业群。

(六)市场消费拓展模式

发展农业市场是发展全享农业的主要模式之一。没有农业市场，全享农业的价值是不可能体现的，发展全享农业相当于失去了它的价值。国内外全享农业市场的发展主要以城市和农村之间和谐的交互为手段，凭借城市消费市场的开发与农村自然、文化和生活环境的培养来塑造全面的全享农业历史背景，进而使全享农业的新形式、新产品和附加值可与市场经济的经济效率对接。

具体来说可以采取如下做法：第一是塑造一种新的生活方式。借以倡导新型生活方式，创造农业产品和农业市场的有机联系，提高消费者对全享农业的认同程度，同时也能提升消费者对创意农产品的购买能力。第二是全享农业品牌的扩张品牌标志本身就是文化内涵的体现，文化渗透和辐射功能非常强大，可以成为开发市场最有效的工具。

(七)空间集聚发展模式

发展全享农业一般需要在空间上发展集聚模式，如创意农业公园和创意农业带。创意农业公园是国内目前比较常见的全享农业发展模式，创意农业公园结合现代农业和乡村旅游的发展理念，形成多功能的全产观光以及休闲娱乐园区。

六、全享农业的全享途径

本文总结了五种创意途径：科技创意、文化创意、服务创意、生态创意和美学创意。

32字口诀：扬长优势，特色发展；典型带动，规模发展；创新机制，合作发展；三产联动，延伸发展。

具体实施从以下四个方面：

（一）从文化层面提升农业附加值，塑造高赢利性

全享农业运用文化的力量，以文化创意来提升农业经济的品位。也就是说全享农业通过科技创新和文化创意来创新农业生产方式，丰富农产品文化内涵，提升农产品附加值。为了满足人类生理和情感的需求，把人类的意志、思想和情感当作文化资源，并用来生产文化产品、提供文化服务、创造社会财富的能力就是文化生产力。在创意经济时代，文化生产力是经济发展的原动力。

全享农业将文化资源作为一种生产要素投入到农业生产过程中，从而提高农产品的文化附加值，获取更高的利润。

（二）从产业融合的角度出发，建设农业产业链

全享农业是由相互关联的产业，如核心产业、支持产业、配套产业、衍生产业等形成的产业链，通过一二三产业的高度融合，出现显著的价值乘数效应。

产业链上价值较高的农产品是全享农业的价值核心。农产品能够带动相关产业，有强大的辐射力，能够形成产业集群并产生巨大的经济效益。

与传统农业的发展模式相比，全享农业以文化创意为核心，能够构筑多层次的全景产业链是其最大的优势。全享农业能够把农产品、农耕活动、文化艺术活动、市场需求等要素进行有机结合，形成良性互动的产业价值体系，建设农业特色产业链，实现产业价值的最大化。

（三）挖掘区域特色资源潜力，弘扬地区特色文化

全享农业在发展经济的同时注重挖掘区域特色资源，特别是当地富有特色的区域文化，往往会成为当地全享农业的重要元素。

农村的自然资源及当地特色文化资源是全享农业的主要创意元素，全享农业通过创意手段，借助巧妙的构思，设计具有当地区域文化特色的创意农产品及相关文化节庆活动，使农业衍生出生态、环保、休闲、娱乐、教育等多种功

能，创造多元化生态文明。全享农业在强化了农村人文环境的同时也使乡土文化气息和民俗风情能够更好地保留下来。

（四）从市场需求的角度出发，创建品牌农业

农产品的价值是靠市场实现的。通过农产品消费将农产品直接转化为经济效益的方式主要有两种：

一是倡导新型生活方式。新型生活方式使创意农产品与消费市场形成有效对接，能够使消费者认同农产品的理念并激发其购买行为。德国的休闲农业旅游、英国的农业旅游都是成功的典范。在大都市里，由于生活节奏较快，压力较大，休闲旅游成为一种新型生活方式。发展全享农业，消费者通过亲自体验农事活动，使农业更具吸引力，在心理上也更接受全享农业产品，市场拓展力度大。

二是放大农业的品牌效应。文化有强大的渗透和辐射功能，能够大范围的开拓市场。品牌本身具有文化意义，品牌就是品牌文化的代表。全享农业应该结合当地特色区域文化，以地理标志产品、农产品著名品牌等手段不断提高其文化感召力，提升农产品的品牌效应，以文化内涵提升农产品的市场号召力，以特色农产品品牌延伸价值空间。

七、运作机制

全享农业旅游规划一般具有制度动力模式和自组织动力模式两种，具体来说可分为政府主导型、企业主导型和农户主导型。

（一）政府主导型

政府主导型主要表现为政府对全享农业旅游规划发展的领导及决策，首先表现在对旅游规划园区基地的选择判断，其次表现在园区制度的确定及旅游规划的定位，进而制造创意环境，吸引创意人才，从而实现全享农业旅游的发展。

（二）企业主导型

企业主导型的全享农业旅游规划通常是以企业家和技术创意人才为主要推动力，其最大特点是追求利润最大化，以市场机制作为主要传导机制，分析创意产品或服务的市场需求，再按照价格机制进行空间格局的调整，最后选定一定区域建立并发展全享农业旅游。

（三）农户主导型

农户主导型是以村为单位，通过农民专业合作社将农民有效地组织起来，由农民合伙或以合作社的名义进行投资。其中，农户和合作社既是园区的投资主体也是园区的经营主体。由于资金有限，这类全享农业旅游园区建设规模一般都较小，且数量不多。

八、全享农业的品牌

品牌化的发展将是全享农业展示的最佳方式，助力乡村振兴战略服务于中国 660 万乡村。全享农业的品牌特征如下：

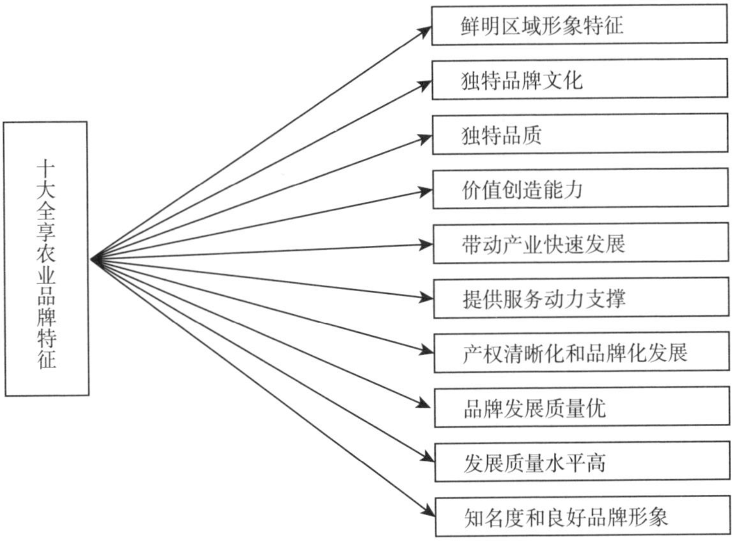

十大全享农业品牌特征

第三节　全享农产品

全享农业——“农立方”产业模式，以满足人们对高层次物质和精神的追求。

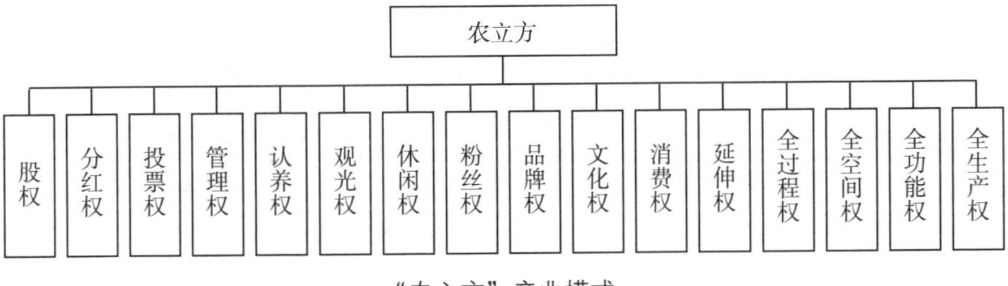

“农立方”产业模式

“农立方”产业模式将以一种全新的理念和业态来丰富和发展中国文化创意产业，以智慧经济为核心理念，通过人类智慧对文化的形式和内容进行创造性挖掘和开发，使之形成一种新型资源，拉动资本和技术在新资源下的合理配置，改变发展方式，推动产业转型，促进经济增长和解决劳动就业。如以下几种模式：

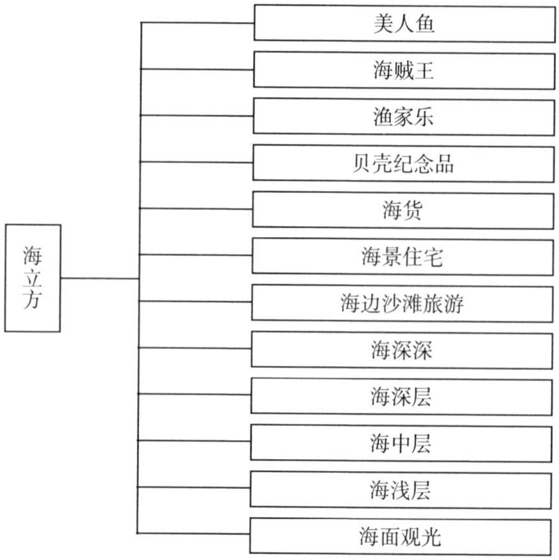

"海立方"模式

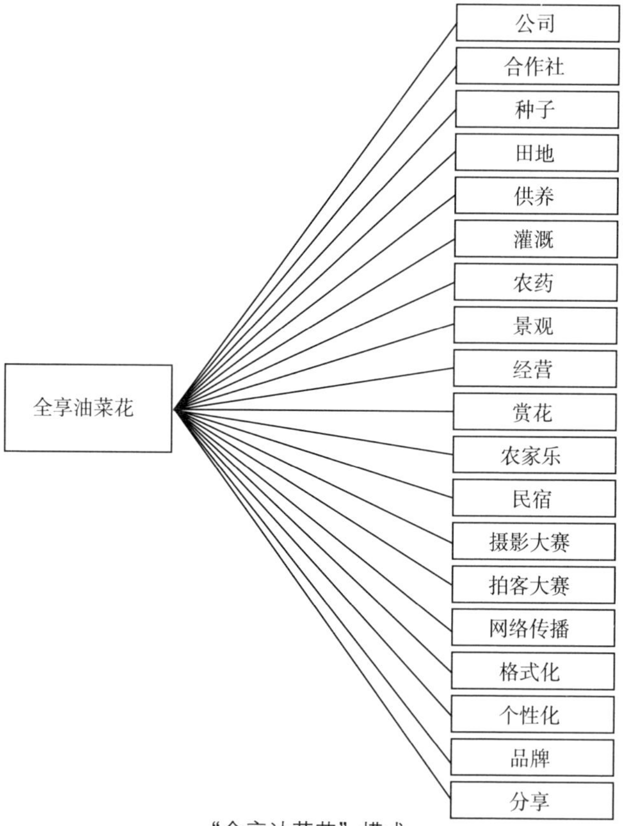

"全享油菜花"模式

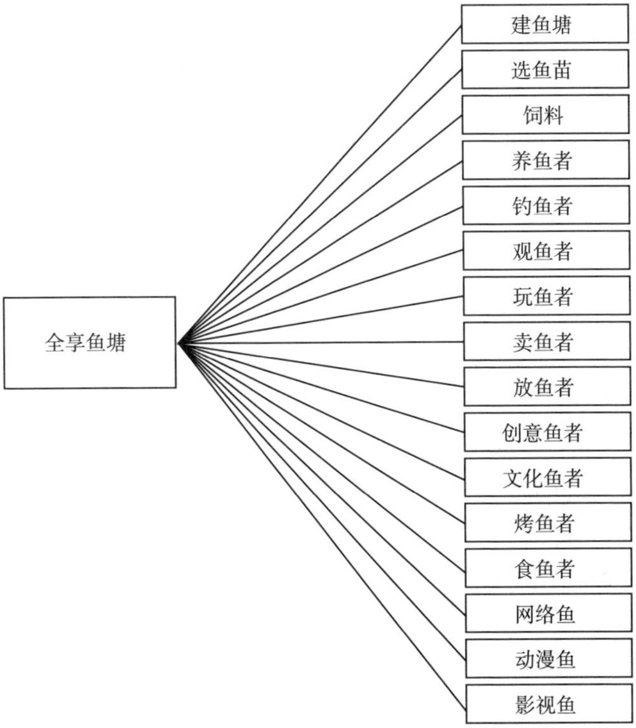
全享鱼塘
建鱼塘
选鱼苗
饲料
养鱼者
钓鱼者
观鱼者
玩鱼者
卖鱼者
放鱼者
创意鱼者
文化鱼者
烤鱼者
食鱼者
网络鱼
动漫鱼
影视鱼

“全享鱼塘”模式

第十八章　全享大农业变成盈利大风口

第一节　全享农业发展趋势

全享农业作为新时代农业的朝阳产业，符合新农村建设和乡村振兴的发展需要，具有相当大的潜力。

全享农业的发展契机为农民的经济理性趋于成熟、农村资源依然存在有广阔的空间和不断变化的农业技术发展模式。从宏观上现代农业正成为国家新的发展和推广战略。

全享农业的发展符合现阶段我国的国情，也是发展现代农业建设中重要的一部分，更是推动新农村建设的一大突破，在精神层面上符合国家推进生态文化和精神文明建设的宗旨。

发展农业资源必将使传统农业建设结构得到改善，全享农业正符合这一目标。创意产业在当今世界，已不再仅仅作为一个理念而存在，而是在现实发展中具有巨大经济效益的产业。全享农业的核心即是对传统特色农业的再创造和对其优势的再放大，使效益低下的传统特色农业和现代农业再次焕发生机并持续发展下去。

第二节　盈利大风口

早在2008年，中央1号文件就明确提出要求，各地要贴近实际，积极鼓励支持本地特色农业发展。现阶段在提倡“万众创新”这一大环境背景下，全享农业紧紧抓住“创意”这一重点，对我国农业发展意义重大，全享农业的发展也为未来我国农业发展指出了一条新的道路，也是未来农业发展的必然趋势。

一、创意农产品蓬勃发展

创意农产品是全享农业的表现形式之一。创意农产品利用现代生物技术和栽培手段改变农产品的外观、口感、用途等，以满足消费者好奇心理以及味觉、触觉、嗅觉、视觉等多方面的需求。最常见的形式是改变外观，包括改变农产品的大小、形状、色彩等，如迷你萝卜、方形西瓜、五彩辣椒、图案苹果等。其次是改变用途，如将一些常见农作物作为盆景蔬菜等。再次是变废为宝，利用一些农业生产中的废弃物加工成工艺品，如核桃雕刻等。

二、全享农业旅游蓬勃发展

全享农业旅游是目前国内全享农业较为成熟的发展模式，主要集中在接近目标市场的都市郊区。经营者通过整合城市现代要素和农村特色资源，开发经营参与性、互动性较强的项目，不断拓展农业功能，主要有以下三种形式：

一是观光采摘。这是全享农业旅游较为常见的形式。主要是以园区为依托，大规模种植创意水果、蔬菜、花卉，供游客欣赏、游玩、采摘和品尝。如上海嘉定马陆葡萄主题公园、郑州丰乐百万葵园等。

二是休闲体验。一种是农耕体验型，由经营者将土地分割成小块，供市民租种，从中收取租金，租种者可从中体验农耕的乐趣、享受收获的喜悦。经营比较成功的如成都五朵金花之一的“江家菜地”，那里一亩土地一年的租金高达 8 000 元。另一种是游戏体验型，主要是利用农业特性，设计打造迷宫种植园，使游客在探险的同时还可以观赏、采摘。如西双版纳的凤尾竹迷宫、大连“勇者之旅”的玉米迷宫等。

三是创意乡镇。是将文化创意融入乡村规划建设，打造创意农村、创意农居、创意农民，提升乡镇形象、带动经济发展。成都市锦江区的三圣花乡就是中国全享农业乡镇的杰出典范，现已成为国内享有盛名的休闲旅游娱乐度假区。

三、全享农业营销蓬勃发展

全享农业营销以节庆会展作为主要方式，通过举办创意农产品发布会、组织全享农业大赛、展示和推广创意产品等活动，推动了全享农业与市场的有效衔接。我国主要以政府农业部门主导举办全享农业营销活动，这些活动不仅向外界展示了创意农产品，还展示了乡村文化、当地民俗以及先进的栽培种植技术，并宣传了全享农业的理念，提高了创意品牌的知名度。如山东寿光的菜博会、浙江绍兴的桃花节、天津汉沽的葡萄文化旅游节、江苏南京的农业嘉年华等。

在过去农业由盛到衰，在今天农业将在世界的影响下、国家的领导下打造“全享”新时代理念，成为金融、生态、文化等方方面面的新一轮盈利点。

第十九章　农村宅基地利用

无论是对农庄的策划还是对田园的创意，其概念的核心都离不开土地，可以说土地资源是创意研究无法替代的重要因素。它既是环境的组成部分和规划的落脚点，又是其他自然环境资源和社会经济资源的载体，是各种策划分析的出发点和基础，因此，每个项目如何可持续地利用、开发、整治和保护土地，实现土地资源的永续利用与社会、经济、资源环境的协调发展，不断满足社会经济长期发展的需要，达到最佳的社会、资源环境和经济效益，是一个很值得探讨的课题。同时在政策范围内，通过土地开发，争取政策，灵活使用资产，可以体现土地的价值，为乡村建设筹措资金，支持实施乡村振兴战略。

当下，随着国家相关政策的出台，以及各地根据市场的需求在现有政策范围内不断的探讨和创新，已经有很多可借鉴的经验和方法。

第一节　新形势下宅基地的利用

《中共中央　国务院关于实施乡村振兴战略的意见》指出：完善农民闲置宅基地和闲置农房政策，探索宅基地所有权、资格权、使用权“三权分置”，落实宅基地集体所有权，保障宅基地农户资格权和农民房屋财产权，适度放活宅基地和农民房屋使用权，不得违规违法买卖宅基地，严格实行土地用途管制，严格禁止下乡利用农村宅基地建设别墅大院和私人会馆。

农村的宅基地一直是一个敏感的话题，2018 年的 1 号文明确了可适度放活宅基地和农民房屋使用权，可以采取长期租赁的方式开展经营活动，也可以采取合作、入股等方式共同经营。特别是对于闲置的房屋，可采取由村集体经济组织收购变成集体的财产，再与投资商合作，实现变现或长期收益。这也是引领商户结合其他优势到此投资的重要抓手。

文件明确，在符合土地利用总体规划的前提下，允许县级政府通过村土地利用规划，调整优化村庄用地布局，有效利用农村零星分散的存量建设用地；预留部分规划建设用地指标用于单独选址的农业设施和休闲旅游设施等建设。对利用收储农村闲置建设用地发展农村新产业、新业态的，给予新增建设用地指标奖励。这一规定结合相关政策，对当前农庄改造具有十分重要的意义，对农庄规划提供了政策依据，同时对扩大占地面积也指明了方式。所谓收储农村闲置建设用地可理解为收购空置房屋及周边土地，本身就可变换指标加上奖励的建设用地指标，均可形成价值。

第二节　开垦造地

开垦造地是土地开发整理的一种主要形式，一般是指对未利用土地（如各类荒山、荒地、荒滩、荒水等）采取工程措施、生物措施或综合措施，使其改造成为以种植、养殖为主的可持续性利用的农用土地来进行社会生产实践活动，其主要目的是补充耕地量、增加有效耕地面积。

按照现有法规其实施主体为县、区土地行政主管部门，由于村内的未利用土地基本上属于村集体共同所有，虽然有些已经对外发包或占用，但不影响其性质，整理的主动权及整理后的所有权归集体。这点必须明确，因为开垦造地的效益主要来源于两个方面，一是通过造地增加耕地面积形成生产能力；二是增加耕地指标以解决占补平衡问题而产生效益，这才是当前开垦造地的主要动力。

占补平衡是《土地管理法》确定的一项耕地保护的基本制度。新增的耕地指标根据相关规定可以在省内调剂，部分可以在省域间调剂，需求方须向提供方给予补偿，根据不同省份的需求情况及土地等级其价格不同，但价格往往高于成本较多，补充耕地指标调剂收益由县级政府按照预算安排用于耕地保护、农业生产和农村经济社会发展。所以其收益理论上可以用于农庄开发项目，具体办法要与当地县级政府协商。

开垦造地虽然能形成效益，但也受多方条件的严格制约，严禁违反规划擅自毁林开荒造地，严禁擅自填海、填湖、填湿地垦造耕地，破坏生态环境。在工程实践中由于统计规划的不统一，国土部门的荒地与林业部门的林地相矛盾的情况时有发生，必须引起注意。随着国家严格控制未利用地开垦政策的出台，大面积利用未利用地进行开垦已经不太可能，但为了提升乡村整体生态建设和适应新的规划而使原有未利用地转变为耕地土地整理是必要的。

土地开垦中需要了解的农用地质量分等知识介绍如下。

耕地质量等级划分是从农业生产角度出发，通过综合指数法对耕地地力、土壤健康状况和田间基础设施构成满足农产品持续产出和质量安全的能力进行评价划分出的等级。

根据全国综合农业区划，结合不同区域耕地特点、土壤类型分布特征，将全国耕地划分为东北区、内蒙古及长城沿线区、黄淮海区、黄土高原区、长江中下游区、西南区、华南区、甘新区、青藏区九大区域。

各区域耕地质量指标由基础性指标和区域补充性指标组成，其中基础性指标包括地形部位、有效土层厚度、有机质含量、耕层质地、土壤容重、质地构型、土壤养分状况、生物多样性、清洁程度、障碍因素、灌溉能力、排水整理、农田林网化率 13 个指标。区域补充性指标包括耕层厚度、田面坡度、盐渍化程度、地下水埋深、酸碱度、海拔高度 6 个指标。

耕地质量划分为 10 个耕地质量等级。耕地质量综合指数越大，耕地质量水平越高。一等地耕地质量最高，十等地耕地质量最低。

第三节　土地升级

土地升级是提高耕地质量的一种土地开发整理行为，以提升现有耕地质量、将旱地改造为水田为主要目标，实现建设占用耕地占一补一、占优补优、占水田补水田，确保耕地占补平衡，数量质量双到位。下一步将集中力量推进高标准农田建设，这是支持重点建设项目及时落地，为经济社会发展提供用地服务和保障的重要举措，是今后一个时期土地管理的重要方式和方法。为此国土资源部下发了《国土资源部关于补足耕地数量与提升耕地质量相结合落实占补平衡的指导意见》，其主要内容及注意事项如下。

在实施中的基本原则为：坚持政府主导，在政府统一组织领导下，充分发挥国土、农业、水利、林业、财政等相关部门作用，协同推进；坚持因地制宜，从自然条件和生态建设要求出发，科学合理安排提升耕地质量、将旱地改造为水田建设；坚持尊重农民意愿，提质改造前必须充分征求农村集体经济组织和农民意见，要确保改造后的耕地和由旱地改造出的水田能够得到及时耕种，及时发挥效益；坚持审慎稳妥推进，补改结合是在受资源约束条件下落实耕地占补平衡的创新举措，是实现占优补优、占水田补水田新途径的实践探索，必须审慎稳妥推进，不断总结提升。这里所提到的坚持政府主导也就界定了操作模式，结合其他相关文件其主导部门为县、区政府土地行政主管部门，但政府并不一定是实施主体，作为社会资本，特别是村集体经济组织结合社会资本开展该类项目是很有优势的。

开展此类项目需加强规划统筹，将耕地提质改造纳入土地整治规划。耕地提质改造与开垦造地共同构成是土地整治的重要内容，要在项目前期策划阶段开展调查时全面开展提质改造耕地摸底调查基础上，结合项目农业发展和生态建设，对提质改造耕地进行充分论证分析，提出利用原则和方向。要将提质改造纳入土地整治规划，对提质改造规模、布局作出合理安排。要结合高标准农田建设，统筹实施耕地提质改造项目。这里需要注意的是时间点问题，实施旱改水的旱地必须是第二次全国土地调查以来最新年度变更调查成果确认的旱地。有些虽然现状为旱地但在“二调”中已登记为水田的就不在其内了。

实施提质改造必须符合土地利用总体规划、土地整治规划和其他相关规划，有利于保护生态环境，有利于现代农业建设。严禁违反规划擅自毁林开荒造地，擅自填海、填湖、填湿地垦造耕地，破坏生态环境。不得违背当地农业生产和水资源客观条件，将不适宜改造的旱地强行改造为水田；未经农村集体经济组织和大多数农民同意，不得实施旱改水土地整治。

在这里农村集体经济组织又被重点提出，该组织并不是一般意义上成立的合作社，它是全体村民参加、具有平等权利的自制组织，一般可由村委会来代行。

实施提质改造的土地整治项目要具有一定建设规模，实现集中连片，统一规划、统一设计、统一实施，发挥规模效益。这一规定也体现土地整治的目的，没有一定规模也就难以体现土地升级，只有这样才能有利于机械化作业，提高生产效率，但要做到这一点必须与土地流转结合到一起才能实施，也就要求政策的配套。

依据政策，现实的做法是在有后备土地资源的县区开垦造地，但是往往由于条件的限制所造土地等级不高，不一定达到城市建设发展所占用土地的级别。那么就选择原有土地级别不高但具备提质改造的现有耕地进行改造来达到“占一补一”“占优补优”的目的，就是所谓的分两步走。

通过补改结合能够解决当地建设占用高等级耕地问题，但按照现有政策有一定的适用范围，而并不是适应所有项目。只有单独选址建设项目涉及占用耕地，受资源条件限制，难以做到占优补优、占水田补水田的，可通过补改结合方式，在确保补足耕地数量基础上，结合实施现有耕地提质改造，落实耕地占优补优、占水田补水田。按照部有关规定，铁路、高速公路和大中型水利电力等稳增长重点建设项目，可对补充耕地和提质改造进行承诺；其他建设项目在完成补充耕地数量的前提下，可对通过提质改造落实占优补优、占水田补水田进行承诺。鼓励各地采取措施，先行实施提质改造，实现“先改后占”。各类城市建设涉及占用耕地的，必须落实先补后占和直接补充优质耕地或水田要求，实现耕地占补平衡，充分发挥耕地占补平衡制度约束作用，倒逼城市挖潜利用存量土地、节约集约用地。

在充分理解土地升级相关政策后，可在农庄规划和建设中加以利用。可以假设农庄的耕地在满足产业化前需对土地进行整理，并且基本为提高等级来利用，在实施前与县区土地行政主管部门沟通将其纳入土地整治规划，得到相关批准后再按规定程序组织实施，这样做后一种可能是工程费用由财政专项资金支付，还有一种可能是形成的高等级土地指标可以通过交易平台对外进行交易，其实现的价值可以补充农庄改造费用的不足。政策规定，将改进耕地占补平衡管理办法，建立高标准农田建设等新增耕地指标和城乡建设用地增减挂钩节余指标跨省域调剂机制，将所得收益通过支出预算全部用于巩固脱贫攻坚成果和支持实施乡村振兴战略。

另外，规定要求要充分利用建设占用耕地的剥离土壤，改良新开垦耕地，提高耕地质量。要把耕作层的种植土当做重要的资源来看待，而不能粗放地埋在建筑物下面，这也要求在做乡村规划时利用和重视这一点，考虑到运距问题尽可能做到内部土地提质改造使用，若外部建设有供给或内部建设有剩余还可作为商品实现其价值。

第四节　土地复垦及增减挂钩

为了完成农庄规划和建设，就要提到对旧有农庄的改造，按照利用土地面积来划分，可分为原有土地面积内改造，扩大规模改造，集中缩小改造等；按照利用土地位置来划分，可分为原地改造和异地改造两种。只要涉及项目建设就会遇到土地的问题，有些需要征地，有些需要置换，而有些通过集中建设可以腾出一些建设用地，需要复垦。

另外，随着经济的发展及结构的改善，特别是城市化进程的加快，农村人口大量离开故土，来到城市发达地区工作和生活，也有一些因扶贫而搬迁，总之各种原因形成大量的“空心村”。可能大家都有这种体会，飞经中东部地区时若天气晴朗从飞机上向下看村庄一个接着一个，而到农村考察时会发现人员寥寥无几。“空心村”的存在既影响环境又造成大量的土地浪费，通过集中整治也可以腾出一些建设用地，通过复垦形成农地。各地都在探索对“空心村”进行整治，基本方法为将分散的小村变成了大村，让农村焕发了新生机，改善了农村人居环境，基础设施更容易配套，农业生产更成规模，极大地推动了现代农业和美丽乡村的建设。更破解了地从哪里来、钱从哪里出、耕地如何保的发展和稳定的双重难题，为乡村振兴拓展了空间。

复垦出来的土地，除用于发展规模化特色农业外，其指标通过增减挂钩的相关政策达到变现作用，就是解决了钱从哪里出的主要渠道。

其复垦的相关依据主要有《土地复垦条例》《土地复垦条例实施办法》等，其与上述农庄改造及“空心村”相关的主要条款汇总如下：

土地复垦应当坚持科学规划、因地制宜、综合治理、经济可行、合理利用的原则。复垦的土地应当优先用于农业。

县级以上人民政府其他有关部门依照本条例的规定和各自的职责做好土地复垦有关工作。

编制土地复垦方案、实施土地复垦工程、进行土地复垦验收等活动，应当遵守土地复垦国家标准；没有国家标准的，应当遵守土地复垦行业标准。

制定土地复垦国家标准和行业标准，应当根据土地损毁的类型、程度、自然地理条件和复垦的可行性等因素，分类确定不同类型损毁土地的复垦方式、目标和要求等。

县级以上人民政府国土资源主管部门应当依据职责加强对土地复垦情况的监督检查。被检查的单位或者个人应当如实反映情况，提供必要的资料。

任何单位和个人不得扰乱、阻挠土地复垦工作，破坏土地复垦工程、设施和设备。

国家鼓励和支持土地复垦科学研究和技术创新，推广先进的土地复垦技术。

对在土地复垦工作中作出突出贡献的单位和个人，由县级以上人民政府给予表彰。

土地复垦方案应当包括下列内容：

①项目概况和项目区土地利用状况。

②损毁土地的分析预测和土地复垦的可行性评价。

③土地复垦的目标任务。

④土地复垦应当达到的质量要求和采取的措施。

⑤土地复垦工程和投资估（概）算。

⑥土地复垦费用的安排。

⑦土地复垦工作计划与进度安排。

⑧国务院国土资源主管部门规定的其他内容。

县级以上地方人民政府国土资源主管部门应当建立土地复垦监测制度，及时掌握本行政区域土地资源损毁和土地复垦效果等情况。

土地复垦义务人应当建立土地复垦质量控制制度，遵守土地复垦标准和环境保护标准，保护土壤质量与生态环境，避免污染土壤和地下水。

禁止将重金属污染物或者其他有毒有害物质用作回填或者充填材料。受重金属污染物或者其他有毒有害物质污染的土地复垦后，达不到国家有关标准的，不得用于种植食用农作物。

县级以上人民政府国土资源主管部门应当在调查评价的基础上，根据土地利用总体规划编制土地复垦专项规划，确定复垦的重点区域以及复垦的目标任务和要求，报本级人民政府批准后组织实施。

对历史遗留损毁土地和自然灾害损毁土地，县级以上人民政府应当投入资金进行复垦，或者按照“谁投资，谁受益”的原则，吸引社会投资进行复垦。土地权利人明确的，可以采取扶持、优惠措施，鼓励土地权利人自行复垦。

县级以上人民政府国土资源主管部门应当根据土地复垦专项规划和年度土

地复垦资金安排情况确定年度复垦项目。

政府投资进行复垦的，负责组织实施土地复垦项目的国土资源主管部门应当组织编制土地复垦项目设计书，明确复垦项目的位置、面积、目标任务、工程规划设计、实施进度及完成期限等。

土地权利人自行复垦或者社会投资进行复垦的，土地权利人或者投资单位、个人应当组织编制土地复垦项目设计书，并报负责组织实施土地复垦项目的国土资源主管部门审查同意后实施。

政府投资进行复垦的，有关国土资源主管部门应当依照招标投标法律法规的规定，通过公开招标的方式确定土地复垦项目的施工单位。

土地权利人自行复垦或者社会投资进行复垦的，土地复垦项目的施工单位由土地权利人或者投资单位、个人依法自行确定。

进行土地复垦验收，应当邀请有关专家进行现场踏勘，查验复垦后的土地是否符合土地复垦标准以及土地复垦方案的要求，核实复垦后的土地类型、面积和质量等情况，并将初步验收结果公告，听取相关权利人的意见。相关权利人对土地复垦完成情况提出异议的，国土资源主管部门应当会同有关部门进一步核查，并将核查情况向相关权利人反馈；情况属实的，应当向土地复垦义务人提出整改意见。

土地权利人自行复垦或者社会投资进行复垦的土地复垦项目竣工后，由负责组织实施土地复垦项目的国土资源主管部门会同有关部门进行验收。

复垦为农用地的，负责组织验收的国土资源主管部门应当会同有关部门在验收合格后的 5 年内对土地复垦效果进行跟踪评价，并提出改善土地质量的建议和措施。

订土地复垦协议，明确复垦的目标任务以及复垦后的土地使用和收益分配。

土地复垦及指标使用的主要依据为：2016 年下发的《国土资源部关于用好用活增减挂钩政策积极支持扶贫开发及易地扶贫搬迁工作的通知》国土资规〔2016〕2 号，为了全面深入理解其精神及操作方法，现全文引用如下：

为贯彻落实《中共中央国务院关于打赢脱贫攻坚战的决定》（以下简称《决定》），在精准施策上出实招、在精准推进上下实功、在精准落地上见实效，充分发挥国土资源超常规政策特别是城乡建设用地增减挂钩政策对扶贫开发及易地扶贫搬迁的支持促进作用，现将有关事项通知如下：

一、充分认识增减挂钩支持扶贫开发及易地扶贫搬迁的重要意义

《决定》提出“利用增减挂钩政策支持易地扶贫搬迁”。从各地的实践看，

实施增减挂钩，既可为搬迁农民安置提供用地保障，又能为搬迁农民建新居、农村基础设施建设和扶贫产业发展提供有力的资金支持，推动贫困地区经济社会发展，确保易地扶贫搬迁农民搬得出、稳得住、能致富。各级国土资源主管部门要全面学习领会和认真贯彻落实党的十八届五中全会、中央经济工作会议、中央扶贫开发工作会议、全国易地扶贫搬迁工作电视电话会议精神和《决定》部署要求，高度重视扶贫开发及易地扶贫搬迁工作，用好用活增减挂钩政策作为实施精准扶贫、精准脱贫的有力抓手，主动配合有关部门，助力扶贫开发，因地制宜、因人施策，促进政策落实落地，为“十三五”时期打赢脱贫攻坚战做出积极贡献。

二、增减挂钩指标向贫困地区倾斜

按照应保尽保的要求，加大对扶贫开发及易地扶贫搬迁地区增减挂钩指标支持。部级在分解下达全国增减挂钩指标时，向脱贫攻坚任务重的省份倾斜；省级国土资源主管部门在安排增减挂钩指标时，要重点支持贫困市县的扶贫开发及易地扶贫搬迁工作；市、县级国土资源主管部门在组织增减挂钩项目区时，要优先考虑贫困村庄特别是实施易地扶贫搬迁的村庄，积极支持具备条件的贫困地区通过开展增减挂钩，推动扶贫开发和易地扶贫搬迁工作。

三、拓展贫困地区增减挂钩节余指标使用范围

集中连片特困地区、国家扶贫开发工作重点县和开展易地扶贫搬迁的贫困老区开展增减挂钩的，可将增减挂钩节余指标在省域范围内流转使用。各级国土资源主管部门要认真落实这项超常规政策，切实发挥增减挂钩支持扶贫开发和易地扶贫搬迁的作用。省级国土资源主管部门要建立台账，对全省增减挂钩节余指标进行统一管理，按照公开、公平、有偿的原则，引导节余指标合理流转，用于效益好的项目，充分显化土地级差收益，保证产生的节余指标能用得出去、资金能收得回来。市、县级国土资源主管部门要加强增减挂钩项目区实施管理，认真核定节余指标，并报省级国土资源主管部门确认备案，为节余指标安排使用提供依据。为加大“十三五”时期脱贫攻坚的支持力度，对集中连片特困地区、国家扶贫开发工作重点县和开展易地扶贫搬迁的贫困老区此前产生至今尚未使用的节余指标，可按上述规定在省域范围内流转使用。

各级国土资源主管部门在土地利用总体规划调整完善中，应充分考虑扶贫开发及易地扶贫搬迁需要，统筹安排建设用地规模和布局，确保增减挂钩节余指标有落地空间。在具体实施过程中，规划空间不足的，有关省份可根据实际情况，按照自愿、依法的原则，对产生节余指标的市县和使用节余指标的市县规划主要指标进行相应调整。

四、规范扶贫开发增减挂钩节余指标使用管理

增减挂钩节余指标在省域范围内流转使用的，实行项目区分别管理。产生节余指标的县（市）可将拆旧复垦地块和本县域内的建新安置地块组成项目区，编制项目区实施方案，并在方案中说明产生节余指标规模等情况；使用节余指标建新的县（市）可单独编制建新实施方案，详细说明节余指标来源。产生节余指标县（市）的项目区实施方案和使用节余指标县（市）的建新实施方案，可按照规定分别报备。

各级国土资源主管部门要加强拆旧复垦监管，做好建新占用耕地和拆旧复垦耕地的质量等级评定，并对照建新占用的耕地面积和等级，对拆旧复垦的耕地进行严格审核验收，确保实施扶贫开发及易地扶贫搬迁后耕地数量有增加、质量有提高。

五、切实保障农民土地合法权益

运用增减挂钩政策支持扶贫开发及易地扶贫搬迁，要充分尊重农民意愿，保障农民的知情权、参与权和受益权，不搞强迫命令，防止以易地扶贫搬迁为名搞“运动式”搬迁。要切实维护集体经济组织和农民土地合法权益，拆旧复垦腾出的建设用地，必须优先满足农民新居、农村基础和公益设施建设，并留足农村非农产业发展建设用地。要坚持群众自主的原则，因地制宜选择搬迁安置方式，并按照方便农民生产生活的要求，为农民提供多样式、多户型的住房选择。增减挂钩项目区实施方案编制时，要对项目区范围内的土地利用现状、地上房屋等建筑物和构筑物，以及权属状况进行调查核实，做到界址、面积和权属清楚；增减挂钩项目区实施完成后，要及时进行变更调查和确权登记，切实维护群众土地权益。拆旧复垦土地所有权仍属于拆旧区集体经济组织，其经营使用由集体经济组织自主确定。

六、规范增减挂钩资金收益管理

增减挂钩收益，要按照工业反哺农业、城市支持农村的要求，及时全部返还贫困地区，确保通过增减挂钩实施扶贫开发及易地扶贫搬迁的农民受益。节余指标收益应由县（市）统一管理，充分考虑各项目区拆旧安置成本和增减挂钩指标用途，确保挂钩收益公平合理。节余指标收益，可采取省级国土资源主管部门制定指导价格，由产生指标方和使用节余指标方协商确定节余指标价格；有条件的地区，可探索竞争方式确定节余指标价格。

市、县级政府要加强增减挂钩资金收益统筹管理，根据不同的安置方式，按照“钱随人走、同等受益”的原则分配和使用。对集中安置的，可将增减挂

钩收益返还集体经济组织，由村民自主安排用于新居和基础设施建设等；对分散安置的，可以货币形式足额将增减挂钩收益返还当事农户。

七、加强工作的组织领导

增减挂钩支持扶贫开发及易地扶贫搬迁工作要坚持上下联动、加强协调。国土资源部负责政策指导和监督检查；省级国土资源主管部门负责工作统筹组织和实施监管；市、县级国土资源主管部门负责项目区实施方案的编制实施和在线备案等。

各级国土资源主管部门要在同级人民政府领导下，配合发展改革、财政、扶贫等部门，积极运用增减挂钩政策，整合政策、资金，切实发挥部门协同、政策资金整合的整体效应，有效推进扶贫开发及易地扶贫搬迁工作。省级国土资源主管部门要按照本通知要求，结合当地实际，研究制定增减挂钩政策支持扶贫开发及易地扶贫搬迁的具体落实措施，明确操作办法；要通过会议、培训等多种形式，认真积极指导贫困地区用好用活增减挂钩政策，确保政策实效。

第五节　退耕还林还草还湿

退耕还林是从保护和改善生态环境出发，将易造成水土流失的坡耕地有计划、有步骤地停止耕种，按照适地适树的原则，因地制宜地植树造林，恢复森林植被。退耕还林工程建设包括两个方面的内容：一是坡耕地退耕还林；二是宜林荒山荒地造林。

退耕还草，发展畜牧业是草原地区实施党中央提出的西部大开发战略部署的一个重要内容，也是保护生态环境，实现可持续发展和增加农牧民收入的一个战略方针，是中国西部生态环境建设的关键，同时也是进行农业结构调整、发展质量效益型农业和可持续农业的重要途径。

湿地被称为地球之肾，是地球上水陆相互作用形成的独特生态系统，也是目前受到威胁最大的生态系统。

长期以来，由于盲目毁林开垦和进行陡坡地、沙化地耕种，造成了我国严重的水土流失和风沙危害，洪涝、干旱、沙尘暴等自然灾害频频发生，人民群众的生产、生活受到严重影响，国家的生态安全受到严重威胁。为了增加粮食产量盲目且无规划占用河道、湖泊开垦农田，造成生态的破坏。国家为了保护环境，保住绿水青山，现阶段大力提倡退耕还林还草还湿，并且出台了大量相关配套政策。

国家实行退耕还林资金和粮食补贴制度，国家按照核定的退耕地还林面积，在一定期限内无偿向退耕还林者提供适当的补助粮食、种苗造林费和现金

（生活费）补助。其中2017年国家安排全国退耕还林还草任务1 230万亩，其中还林1 110万亩。新一轮退耕还林总规模将扩大到近8 000万亩。国务院批准国家发改委、国家林业局等部门上报的扩大退耕还林还草规模的请示，同意调减云南等18个省（区）3 700万亩陡坡耕地基本农田用于退耕还林还草，从而使新一轮退耕还林还草总规模扩大了近一倍。从2017年起，国家将新一轮退耕还林种苗费每亩补助标准从300元提高到400元。此前，中央财政对退耕还林每亩补助5年计1 500元，其中现金补助1 200元、种苗造林费300元。补助资金分3次下发，即第一年800元、第三年300元、第五年400元。2014—2016年，国家共安排新一轮退耕还林还草任务3 010万亩，其中，还林2 758万亩，加上2017年新增任务，已提前达到《新一轮退耕还林还草总体方案》确定的4 240万亩。今年新增任务安排在中西部14个省（区）和新疆生产建设兵团。

强化湿地保护和恢复，继续开展退耕还湿。完善天然林保护制度，把所有天然林都纳入保护范围。扩大退耕还林还草、退牧还草，建立成果巩固长效机制。

退耕还林也有品种要求，并不是以果树为主，而是要以营造生态林为主，营造的生态林比例以县为核算单位，不得低于80%，经济林比例不得超过20%。在雨量较多，生物生长量高的缓坡地区，可大力发展速生丰产林、竹林和生态经济兼用林，适当发展经济林，对超过20%的经济林地，只补助种苗费。所以在实施过程中要因地制宜，考虑投入产出，有些以前种植农作物的坡地，随着粮食价格的下降，并由于农村劳动力的减少，成本的提高已不再适合种植，又有补助的因素，这种土地就可争取退耕还林，但有些虽不适合种植农作物，但条件较好又有配套产业支撑的就可以考虑栽种经济果树及林木生长。因经济林比例的限制，会在农户间造成矛盾，可采取指标分享的方式，也可采取相互间补偿的方式，还可以采取统一流转按比例统一分配的方式。

从各地的情况看，由于以前管理投入有限，加之粮食价格较高，2015年前侵林开荒现象比较严重，这将成为近期治理的重点。文件规定确保2020年年底前，贫困县符合现行退耕政策且有退耕意愿的耕地全部完成退耕还林还草。

总之，在当前形势和政策条件下，退耕还林还草还湿力度将逐年增加，在短期内其面积也会逐年增加。

第六节　小流域综合治理

小流域综合治理是根据小流域自然和社会经济状况以及区域国民经济发展的要求，以小流域水土流失治理为中心，以提高生态经济效益和社会经济持续发展为目标，以基本农田优化结构和高效利用及植被建设为重点，建立具有水土保持兼高效生态经济功能的半山区小流域综合治理模式。

1. 治理原则

治理工作与生态环境相协调，多层次优化利用资源，综合小流域综合治理规划，统一治理，优化配置，全面发展。

(1) 根据小流域内水土资源现状及社会经济条件，正确地确定生产发展方向，合理安排农、林、牧用地的位置和比例，积极建设高产稳产基本农田，提高单位面积粮食产量，促进陡坡退耕，为扩大造林种草面积创造条件。

(2) 水土保持工作要为调整农业生产结构，促进商品生产的发展和实现农业现代化服务。

(3) 在布置治理措施时，使工程措施与林草措施及农业耕作措施相结合，治坡措施与治沟措施相结合，在地少人多的地区，林草措施面积比例可以小一些。

(4) 在实施顺序上，一般先坡面后沟道，先支、毛沟后干沟，先上中游后下游。

(5) 讲求实效，注意提高粮食产量与经济收入，注意解决饲料、肥料和人畜饮水问题。

2. 主要技术措施

(1) 水土保持农业耕作措施，也叫水土保持耕作法。

(2) 水土保持林草措施，即水土保持造林措施及种草措施。

(3) 水土保持工程措施：在山坡水土保持工程中有梯田、坡面蓄水工程(水窖、涝池)、山坡截流沟等，在山沟治理工程中有谷坊、拦沙坝、沟道蓄水工程及山洪、泥石流排导工程等。

3. 措施体系

(1) 综合分析是指对治理小流域生态经济系统的组成要素做深入的调查与分析，要着重分析生态系统中水、土、气、生（动植物区系）等要素的现状以及主要生态环境问题的时空分布。

(2) 综合规划是指以小流域土地资源为重点的再生自然资源的合理利用规划。

(3) 综合治理是指以小流域为单元，以土地利用规划为基础，在各个地块上配置水土保持林草措施、工程措施及农业技术措施，形成综合防治体系。

综合开发利用是指在全面分析当地资源优势的基础上，针对流域生态经济系统的特征及市场经济特点，确定增加当地群众经济收入的产业，促进商品经济发展，加速群众脱贫致富奔小康的进程。

综合效益凡采用了以上所述综合措施，治理开发取得了很大进展的小流域，均取得了显著的生态效益、经济效益与社会效益，提高了小流域的可持续经营程度。

第七节　荒漠化防治

荒漠化防治是指发生在干旱、半干旱地区以及一些半湿润地区、南方湿润地区、青藏高原地区的这种土地退化的治理措施。

荒漠化防治应坚持维护生态平衡与提高经济效益相结合，治山、治水、治碱（盐碱）、治沙相结合的原则，在现有经济、技术条件下，以防为主，保护并有计划地恢复荒漠植被，重点治理已遭沙丘入侵、风沙危害严重的地段，因地制宜进行综合治理。

1. 治理措施

（1）合理利用水资源。

（2）利用生物措施和工程措施构筑防护体系。

（3）调节农、林、牧用地之间的关系。

（4）采取综合措施，多途径解决农牧区的能源问题。

（5）控制人口增长。

（6）铺设草方格沙障。

2. 治理技术

（1）草方格固沙。

（2）滴灌造林技术。

（3）人工植树造林技术。

（4）无灌溉造林技术。

（5）设施防护管育苗与机械化移栽一体化荒漠造林技术。

另外还有各地出台的相关灾害治理政策，如辽宁的青山工程，主要是通过矿山生态治理等八项强有力的措施，对因开发建设活动造成的已破损山体进行植被恢复治理，对未破损山体实施严格保护，到“十二五”期末实现铁路、公路（一级以上）两侧，大中型水库库区、水源保护区、居民集中居住区可视范围内矿山及其他已破坏山体的生态环境基本得到治理，实现植物覆盖，让辽宁青山恢复生态。

第八节　关于土地流转

农村土地流转是指农村家庭承包的土地通过合法的形式，保留承包权，将经营权转让给其他农户或其他经济组织的行为。

农村土地流转是农村经济发展到一定阶段的产物，通过转包、转让、入股、合作、租赁、互换等方式出让经营权，鼓励农民将承包地向专业大户、农民专业合作社等流转，发展农业规模经营。

一、土地流转基本原则

（1）坚持农村土地集体所有权，稳定农户承包权，放活土地经营权，以家庭承包经营为基础，推进家庭经营、集体经营、合作经营、企业经营等多种经营方式共同发展。

（2）坚持以改革为动力，充分发挥农民首创精神，鼓励创新，支持基层先行先试，靠改革破解发展难题。

（3）坚持依法、自愿、有偿，以农民为主体，政府扶持引导，市场配置资源，土地经营权流转不得违背承包农户意愿、不得损害农民权益、不得改变土地用途、不得破坏农业综合生产能力和农业生态环境。

（4）坚持经营规模适度，既要注重提升土地经营规模，又要防止土地过度集中，兼顾效率与公平，不断提高劳动生产率、土地产出率和资源利用率，确保农地农用，重点支持发展粮食规模化生产。

二、流转模式

土地流转具有以下四大模式：

（1）土地互换。土地互换是农村集体经济组织内部的农户，为方便耕种和各自的需要，对各自土地的承包经营权进行的简单交换，是促进农村规模化、产业化、集约化经营的必由之路。30 年前，中国农村实行土地联产承包责任制，农民分到了土地。但由于土地肥瘦不一，大块的土地被分割成条条块块。划分土地时留下的种种弊病，严重制约着生产力的发展和产量的提高。如何让土地集中连片，实现规模化、集约化经营，于是互换这种最为原始的交易方式，进入农民视野。

（2）土地出租。在市场利益驱动和政府引导下，农民将其承包土地经营权出租给大户、业主或企业法人等承租方，出租的期限和租金支付方式由双方自行约定，承租方获得一定期限的土地经营权，出租方按年度以实物或货币的形式获得土地经营权租金。其中，有大户承租型、公司租赁型、反租倒包型等。关键如何保证其合法性。让双方心里都踏实。

（3）土地入股。入股，亦称“股田制”或股份合作经营，是指在坚持承包户自愿的基础上，将承包土地经营权作价入股，建立股份公司。在土地入股过程中，实行农村土地经营的双向选择（农民将土地入股给公司后，既可继续参与土地经营，也可不参与土地经营），农民凭借土地承包权可拥有公司股份，并可按股分红。该形式的最大优点在于产权清晰、利益直接，以价值形态形式把农户的土地承包经营权长期确定下来，农民既是公司经营的参与者，也是利益的所有者，是当前农村土地流转机制的新突破。

（4）股份合作。中国山东省宁阳县探索土地承包经营权流转新机制，建立起“股份＋合作”的土地流转分配方式。这种模式是农户以土地经营权为股份共同组建农民专业合作社。村里按照“群众自愿、土地入股、集约经营、收益分红、利益保障”的原则，引导农户以土地承包经营权入股。农民专业合作社按照民主原则对土地统一管理，不再由农民分散经营。农民专业合作社挂靠龙头企业进行生产经营，实行按土地保底和按效益分红的方式。年度分配时，首先支付社员土地保底收益每股（亩）700元，留足公积公益金、风险金，然后再按股进行二次分红。

第二十章　农旅小镇打造策略

特色小镇发展最重要的基础是产业。从产业分类入手，特色小镇可分为七大类型：农业类、制造业类、金融业类、信息技术产业类、商贸/物流类、健康产业类、文旅产业类。农业作为我国的支柱性产业，以特色农业为主建立的特色小镇受到国家政策资金的扶持，它的建立将有效实现产城融合发展。

第一节　农业特色小镇概述

一、为什么要发展特色农业小镇

特色小镇是推动小城镇发展的重要手段，提高城镇环境建设，要以人为本，推进以人为核心的城镇化才是根本。改革开放至今，农业依然是我国国民经济发展的基础，尤其是对于承接城市和拉动农村发展的特色小镇来说，农业生产、农产品加工、农业科技、农业服务、休闲农业必将发挥重要作用。我国农业开始从传统的农业大镇转向休闲农业特色小镇发展，逐渐形成了集农业、休闲、生态、旅游、消费等为一体的产业集群。

二、农业特色小镇的政策支持

国务院下发的《关于进一步促进农产品加工业发展的意见》（以下简称《意见》）指出，将加快建设农产品加工特色小镇，实现产城融合发展。根据该意见，农业特色小镇建设被提上日程。农业类特色小镇由于其农业休闲业、高附加值农产品加工业发展的显著优势，将有望成为这一轮特色小镇建设中的热点。

《意见》提出，将引导农产品加工业与休闲、旅游、文化、教育、科普、养生养老等产业深度融合。积极发展电子商务、农商直供、加工体验、中央厨房等新业态；将加强农产品加工园区基础设施和公共服务平台建设，吸引农产品加工企业向园区集聚，以园区为主要依托，创建集标准化原料基地、集约化加工、便利化服务网络于一体的产业集群和融合发展先导区，加快建设农产品加工特色小镇，实现产城融合发展。

三、农业特色小镇建设的目标

2017 年，国家农业部提供 70%资金，开展农业特色互联网小镇建设试点，力争在 2020 年试点结束以前，原则上以县（市、区）或垦区为单位，在全国建设、运营 100 个农业特色优势明显、产业基础好、发展潜力大、带动能力强的农业特色互联网小镇。在小镇内，培育一批经济效益好、辐射带动强的新型农业经营主体，打造一批优势特色明显的农业区域公用品牌、企业品牌和产品品牌，将小镇培育成农业农村经济的重要支柱。

四、何为农业特色小镇

对农业特色小镇这一新兴产物，业内存在不同版本的概念界定，但主流观点认为，农业特色小镇是指依赖农业特色产业和特色环境因素（如地域特色、生态特色、文化特色等），打造具有明确的农业产业定位、农业文化内涵、农业旅游特征和一定社区功能的综合开发项目。

农业特色小镇是通过现代农业＋城镇，构建产城一体、农旅双链、区域融合发展的农旅综合体。它是旅游景区、消费产业聚集区、新型城镇化发展区三区合一，产城乡一体化的新型城镇化模式。

五、农业特色小镇的形态特征

（一）彰显特色的现代农业

农业型特色小镇就是立足农业主题，发挥各地的资源禀赋、比较优势、独特魅力，运用现代产业理念打造大农业的产业形态。

（二）融入文化元素

农业型特色小镇可以依托农耕文化厚重的历史文化资源，对传统农耕技术与生产工具、农耕风俗、格言谚语、乡村文学做体验式旅游开发和展示。

（三）兼具旅游功能

农业型特色小镇的旅游功能往往通过体验式采摘、观赏休闲、度假旅游、健康养身、商务旅游等形态展现，旅游功能的开发，会涉及旅游产业的“食、住、行、游、购、娱”六大要素。

（四）基础设施完备

特色小镇水、电、气、暖、网等一应俱全，还需要有与现代生态农业相匹配的生产设施。同时，其还配置商业、文化、教育、医疗等公共服务设施。

（五）环境和谐宜居

农业特色小镇的规划建设尊重自然、顺应自然，空间布局与周边自然环境相协调，镇区环境优美，干净整洁，土地利用集约节约，小镇建设与产业发展同步协调。

六、农业特色小镇的建设路径

农业特色小镇的建设应基于农业，同时不局限于农业，应与二三产业融合发展，特别应注重将旅游、文创等具有极大延伸性、可持续发展空间大的产业进行整合开发。

（一）立足农业挖掘特色

农业型特色小镇必须围绕“农”细分市场、差异化定位、提炼主题，根植于地方独特魅力或新颖富有创意的开发主题。挖掘特色、发展特色产业必须立足各地区的资源禀赋和发展基础。

（二）延伸农业产业链实现一二三产业融合

首先要让农业“接二”，即一二产业的融合发展，发展农产品精深加工业；其次要让农业“连三”，即第一产业和第三产业的融合发展，通过农业生态旅游放大现代的多重效应。

（三）发展文化创意农业

农业型特色小镇需要将文化创意嵌入农业生产、发展，作为现代农业发展的创新点和着力点，将科技创意、包装创意、栽培创意等手段转化为实物产品。

（四）叠加旅游功能

立足农业型特色小镇的区位、产业、生态、文化等独特优势定位旅游主题，配套建设餐饮、住宿、交通、游览、购物、娱乐等各环节旅游设施，旅游功能的发挥对吸引游客、延长农业产业链、农民增收链效应显著。

七、农业特色小镇的类型

农业是未来非常大的市场，以农业为主题的休闲农庄、田园综合体、农业公园、美丽乡村也是种类繁多，因此农业特色小镇分类如下：

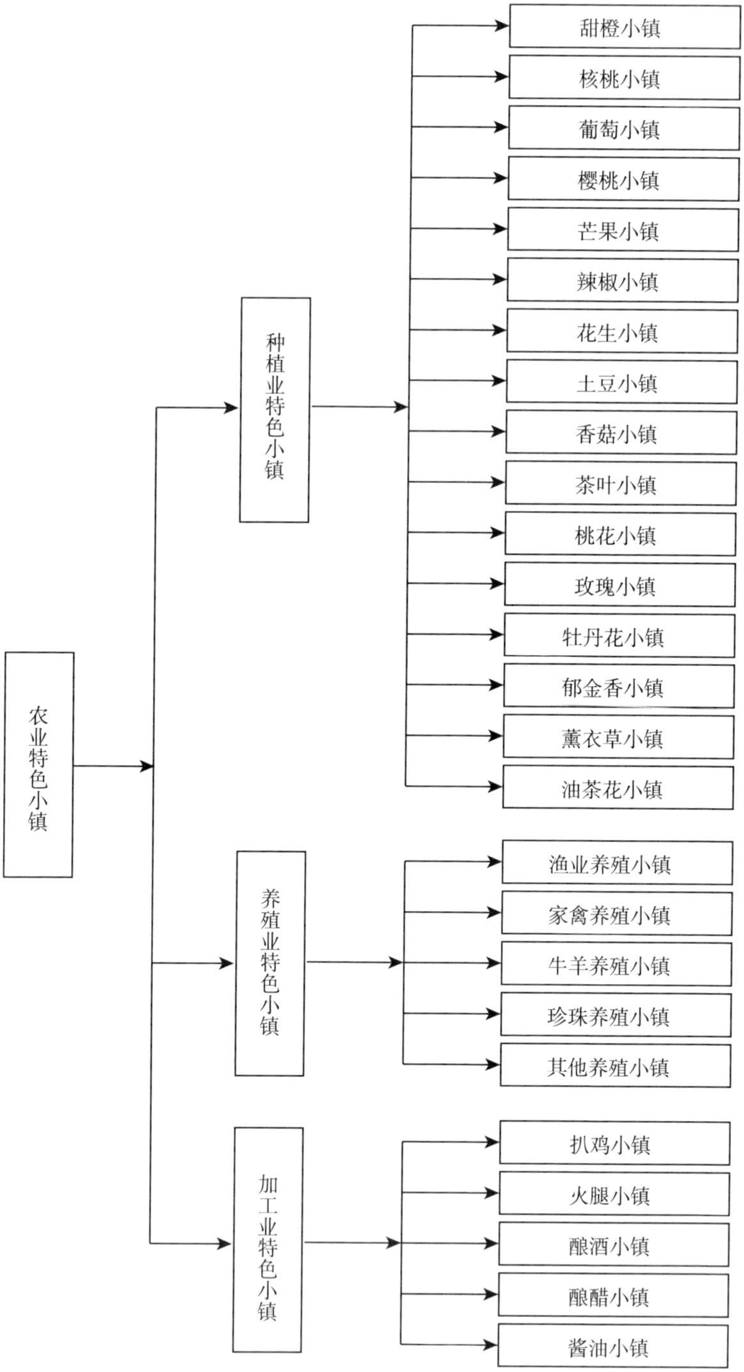
农业特色小镇
种植业特色小镇
养殖业特色小镇
加工业特色小镇
甜橙小镇
核桃小镇
葡萄小镇
樱桃小镇
芒果小镇
辣椒小镇
花生小镇
土豆小镇
香菇小镇
茶叶小镇
桃花小镇
玫瑰小镇
牡丹花小镇
郁金香小镇
薰衣草小镇
油茶花小镇
渔业养殖小镇
家禽养殖小镇
牛羊养殖小镇
珍珠养殖小镇
其他养殖小镇
扒鸡小镇
火腿小镇
酿酒小镇
酿醋小镇
酱油小镇

农业特色小镇的类型

第二节　农旅特色小镇的定义

一、农旅小镇的市场前景

2017年全国休闲农业和乡村旅游接待游客超过22亿人次，营业收入超过6 200亿元，从业人员900万人，带动700万户农民受益。“十二五”时期游客接待数和营业收入年均增速均超10%。

另外，根据农业部《关于大力发展休闲农业的指导意见》提出的发展目标，到2020年，休闲农业产业规模进一步扩大，接待人次达33亿人次，营业收入超过7 000亿元；布局优化、类型丰富、功能完善、特色明显的格局基本形成；社会效益明显提高，从业农民收入、发展质量、服务水平有较大提升，成为拓展农业、繁荣农村、富裕农民的新兴支柱产业。

二、农旅小镇的概念

农旅小镇作为农业特色小镇的一种重要形式，是指依靠农业自然景观资源和农业生产条件，衍生出发展农业自然资源观光、农事活动体验及休闲旅游等体验活动，是以农业与旅游业相结合的新型产业为主，满足休闲需求的小镇。

农旅小镇

三、农旅小镇的特点

农旅小镇是依托当地农业旅游资源，以开发当地具有价值的自然或人文景观或在此基础上开展农业活动、旅游服务的小城镇。农旅小镇具有一般小镇所不具备的特征：

（一）经济特征——农业与旅游是支撑产业

从国民经济发展的角度来说，农游小镇以旅游业为支柱型产业，旅游业对于小镇经济具有强大的带动作用，通过“住、购、食、娱”等元素的建设，来促进小镇经济的发展。

（二）规模特征——精致是一种美

“精致是一种美”主要是体现在农游小镇的规模特征上。农游小镇由于其面积有限，并不追求规模宏伟或者建筑华丽，而是专注于在合宜的尺度内构建农业及旅游吸引物。

（三）功能特征——休闲是生活方式

当前农业旅游市场已经从传统的单纯观光游转向休闲度假体验游，农旅小镇的兴起正是为了满足市场需求的这种转变。由于我国高速的经济发展和城市化进程，人们对追寻与城市景观迥异的旅游地的兴趣越来越高。“给城市里的人在乡村找个心灵归宿”所代表的乡村休闲度假功能成为农旅小镇最主要的功能。

（四）文化特征——文化是形象符号

农游小镇所拥有的特殊文化，能转化为其独特的形象特征。徽州地区的众多古村落就是文化生成小镇形象符号的典型代表。徽州当地徽文化所特有的谨慎、保守，体现在建筑上就转化为“高墙小窗”“马头墙”等特征，而这些建筑特征最终成为代表徽州地区众多古村落的形象符号，让游客产生一种“见到小窗、马头墙就是到了徽州”的感受，“小窗”“马头墙”也就成为徽州古村落的形象符号。

（五）商业特征——特色消费等经济业态

农游小镇发展最终还是为了推动当地经济的发展，而经济发展依靠的就是游客消费。无论是田园小镇游，还是乡村民俗小镇游，都鼓励人们慢下来、住下来、轻松下来。在这个过程中，吃、住、行、游、购、娱六要素所起到的都是引导消费的过程，吸引人们通过消费去释放、去体会一种和平时不同的生活方式。

第三节 农旅小镇的整体打造

农旅小镇的整体打造是一个复合型的，系统性的工作，涵盖农业、旅游、文化、商业、地产、休闲、餐饮、酒店等行业，包括美食、酒店、民俗、活动等丰富内容。

一、农旅小镇战略定位——找基点

根据当地特色，制定农旅小镇的总体发展目标、发展计划、品牌形象设计、核心产业设计等，为农旅小镇敲定发展基点，找到发展的核动力以及农旅小镇的DNA。

实施农旅小镇战略定位，将小镇建设成为人文气息浓郁，建筑密度低，产业富有特色，市场充满活力，文化独具韵味，生态充满魅力的或产业、或文化、或资源、或主题游乐或建筑为产业核心的特色农旅小镇。

（一）总体发展目标

农旅小镇的蓝图是吸引外来投资的动力源泉。在农旅小镇的蓝图上清晰描绘出政府职能机制、可持续发展空间，产业环境营造，社会效益和经济效益评估，企业成长环境，市场竞争压力，人才发展机制等，以吸引企业的投资，人才的汇聚。

（二）发展计划

农旅小镇的建设本身就是一个持续周期长的系统工程，需要目标明确的短期和中长期计划。

（三）品牌形象设计

建立农旅小镇独特的Logo、品牌理念和宣传口号，通过品牌视觉系统和行为系统，树立农旅小镇鲜明的品牌形象。

（四）核心产业设计

农旅小镇的建设必须寻求和注入支撑性产业，通过支撑性产业的产业效应，带动相关产业的发展。在农旅小镇的核心产业设计上，需要结合当地的人文特色、产业特色、资源特色以及投资主体企业的产业领域等多方面的因素。

二、农旅小镇产业模式——找支点

（一）打造闭合产业链

通过对核心产业的设计和建设，借助核心产业的市场号召力，将旅游消费力与产业效应进行高度嫁接，如农林、养生、渔乐、美食、民宿、休闲等，并形成产、供、销、研一体化，从而打造一条带有农业、旅游特色的闭合产业链，来支撑农旅小镇的可持续发展。

（二）多业态整合

农旅小镇是农业＋、旅游＋、文化＋、产业＋的特色小镇，是一种多业态共生共荣的产业发展模式，各业态相互交织，并通过小镇的载体不断延伸。

（三）发展模式

目前国内比较主流的模式有田园农业旅游模式、乡村民俗风情旅游模式、农家乐旅游模式、古村落乡镇旅游模式、农业休闲度假旅游模式、农业科普教育旅游模式、回归自然旅游模式等。

三、农旅小镇赢利模式——找市场

农旅小镇需要投资建设，可持续发展，就必须建立多方共赢的赢利模式。从市场角度来讲，农旅小镇是一个新的农旅产业发展平台，如果没有很好的产品设计、商业模式、投资回报等，社会资本是不会进入的。因此，农旅小镇赢利模式的设计，更有利于小镇 PPP 模式推动，政府以委托、特许经营、基金等方式支持，通过市场化开发、招聘专业公司市场化运营，多元参与农旅小镇建设和运营。

农旅小镇的赢利模式主要来自两个方面：农旅地产和运营收益。

（一）农旅地产销售收入

农旅地产是一项系统工程，包括环境整治、资源整合、产业重组和住宅建设，最终的目的是区域价值的提升和社会效益的最大化，投资大回报周期相对较长，运营和服务非常重要，而传统开发商习惯了开发销售型物业，对于持有型物业的运营并不擅长，想很快看到回报是不现实的。

1. 争取政府在土地出让方面的让步

农旅地产项目通常占地面积大，如果在项目开发中能帮助政府落实相应的公共利益，政府通常愿意在拆迁、地价上给予一定的支持与优惠。可以有效降低风险、减少投入成本。

2. 借助政府进行对外宣传推广

在一些大型的文旅项目上，往往政府会设立临时专项管理机构，并作为城市重点工程或形象项目，进行品牌形象的宣传推广。

3. 逐步加重农业旅游项目投资运营

在销售住宅的同时，加重对农业旅游项目的投资运营。由于农业旅游地产涉及的领域比较多，在内部运营方面需要整合酒店运营商、主题公园运营商等合作资源，在外部资源导入方面需要整合旅行社、周边景点等协同资源。

4. 转入长期稳定的农业旅游运营部分

项目重心完全放在旅游运营部分，将长期运营作为农业旅游地产项目产品的有机组成部分，做好商业、酒店、主题公园等业态的管理，进入长期稳定的经营阶段。

5. 建立自己的 IP 产业链

得 IP 者得天下，通过引入 IP 概念来打造自己的产业链。如影视主题、动漫主题、文化主题等。

（二）农旅小镇运营收入

1. 农业收入

农旅小镇内农业相关收益，如农作物种植、农产品加工、销售等方面的收入。

2. 旅游收入

农旅小镇作为一个成熟的旅游产品，自身可以带来经济收益，如旅游门票、旅游产品销售收入。

3. 产业收入

农旅小镇内一二三产业所带来的经济收益。

4. 表演收入

在农旅小镇内举办的各类演出活动所带来的经济收益。

5. 住宿收入

星级酒店、主题酒店、民宿酒店、快捷酒店、家庭旅馆等所带来的经济收益。

6. 餐饮收入

农旅小镇各种餐饮，如农家乐、民俗餐饮等所带来的经济收益。

7. 商业收入

农旅小镇内各类商业带来经济收益。

四、农旅小镇规划布局——定格子

农旅小镇的建设，首先要解决规划布局问题，即种植区、游乐区、商务区、产业区、商业区、居住区以及公共服务区等相关功能区的合理规划。

（一）总体要求

1. 满足可持续发展需要

农旅小镇的布局要重视长期效益，做到整体规划、滚动开发、梯次建设。尊重当地的生态环境、文化生态、生活方式，做到融入、融合，彼此适应。

2. 保护资源

规划设计中，应充分利用自然地形地貌，延续自然发展的传统格局，尊重自然环境的特色。

3. 展现当地人文特色

小镇街区体现乡村、地域、民族、传统或时代特色，住宅建筑风格、色彩、体量要协调。规划建设要保持乡村风貌、拥有城市功能，城乡一体化不是城乡一样化、城乡一致化。

（二）设计理念

小镇的设计要体现步行、方便、多样性、独特风格、特色文化，要生活导向、功能混合、高密度、紧凑型、微景观、密道路，基础设施最有效利用，这样能耗低、运营成本也低。

小镇要有文化底蕴，有助于增强当地人的文化认同感和心灵归属感，也将积累、形成新的文化特质或亮色。

小镇要功能完备，学有优教、病有良医、劳有厚得、住有宜居、老有颐养。最好的农旅小镇是让人们能够住下来，住得久。

五、农旅小镇配套建设——夯基础

农旅小镇的配套建设主要满足小镇居民生活配套、旅游配套、产业配套三个方面的需求。

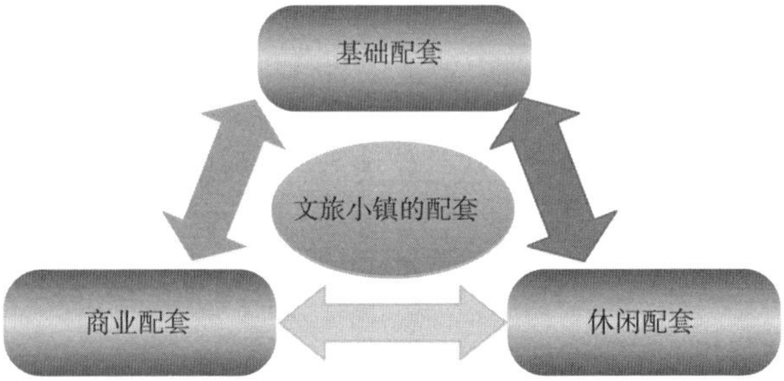

农旅小镇配套建设

（一）基础配套建设

1. 交通设施

建立便捷的外部和内部交通系统。强化城镇与交通干线、交通枢纽城市的连接，提高公路技术等级和通行能力，改善交通条件，提升服务水平。

推进大城市市域（郊）铁路发展，形成多层次轨道交通骨干网络，高效衔接大中小城市和特色小镇，促进互联互通。

加强步行和自行车等慢行交通设施建设，做好慢行交通系统与公共交通系统的衔接。

推进公共停车场建设，加强车辆停车管理。

2. 教育设施

推动农旅小镇各项教育设施建设，科技馆、学校、文化馆、医院、体育馆等科教文卫设施建设。

加快中高级人才培训中心、推进义务教育学校标准化建设，推动市县知名中小学和城镇中小学联合办学，扩大优质教育资源覆盖面。

3. 行政管理设施

农旅小镇内行政及商务办公、综合服务、便民服务中心、政务服务、旅游休闲、商贸物流、人才公寓等配套设施的建设。

4. 医疗卫生设施

完善的公共服务特别是较高质量的教育医疗资源供给是增强特色小镇人口集聚能力的重要因素。要推动公共服务从按行政等级配置向按常住人口规模配置转变，根据城镇常住人口增长趋势和空间分布，统筹布局建设学校、医疗卫生机构、文化体育场所等公共服务设施，大力提高教育卫生等公共服务的质量和水平，使居民能够享受更有质量的教育、医疗等公共服务。

5. 金融服务设施

开发银行加大对特许经营、政府购买服务等模式的信贷支持力度，特别是通过探索多种类型的PPP模式，引入大型企业参与投资，引导社会资本广泛参与。发挥开发银行"投资、贷款、债券、租赁、证券、基金"综合服务功能和作用，在设立基金、发行债券、资产证券化等方面提供财务顾问服务。

6. 市政公用设施

市政公用设施建设包括水网、电网、路网、信息网、供气、供热、地下综合管廊等公共基础设施建设；污水处理、垃圾处理、园林绿化、水体生态系统与水环境治理等环境设施建设以及生态修复工程。

建设高速通畅、质优价廉、服务便捷的宽带网络基础设施和服务设施，以人为本推动信息惠民，加强特色小镇信息基础设施建设，加速光纤入户进程，建设智慧型农旅小镇。

（二）商业配套建设

1. 餐饮

针对当地人文特色开发主题餐饮，打造特色餐饮，如文旅农家乐。

2. 酒店

依据农旅小镇的需求推动星级酒店、快捷酒店、民宿酒店、主题酒店等建设。

3. 商业

建设农夫集市、小型集贸市场、农产品交易市场、药店、商铺等便民商业设施。

（三）休闲配套建设

推进商务会馆、茶馆、咖啡馆、羽毛球馆、台球馆、健身中心、棋牌室、KTV、养生馆等设施建设。

六、农旅小镇文化建设——找DNA

文化是农旅小镇的DNA，是农旅小镇最核心的特质，也是区别其他农旅小镇的根本所在。农旅小镇的自然、生态、文化、景观、民俗等资源都是独有的，即使是有类似的，其特质也是独一无二的。但是在农旅小镇的规划建设中，需要进行深入挖掘，才能真正找到区别于其他农旅小镇的特质，从而避免与周边旅游项目开发的同质化竞争。

农旅小镇的文化建设可通过主题活动、文化活动、文化宣传的方式进行强化。

（一）主题活动

通过举办主题活动的方式，一方面可以扩大农旅小镇的品牌知名度，另一方面，可以在社会扩大影响力，吸引各地企业、商家、个人踊跃参与。

主题活动包括农旅小镇已有的活动进行深度主题策划，进一步扩大活动的规模和影响力；大型演出活动的策划和举办；大型节庆活动的策划和举办；国际国内重大活动的策划和举办等。

（二）文化活动

开展农旅小镇文化特色教育，提高居民对城市建设的满意度，争取做到“全民皆导游”，培养热爱家乡文化的社会风气，从而提升农旅小镇的文化品质。开展小镇社区文化交流活动，推动农旅小镇和谐文化建设。

（三）文化宣传

利用各类文化宣传，提升农旅小镇的文化品质。如拍摄文化旅游宣传片，吸引游客了解和认识小镇的文化特色和历史底蕴；拍摄文化宣传专题片，全面展示农旅小镇文化特色和底蕴；建立官方自媒体，立体式推广农旅小镇文化。

七、农旅小镇品牌建设——塑形象

一个好的农旅小镇，需要有一个好的品牌形象，需要在全国有一个响亮的品牌名称。农旅小镇的品牌建设，从某种意义上讲就是为农旅小镇编故事、讲故事、传故事，通过故事将农旅小镇的品牌传播出去，成为大家都在关注和讨论的品牌。

（一）品牌塑造

首先建立农旅小镇的品牌系统。包括农旅小镇品牌名称、品牌 Logo、标准字体、建筑风格、建筑理念、户外展示、广告宣传等要素。

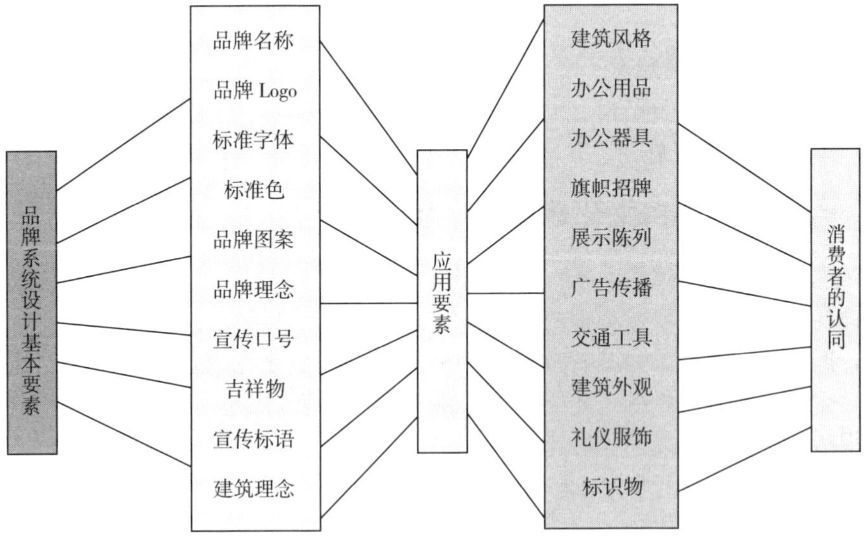

品牌系统设计基本要素

借助各类渠道对农旅小镇进行品牌宣传和形象推广。

(二) 品牌宣传

1. 品牌广告宣传

一个优秀的品牌广告，可以迅速打响农旅小镇的品牌知名度。一个有内涵的品牌广告，可以让农旅小镇的品牌让人津津乐道。

2. 公益营销宣传

通过大型社会公益性营销活动的全方位宣传来达到宣传农旅小镇品牌形象，打响品牌知名度的目的。

3. 热点营销宣传

通过全国乃至全球关注的热点事件，借助社会公众对热点事件的关注，聚焦农旅小镇的品牌宣传。

4. 借势营销宣传

把有特色、有影响力，能产生社会轰动效应的各类活动巧妙地融合起来，借势推动农旅小镇的品牌宣传。

5. 文化营销宣传

贯穿农旅小镇文化，借助文化营销活动的影响力，通过户外、车体、宣传品、纪念品、小礼品等有机地结合起来，传播农旅小镇的品牌。

6. 自媒体品牌宣传

利用自媒体的宣传力量，如官方自媒体、名人自媒体、自媒体圈等宣传农旅小镇品牌。

农旅小镇通过系列策划与规划，进行系统地整体打造。一方面通过集聚资本、技术、人才等各类高端要素，支撑新产品、新模式、新业态的创新，形成以创新导向的新兴产业细分或具有人文底蕴的经典产业升级，同时在产业、文化、旅游和生产、生活、生态的高度融合中创新供给方式，加快区域产业转型升级；另一方面则是结合特色产业生态系统的构筑，通过市场机制淘汰或迁移一部分难以适应环境变化的“旧”内容，为特色产业腾挪出新的发展空间，进一步增强区域发展内生动力。通过这“一增一减”的过程，实现区域优秀文化的更新和有效供给能力的提升。

第四节　农旅小镇的打造模式

农业与旅游两大热门领域以特色小镇为载体的整合，将不仅是产业融合“1+1=2”的结果，更将带动农业、旅游相关其他产业的融合发展，碰撞出农旅小镇的N种创新模式。

一、花卉+婚庆产业=花卉爱情小镇

产业依托：花卉种植产业。

规模要求：100亩至上万亩不等，根据不同规模进行不同设计。

项目定位：世界爱谷·一生一世走世界。

客群市场：婚庆主题、花卉观光休闲等市场。

创意内容：花卉产业在旅游开发上一般要与婚庆产业进行结合，打造花卉婚庆产业园区，以各种芳香、观赏和经济花卉种植为底色，形成七彩浪漫童话花海，种植本身可以形成大地景观成为靓丽的风景线。

主要赢利点：花卉种植、销售、鲜切花；花卉深加工、延伸品；婚纱摄影、婚礼举办、婚礼餐厅、婚礼蜜月洞房；花卉养生、保健、美容等。

发展愿景：每一个区域的中心城市都应该建设一个世界爱谷特色花卉婚庆游憩综合体项目。

二、苗木+休闲娱乐=苗木休闲度假小镇

产业依托：苗木种植产业。

规模要求：500亩至上万亩不等，根据不同规模进行不同设计。

项目定位：美丽中国生态城·创意化绿化美化情景样板间。

客群市场：花卉苗木休闲度假产业。

创意内容：苗木产业也是在农业旅游规划中经常碰到的资源类型，尤其是在国家大力推进生态文明建设的当下，苗木产业由于其高附加值和经济效益，在当下的广大乡村已经成为重要的产业升级选择，苗木花卉产业本身就具备旅游观赏和开发价值，但是由于规模和数量增加，花卉苗木产业发展已经进入了白热化竞争阶段。在苗木种植的时候可以按照城市、小镇、村庄、公园、道路、庭院的空间绿化美化景观效果进行景观苗木搭配种植展示，形成绿化美化样板间效果，促进苗木产业的销售；在情景化的样板间之中，进一步融入适合儿童、情侣、亲子、运动、游乐的各种旅游项目，形成整合化发展效果。

主要赢利点：苗木种植、销售；运动、游乐、亲子等。

发展愿景：在中国大地上的每一个国家级苗木产业基地都应该构筑一个美丽中国生态城项目。

三、林业+游乐项目=农林穿越游乐小镇

产业依托：林业种植产业。

规模要求：200亩至上万亩不等，根据不同规模进行不同设计，本项目主要是针对经济林以外的林业资源。

项目定位：树上穿越·创意游憩森林公园。

客群市场：森林游乐游憩客群市场。

创意内容：针对林业资源，创建“树上穿越游憩公园”“树顶木屋、树中穿越、林下游憩”的三维空间开发理念，即依托树冠可以开发树顶温泉SPA、树顶度假木屋、树顶休闲书吧、树顶瑜伽健身台、树顶观光餐厅等项目，将观光与休闲度假项目进行整合发展；树中依托树干通过空中吊桥、藤索、栈道和各种拓展运动结合，打造适合儿童、团队的拓展训练项目；树下利用陆地空间打造度假帐篷营地、森林氧吧、林下采摘等项目。

主要赢利点：游乐、运动、度假、养生、林下经济等。

发展愿景：在中国广大的林业资源广袤的地区，一定要做好对现有资源的利用整合，让森林除了生态一出价值外产生更大的经济价值。

四、牧场＋牧场生活体验＝牧场狩猎小镇

产业依托：畜牧家禽养殖产业。

规模要求：养殖产业需具备一定的规模，或是依托草原、荒地、山林的养殖产业，或是养殖场周边有可利用的空地资源。

项目定位：勇士狩猎公园·回归大自然最真实的体验。

客群市场：特色畜牧产品美食和体验游乐。

创意内容：这里所指的牧场不仅仅局限于真正的草原牧场，而是指所有具备一定规模的养殖基地，养殖产业本身就是农业产业一个重要的组成部分，针对于类似资源依托的项目，要充分释放人类对于动物的天然感情，除去要对养殖技术、环境和品质进行稳步提升外，如果可以有可以依托空地资源的话，建立一个勇士狩猎乐园，该狩猎不等同于传统狩猎，而是让游客赤手空拳去抓特意放养的各种特色动物、去捡散养的鸡鸭鹅下的蛋、去挖山地野菜等，餐厅可以立即将食材进行定制化烹饪，让游客们就地享受美食。除此之外，还可以将采摘和狩猎的收获定制化包装成具有自己创意的特色旅游纪念品。

主要赢利点：养殖、延伸加工、特色美食、体验狩猎等。

发展愿景：人类最初的本性就是从自然界中获取各种生活必需品，此类项目一方面可以丰富养殖产业盈利方式，另外一方面也可以提升畜牧产品的价值和品牌知名度。

五、果业＋创意体验设计＝瓜果创意小镇

产业依托：水果种植产业。

规模要求：一般是在知名的水果产地，水果自身的采摘农业旅游基本已经形成市场知名度。

项目定位：创意瓜果王国·让瓜果旅游更上一层楼。

客群市场：水果采摘近郊休闲游憩市场。

创意内容：一方面做好瓜果采摘观光等传统的旅游发展模式，丰富瓜果种植品种，提升瓜果种植技术，引入现代科技大棚实现一年四季、不同地带的瓜果采摘游乐；另外一方面将瓜果进行创意化设计，形成以瓜果果实、果树、花朵及其吉祥寓意为原型的各种创意性景观、休闲空间、动漫体验项目，如可以打造苹果创意小镇，在苹果采摘园中，设计苹果小屋、苹果城堡、苹果乐园、苹果垃圾桶、苹果路灯、苹果休闲座椅等，甚至服务人员也都打扮成苹果形态，游客在用餐过程中使用的餐具、座椅，房间的包装打造都将苹果的元素运用到极致。所谓创意瓜果王国，其实就是对一个地方最突出的瓜果进行极致化创意打造，让游客实现全感官的游憩体验，进而成为地方特色瓜果的展示窗口，推动瓜果产业的进一步优化发展。

主要赢利点：瓜果种植、休闲采摘、创意游乐、特色度假等。

发展愿景：每一个地方都有自己引以为傲的瓜果产品。

六、渔业＋多元化渔乐体验＝渔业度假小镇

产业依托：水产养殖产业。

规模要求：一般依托特色的水产养殖基地。

项目定位：百渔乐园·虾兵蟹将王国。

客群市场：休闲鱼乐市场。

创意内容：首先要丰富水产养殖品种的多元化，特别是用做旅游开发部分，其次要丰富体验游乐方式多元化，在传统的垂钓的基础上，引入摸鱼、掏螃蟹、钓青蛙、抓大虾、粘知了等各种娱乐方式，将鱼的各种玩法（钓鱼、抓鱼、网鱼、摸鱼、打鱼）做到极致，同时引入相关联其他乡土游乐方式，整个构筑一个乡土田园游乐游憩方式综合体。

在做好各种游乐方式的同时，将各种水产养殖产品进行创意化设计的发展思路，将鱼、虾、蟹、蛙、贝等进行象形设计，设计成为各种小屋、休闲座椅、景观设施、生活用具，真正的让你进入水产养殖的王国。

主要赢利点：水产养殖、渔乐体验、特色餐饮、特色度假等。

发展愿景：在每一个水产养殖产业发展比较突出的区域，都应该形成自己的一个休闲游憩体验部落，既可以丰富水产养殖的收益来源，又可以进一步扩大和提升水产养殖的知名度和影响力。

七、大田＋创意景观种植＝田园景观小镇

产业依托：大田种植。

规模要求：一般是依托大面积的农业种植区域，专门开辟出一块区域通过创意化种植构筑。

项目定位：大地景观·田园风光。

客群市场：农业观光体验。

创意内容：大田种植一般是作为乡村旅游开发的重要景观底色出现的，在当下国家进一步加强对基本农田管控的形势下，如何提升大田种植的景观效果也是时下农业资源开发的重要问题。针对于这种资源，一般的解决方式就是通过创意化设计打造大地种植景观，即可以将区域内最具特色的吉祥寓意或者最具地域特色的形态通过不同色彩的作物种植进行展示，建设至高观景平台让游客观赏。

发展愿景：中国广袤的田园应该成为承载和展示地域特色文化的窗口，以旅游为画笔在广袤田园上绘画出五彩斑斓的大地景观。

八、乡村民俗技艺＋情景化体验设计＝农技民俗体验小镇

产业依托：传统民俗技艺、劳作方式。

规模要求：作为单独的项目10～50亩。

项目定位：十八坊·步入即梦回千年。

客群市场：民俗文化、传统技艺文化体验。

创意内容：每一个乡村旅游发展地区，在其漫长的发展历史中都会形成具备地域特色的民俗技艺、耕作方式和传统工坊，这正是乡村地域文化的经典所在，也是其独特的吸引力所在。

整理出每个地域最具特色的传统劳作作坊，在一个区域进行场景化的再现，包括作坊内部摆设、工具、工艺流程等。游客既可以观看传统的劳作方式，又可以亲身参与其中进行体验，如酒坊、油坊、磨坊、染坊等。

主要赢利点：参与体验、手工纪念品销售等。

发展愿景：传统技艺的保护不应该只是通过静态化的博物馆展示来实现，十八坊项目的出现将成为传承乡村传统文化的重要方式。

九、新农村建设＋街道庭院＋五谷杂粮创意＝郊区乡野小镇

产业依托：美丽乡村建设。

规模要求：在100户以下的居民聚集区，同时具备一定地域文化特色的相对传统村落。

项目定位：真正的美丽乡村·乡愁的体验地。

客群市场：民俗近郊休闲体验客群。

创意内容：让居民望得见山、看得见水、记得住乡愁是党和国家对未来的

美丽乡村建设提出的重要指示。美丽乡村的建设过程中要深度挖掘地域的农业产业特色、地域文化特色、传统技艺特色和人民生活习俗特色，在村庄道路景观的美化设计上以地域的特色果树、蔬菜和花卉作为景观绿化植被，并形成生态景观廊道供居民日常话家常；在居民庭院绿化美化的同时要结合庭院经济进行打造，形成葡萄小院、丝瓜小院、盆景小院、农耕小院等特色化的主题院落；在村庄景观打造上要将五谷杂粮的果实作为重要的景观设计来源，各种棒子、大蒜、辣椒、柿子、红枣等农作物串成的辫子是重要的景观设计元素；在文化生活设计上要挖掘整理地域的传统戏曲、舞蹈、民俗技艺等并进行发展。

主要赢利点：特色餐饮、民俗体验、民宿接待等。

发展愿景：美丽乡村的建设落脚点还是在乡村，如何真正地将乡村特色挖掘打造出来是旅游导向的美丽乡村建设的重点，期待在未来的中国大地上美丽乡村的发展真正实现一村一品。

十、田园养生十度假模式＝乡村养生度假小镇

产业依托：田园风光和具有疗养保健价值农业产业发展区域。

规模要求：根据规模大小进行相应的特色设计，可以打造精品度假庄园还可以打造田园疗养度假小镇亦可以打造田园养生国际漫城。

项目定位：庄园人生·掀起都市居民的生活革命。

客群市场：田园度假客群市场。

创意内容：依托各种特色化农业种植产业的地区，如葡萄、中草药、蓝莓等具备养生价值的农业资源，挖掘其养生保健疗养作用，挖掘地域内的美食、文化、特色运动娱乐等方式，打造以特色度假生活为主的综合体项目。

目前比较突出的主题度假庄园有葡萄酒庄、中药养生庄园、蓝莓庄园、温泉庄园、享老庄园、香草庄园、企业农庄和艺术庄园等等。度假庄园可以结合现有的特色农村进行整体改造升级，同时也可以通过特色化的建筑景观设计来实现。

主要赢利点：度假地产、特色餐饮、休闲娱乐、产业加工等。

发展愿景：庄园将成为未来都市人逃离城市生活的首选目的地，未来度假庄园将可以成为引领乡村旅游升级发展的重要拳头产品。

第五节 农旅特色小镇经典案例——白坪飞龙

休闲旅游农业是以农业资源、田园景观、农业生产、农耕文化、农业设施、农业科技、农业生态、农家生活和农村风情风貌为资源条件，为城市游客提供观光、休闲、体验、教育、娱乐等多种服务，可吸引游客前来观、赏、习、品、考、书、画、摄、购的现代农业形态，是旅游业与农业之间交叉性的

新兴产业。

从农村产业层面来看，休闲农业是农业和旅游业相结合、第一产业（农业）和第三产业（旅游及服务业）相结合的新型产业，也是具有生产、生活、生态“三生”一体多功能的现代农业。

武胜县是一个以农业为基础的地区，具有发展休闲农业旅游产业的优越条件：

①武胜农业自然环境优美，水稻、蚕桑、甜橙、渔业等，景观类型多样。

②武胜农业资源丰富，农业类型多样，丘陵地区特色显著。

③武胜农业历史悠久，农耕文化丰富，武胜有1 500多年历史，人文资源非常丰富。

④武胜农村民俗风情多彩。武胜是一个多民族聚居地，是嘉陵江流域第二大回民聚居地，此外还有白族、苗族、土家族、藏族等20多个民族，具有多民族风情。

⑤随着城市化和经济的发展，城里人到农村观光休闲的人会越来越多，休闲旅游的市场需求大。武胜位于成渝经济圈的重要节点上，是未来承接城市旅游的重要市场。因此，展望未来，武胜发展休闲农业的前景十分广阔。

以乡村农业旅游为核心，以304国道、广遂高速（在建）及高洞河为主线进行景区景点的划分和布局，并形成三大景观区和一个沿河景观带。

休闲农业园：利用农业优美环境、田园景观、农业生产、农耕文化、农家生活等，为游客提供欣赏田园风光、农业观光园、自摘果园、农俗园、农果品尝中心、休闲度假等，参与体验生态及文化等活动，享受田园乐趣。

养生农业园：将中国养生文化与农业及食物安全、营养、食疗及养生等相融合，形成的一种新型的、具有循环力的、可持续发展的健康态的农业。筑造自然和人文相结合的田园风光式的美丽景区，为游客提供以养生健康为主题的吃、住、行、游、购、娱及参与体验、交流会议等各种活动的场所和服务。

创意农业园：以现代农业生产技术和产品为主，发展设施农业、生态农业、水耕栽培、农技博物馆、土地分租等项目，为游客提供观光、休闲、学习、体验、娱乐等活动。

沿河景观带：以整治和保护高洞河生态环境为指导思想，建立白鹭生态湿地公园，并开拓参与性更强的体验活动，为游客提供生态湿地观光、户外拓展体验等活动。

主要形成三个横向发展板块，每一个板块都设置一个核心主题，并且三大板块相互之间形成资源互补、优势互补，逐渐形成乡村农业旅游产业优质品牌。

北部板块是以“智慧型农业”为核心理念的创意农业基地；中部板块侧重于以乡村休闲度假为核心主题，着重于创造具有浓郁乡村特色的旅游项目；南部板块强调养生农业的衍生概念，重点发展乡村养生农业。

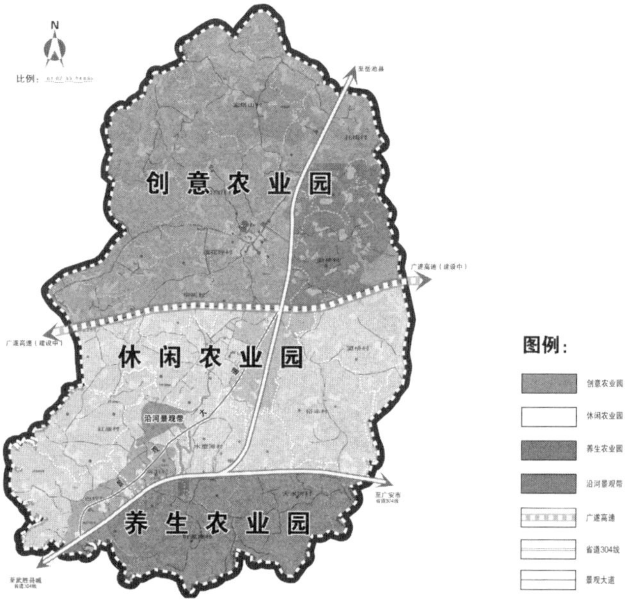

武胜白坪飞龙旅游区项目布局

（一）休闲农业园布局

以旅游综合接待中心和南旅游接待中心为节点，以广遂高速（建设中）和省道 304 为纽带，进行景点的布局与规划设计。该板块主要建设甜橙博览园、温泉度假村、花卉博览园、人民公社、百果园、休闲农家苑、农耕博物馆等旅游园区。

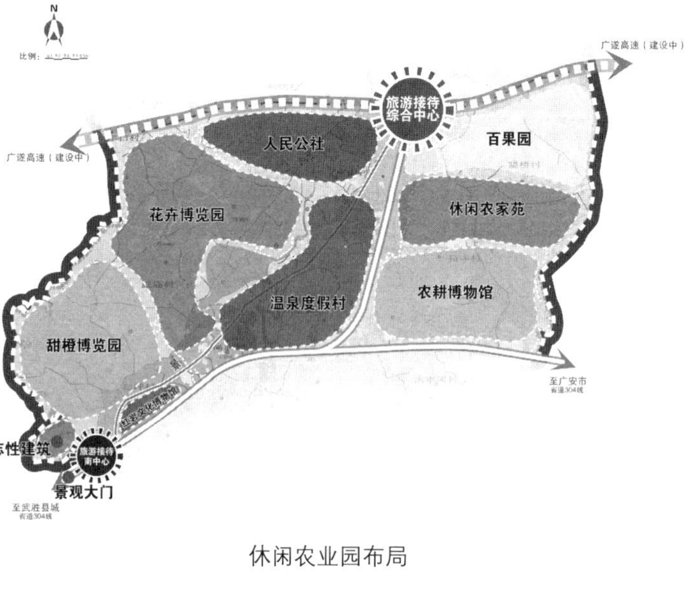

休闲农业园布局

同时，修建景观大门和整个园区的一个标志性旅游景观建筑——中国第一橙。

（二）高洞河景观带布局

以高洞河为主轴，沿河两岸进行景点的布局，规划建设蚕桑丝绸园、白鹭湿地生态园和自行车野外拓展园及卡丁车体验园等主要景点或园区。

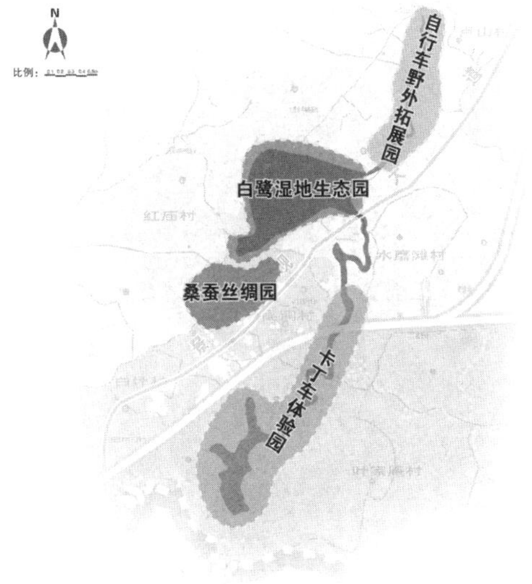

高洞河景观带布局

（三）养生农业园布局

以省道 304 为交通纽带，以九龙湖为中心进行景区的布局，分别建设九龙水上乐园、九龙大酒店、养生馆、养生别墅、养生农家院等旅游园区。

养生农业园布局

(四) 创意农业园布局

以北旅游接待中心为核心，向广遂高速（建设中）方向辐射，分别建设开心农场、航天果蔬园、盆景农业园、创意果蔬园、现代农业博览园、70 后与 80 后主题公园、荷塘月色、野猪园、鳄鱼园和百兽园等旅游园区。

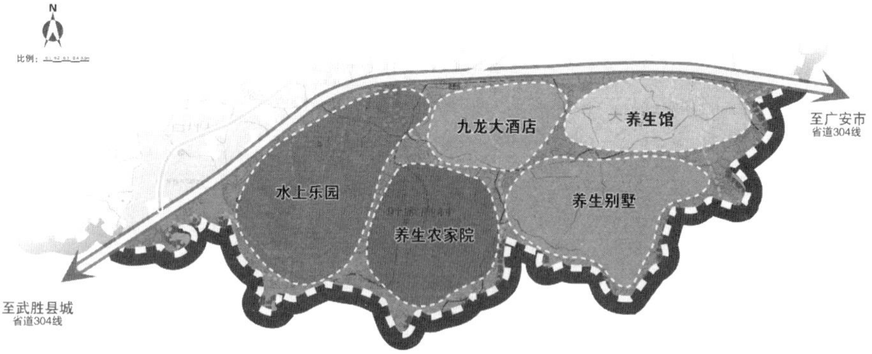

创意农业园布局

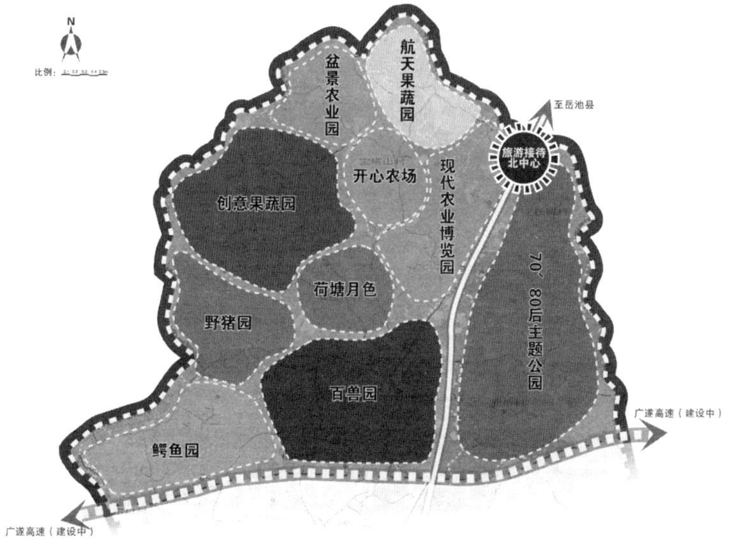

创意农业园布局

第二十一章　田长制及山长制

河长制在我国河湖保护中取得了积极成效，借鉴“河长制”的成功模式，我国各地相继实践推行出了“田长制、山长制、街长制”等，目的是未来逐步形成“山有山长，河有河长，田有田长，街有街长”的精细化、模块化发展与管理格局。我们的“田长制、山长制、街长制”推出以后，也碰到了全国个别城市的局部试点探索，正可谓异曲同工，不约而同。本章将对照“河长制”，重点分析“田长制”及“山长制”的模式。

第一节　河长制的实践经验

一、河长制的施行背景

随着经济社会快速发展，中国河湖管理保护出现了一些新问题，如河道干涸、湖泊萎缩、水环境状况恶化、河湖功能退化等，对保障水安全带来严峻挑战。我国急需推进河湖系统保护和水生态环境整体改善，保障河湖功能永续利用，维护河湖健康生命。

（一）河湖生态环境问题突出

根据2011—2013年中国第一次水利普查成果，流域面积在50千米^{2}以上的河流共45 203条，总长度达150.85万千米。常年水面面积1千米^{2}及以上的天然湖泊2 865个，湖泊水面总面积7.80万千米^2。其中，淡水湖1 594个，咸水湖945个，盐湖166个，其他160个。

由于我国地理条件特殊，水系复杂，随着经济社会快速发展，河湖管理保护新老问题交织，主题体现在以下几个方面：

（1）河湖水域面积微缩。

（2）河湖岸线乱占滥用。

（3）河湖水体质量恶化。

（4）河湖生态环境退化。

（二）新发展理念引领绿色发展

党的十八大报告，提出了经济、政治、文化、社会和生态文明“五位一体”

的战略布局，以及“创新、协调、绿色、开放、共享”的发展理念。另外，习近平总书记提出“绿水青山就是金山银山”，保护生态环境就是保护生产力，改善生态环境就是发展生产力。可见，绿色发展的理念将贯穿我国未来发展战略。

（三）地方实践探索行之有效

继江苏无锡“太湖治水”取得显著效果后，我国浙江、天津、江西等地陆续开展了各种河长制的探索实践工作，取得了积极成果。

正是基于以上我国河湖问题现状，中共中央办公厅、国务院办公厅印发了《关于全面推行河长制的意见》，并发出通知，要求各地区各部门结合实际认真贯彻落实。

二、河长制释义

河长制，即由中国各级党政主要负责人担任河长，负责组织领导相应河湖的管理和保护工作。全面推行河长制，是以保护水资源、防治水污染、改善水环境、修复水生态为主要任务，全面建立省、市、县、乡四级河长体系，构建责任明确、协调有序、监管严格、保护有力的河湖管理保护机制，为维护河湖健康生命、实现河湖功能永续利用提供制度保障。

河长制

三、河长制的探索实践经验

（一）浙江长兴县是河长制发源地

浙江省长兴县地处太湖之滨，境内河网密布，水系发达，水域总面积88.8千米^2。为了深入开展水环境整治，2003年10月8日，长兴县下发了任命水利、环卫处负责人为城区河道河长的正式文字。这是河长制的发源。

2008年，浙江省在长兴县等地率先开展河长制试点。2013年，长兴县委、县政府着手建立县、乡、村、组四级河长管理模式，共落实各级河长547人，宣传、巡查、监督、曝光一样不能少。由县领导担任县内16条主要河道河长，由乡镇领导担任辖区主要河道或跨村河道河长，由村干部担任行政村内河道河长，由承包组组长担任承包组内河道河长，形成“横向到边，纵向到底”的河长制管理体系。2014—2017 年，长兴县财政累计投入 75 亿元用于河道治理和水环境改善。据了解，长兴县河道总长 1 659 千米，已全部纳入河长制管理。

截至 2016 年年底，长兴县已全面清除了垃圾河、黑臭河。为有效巩固并提升整治成果，从 2017 年 7 月以来，长兴县将水环境治理重心从“集中整治”向“长效管理”转变，从“重点整治”向“深化提升”转变，按照“水清、岸绿、景美、生态”标准，打造了西大河、古城公园内河、刘家渡河等 422 个乡村优质水体精品示范点。

2018 年 6 月 7 日，长兴县河长制展示馆正式开馆，这标志着全国第一个以河长制为主题的展示馆正式成立。

浙江长兴县河长制主题展示馆

（二）浙江省建立河长制，开展“五水共治”

浙江是江南水乡，因水而名、因水而生、因水而美、因水而强。然而，随着工业化、城镇化进程加快，经济社会发展与水资源环境的矛盾日益凸显。治好浙江的水，是浙江人民迫切的期盼，是浙江人民共同的梦想。水环境污染，表象在水中，源头在岸上，在依赖资源环境消耗的粗放发展模式上。

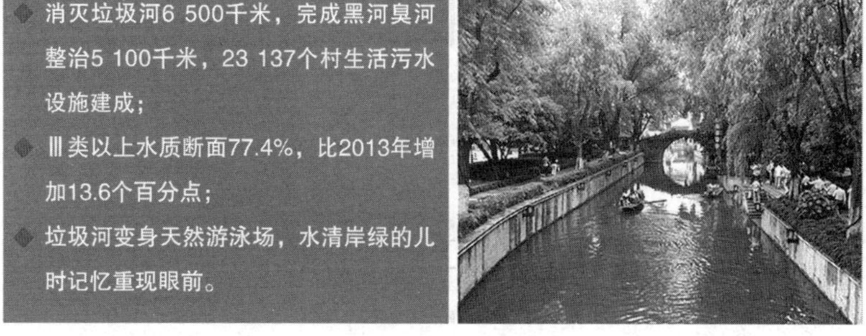

浙江省“五水共治”

2013年年底，浙江省委正式作出“五水共治”的决策部署，全面启动了治水攻坚战，并出台了《关于全面实施“河长制”，进一步加强水环境治理工作的意见》，要求实现省、市、县、镇（乡）四级河道河长制全覆盖。如下图所示，经过多年的努力，浙江治水成果显著。

四、河长制的实践意义与收获

河长制是以各级党政主要领导（有的地方包括党政副职，人大、政协领导）担任辖区某条河流河长，履行治理与保护责任的一种行政管理形式。一般一条河流根据面积设一级、二级、三级河长，由高到低相对应党委政府级别，河长下面设有若干段长，由流经地的县、乡镇或村居委会负责人担任，形成河流治理与保护的责任链条。河长只单项对所担任的河流环境治理与保护负责，段长对本河流的河长负责。河（段）长都在地方党委政府的统一领导下按照河长制统一部署开展工作，履行责任，同时接受党委政府组织的检查、督查、调度、考核、奖惩和问责等，推动着辖区河流环境综合管理及水质改善工作。其实践意义与收获表现在以下几个方面：

（一）找到了打开水环境治理困局的金钥匙

近年来，我国河流环境治理与保护多策齐下，力度不断加大，成效显著。但与预期目标仍有一定差距，污染状况不容乐观，“九龙治水难治水”的困局并未打破，“环保不下河，水务不上岸”，职责交叉、责任不明、监管不到位、工作不务实、执法缺力度，河流环境防治几乎成了一道“无解题”。河长制的实施，找到了打开困局的一把“金钥匙”。由地方党政主要领导担任河长，河长再将任务责任层层分解到河段长，主要领导站到了河流防治责任的最前端，责任很明确，推责无弹性，追责无人替，履责变刚性，工作由虚变实。同时，各级“一把手”当河长，增强了领导的统筹协调能力和责任担当，变“九龙治水”为“河长治水”，工作不扯皮、不推诿、不敷衍，效力高，流域宏观、系统防治能力大大提高。

（二）增强了地方党政领导治水履责的自我约束力

各级党政“一把手”担当河长，是对新《环境保护法》要求的“地方各级人民政府应当对本行政区域的环境质量负责”在水环境治理与保护方面领导责任的具体化，河长制如同一双无形巨手，让党政负责同志无法逃避责任，又似一条无形巨鞭，迫使河长们自我鞭策，积极履责。

（三）形成了河长制工作制度体系

总结各地河长制形成的工作制度体系，包括以下三点：一是行政行为制度体系，包括河长制目标任务及责任制、区域联席会议、河（段）长责任清单、巡河督查及调度、河（段）长日志、河长保证金、河长考核及奖惩、责任追究等；二是政策性制度体系，包括财政转移支付及投入、生态补偿、产业转移及结构调整、环保产业扶持、畜禽规模养殖区划定等；三是法制性制度体系，包括法制宣传教育、执法检查、联防联治联控、触红线处罚等。这些制度为河长制工作顺利推进提供了有力保障。

（四）调动了公众参与河流环境防治的积极性

河长制不仅让辖区乡（镇）、村、居委会干部加入到管理队伍，各地还利用印发《河长制宣传手册》、河长标志牌公布河长手机号码、环保 12 369 热线、手机随手拍、举报有奖等形式，让广大群众参与进来。有的地方还吸收环保志愿者、群众代表等参与巡河督查等活动，与企业、第三方服务组织和社会力量汇聚成了一道河流环境防治的强大推力。

（五）践行了河流流域环境治理的新路径

河湖污染具有流域性、综合性特点，须全流域联防、联控、联治，综合施策方具效果，否则就难有全局性、持久性功效。这既是国外河流治理的成功经验，又是近年来各地河长制实践的最大收获。河长制就是通过制度设计的撬动，实现了困局突破、履责约束、机制构建、公众参与的质的变化，实质性提升河流流域环境治理的综合决策、系统规划、流域联动、具体实施的科学性、可操作性和实效性，起到了牵牛鼻子的效果。如江苏省太湖治理，在未实行河长制之前，尽管工作、投入、政策措施各方面力度都很大，但效果并不理想，污染反弹得很快，蓝藻暴发不断，成了地方一大“心病”。全面推行河长制以来，情况发生了质的变化，太湖水质得到了很大改善。实施“河长制”，实现了流域性联防、联控、联治大格局，走出了一条河流治理、资源保护、生态修复的新路径。

第二节　田长制的实践经验

一、我国耕地情况现状

我国土地资源的现状，从自然因素讲也就是土地的基本国情，可概括为“一多三少”，即土地总量多，人均土地少、高质量的土地少、土地后备资源少。

（一）人均土地少，分布不均衡

我国国土面积 960 万千米^2，居世界第三位，可以说是幅员辽阔。但由于可利用土地少，加上人口众多，我国土地资源相对贫乏，特别是作为农业生产基础的土地更为紧缺。根据全国土地详查汇总数据，我国土地面积 18.27 亿亩，人均土地只有 1.4 亩，不及世界平均水平一半，仅相当世界人均土地 3.75 亩的 37%。

（二）土地质量差，退化严重

全国 66%的土地分布在山地、丘陵和高原地区，只有 34%的土地分布在平原、盆地。土地总体质量不高，与发达国家或农业发达国家相比，粮食单产相差150～200千克。全国还有9 100万亩土地坡度在25°以上，长期耕作不利于水土保持，需逐步退耕。

（三）土地后备资源严重不足，土地利用率低

我国拥有宜耕荒地资源2.04亿亩，按照60%的垦殖率计，可开垦土地1.22亿亩。但由于生态保护的要求，土地后备资源开发受到严格限制，今后通过后备资源开发补充土地已十分有限。

以上我国耕地的严峻现实情况，要求我国需要对耕地保护格外重视，并积极寻求新的管理措施，效仿河长制，推出针对农田保护开发的田长制，受到格外关注。

二、田长制释义

田长制是山东省创新基层耕地保护管理机制，探索建立区域管理田长制的实践。每个行政村配备一名总田长，每个或多个图斑圈定的农田配备一名田长，通过镇街任命与群众推选相结合的方式产生，实现块块农田有田长，保护责任全覆盖，充分调动村民自主管理保护耕地的积极性。

三、田长制的探索与实践

基于我国农田土地保护的紧迫性，推动农田网格化管理，我国多地分别开展田长制的探索与实践。

（一）山东探索推行田长制

山东在永久基本农田划定工作中，对耕地保护管理机制进行了基层创新，推行了区域管理的田长制。

1. 山东省农用地现状

山东省国土资源厅数据显示，2016年全省农用地面积17 271.44万亩，占土地总面积的72.91%，其中耕地11 410.43万亩，永久基本农田9 587万亩，基本农田保护率84.02%。

2. 田长制具体措施

推行在每个行政村配备一名总田长，一个或多个地块配备一名田长，通过镇（街）任命与群众推选相结合的方式产生，实现块块农田有田长，保护责任全覆盖。在落实各级耕地保护主体责任的同时，各级田长担负区域范围内的永久基本农田保护责任，体现了山东耕地保护工作的特色。

为了严守耕地保护红线，山东还落实了耕地保护共同责任机制，将耕地保有量、基本农田保护任务逐级落实到农户和地块，并将耕地保有量、基本农田保护任务纳入市、县经济社会发展综合考核体系，每年由山东省国土资源厅会同有关单位对耕地保护责任目标进行考核。

（二）杭州余杭区实行基本农田保护田长制

为实行基本农田保护，余杭区国土分局发文《关于实行基本农田保护“田长制”进一步落实耕地保护责任的通知》，依托社会治理大联动工作机制，利用全区现有网格划分及网格力量，实行基本农田保护田长制，将耕地和基本农田保护任务落实到责任人、责任地块和责任网格，实现耕地保护责任全覆盖。

1. 田长制体系打造

田长制实施范围主要为有基本农田保护任务的镇（街）、村（社）和网格，镇（街）党（工）委书记、镇长（主任）为本镇（街）的总田长，村（社）书记为本行政村（社）的总田长，网格内承担基本农田保护任务的网格长为网格田长。据统计，全区共有镇街田长40名，村社田长231名，网格田长961名。按照永久基本农田划区定界工作部署要求，承担基本农田保护任务的网格田长签订基本农田保护任务责任书，主要职责为巡查、发现、制止、报告和基层耕地保护宣传。

2. 田长制具体措施

（1）实施“一田一牌”。结合永久基本农田划区定界工作，在永久基本农田示范区内设立统一的保护标志牌，标志牌上注明保护面积、责任单位、责任村组、田长姓名、举报电话和所在村（社区）永久基本农田分布示意图等内容。

（2）开展“定岗巡查”。田长会同网格长、网格参与员、网络协管员定岗巡查“网格”范围内的基本农田保护责任田，每周至少一次。重点巡查内容包括：在基本农田保护区内有无建窑、建厂、建房、建坟、采石、采矿、取土、堆放固体废弃物以及排放、倾倒污染物或者其他破坏基本农田的活动；基本农田保护区的保护标志有无被破坏或者擅自改变等。在巡查中发现有破坏行为的应及时制止；未能制止的，按照社会治理大联动工作机制，向网格指导员和上一级田长报告，确保及时发现、及时制止。

（3）纳入“个人考核”。由国土分局结合部门巡查、卫星遥感检查和信访举报等，对田长责任落实情况和违法用地发生情况在区级媒体上进行季度通报。每年评选保护责任落实到位的田长，推荐作为国土资源管理工作先进个人，对责任落实不力的，在通报批评的同时，向大联动推进办和镇（街）、村（社）建议与个人年度考核挂钩。

（4）挂钩“耕地补偿”。在年度耕地保护补偿资金分配过程中，将田长责任落实情况和考核情况作为主要依据。由于田长责任落实不到位、导致破坏基本农田行为发生的，视情扣减相应比例的补偿资金直至全部扣减。

四、田长制的发展与创新

田长制的初衷是保护农田、耕地，但在保护的同时也需要每个田长有所作为，进一步优化、放大农田的价值，使之产生更大的效益，这才是田长制的最终目标。做纯农业是很难赚钱的，需要长期持续投入，且产出有限。无论是本地农业旅游，还是国内高端农业观光项目，抑或是国家农业示范基地，只做纯农业项目，都没有带来较好的经济效益，连经营都举步维艰。因此，如何在农业的基础上衍生出更多的产品构架，进而带来经济效益，是田长们亟待解决的问题。

（一）田长制与农业旅游

对于农业、农田而言，应该是在保护的基础上，通过农业来做旅游，通过旅游来炒热地块、做活项目，最终达到扩大盈利的目标，帮助农民增收、保证企业盈利、树立政府形象、促进区域发展。

1. 农田上的休闲农业

休闲农业产业已成为农业和农村经济发展的亮点之一，把农村的生产、生活资料转换成具有观光、体验、休闲价值的旅游产品，并且一定区域内要差异化发展。具体分为民俗旅游、观光采摘、垂钓、森林度假、科技示范和综合型六种类型。

（1）民俗旅游型：利用当地民俗、民情和土特产品，为游客提供产品和服务。

（2）观光采摘型：以果、蔬采摘为主。园区经营者通过设施、露地栽培调节成熟期，延长采摘时间，满足游客的需求。

（3）垂钓型：为游客提供享受垂钓乐趣的独特空间。

（4）森林度假型：以天然的森林浴场为基础，为游客提供森林度假服务。

（5）科技示范型：通过高科技产品的示范、宣传和展示，满足游客科普教育的需求。

（6）综合型：园区设有多种休闲观光项目，集休闲、采摘、游玩、餐饮、住宿、培训等多功能于一体。

2. 农田上的创意农业

创意农业以充分开发具有旅游价值的农业资源和农产品为前提，把农业生产、科技应用、艺术加工和游客参与融为一体，利用田园风光、生态资源和自然环境，结合农、林、牧、副、渔生产与经营，满足人们旅游、娱乐、休养身心的需要。

发展创意农业是产业升级、价值增值、居民增收的有效途径，文化创意产业、观光休闲农业和旅游业如同三位一体相互嵌套的圆环滚动发展。

（二）田长制与田园综合体

农田是乡村旅游开发的基础，田长与乡村旅游开发息息相关，田园综合体是乡村旅游开发的一种模式，可以田长制有机结合。

1. 田园综合体的概念

田园综合体是依托农田、乡村，所打造的集生态农业、休闲旅游、田园居住等复合功能于一体的综合体，无锡阳山田园东方项目对此进行了比较成功的探索和实践。

2. 田园综合体的实践

无锡阳山田园东方项目位于“中国水蜜桃之乡”无锡市惠山区阳山镇，由东方园林产业集团投资50亿元建设，是国内首个田园综合体项目。项目规划总面积约为 6 246 亩，于 2013 年 4 月初启动，计划于 5 年内全面完成。田园东方以“美丽乡村”的大环境营造为背景，以“田园生活”为目标核心，将田园东方与阳山的发展融为一体，贯穿生态与环保的理念。项目包含现代农业、休闲文旅、田园社区三大板块，主要规划有乡村旅游主力项目集群、田园主题乐园、健康养生建筑群、农业产业项目集群、田园社区项目集群等。

田园东方的农业板块共规划四园（水蜜桃生产示范园、果品设施栽培示范园、有机农场示范园、蔬果水产种养示范园）、三区（休闲农业观光示范区、果品加工 物流园区、苗木育苗区）、一中心（综合管理服务中心），并导入当代农业产业链上的特色、优势资源，在阳山镇既有农业资源上进行深化和优化双重提升，开拓阳山镇农业发展的新方向，展现阳山镇新面貌。

（三）田长制引领农业再发展与“区块链”

国务院“互联网＋”战略把“互联网＋”现代农业作为 11 大重点任务之一，农业部等 8 部门联合印发了《“互联网＋”现代农业三年行动实施方案》（以下简称《方案》）。《方案》提出，通过实施农业物联网示范、农业电子商务试点、农业大数据试点、信息进村入户等工程，积极推动信息技术与传统农业融合，通过统筹线上线下农业来推进农业现代化。2016 年，区块链技术进入大家的视野，它将是继大型机、个人电脑、互联网、移动社交之后的第五次颠覆性的新计算范式。

1. 农业大数据＋区块链

从传统数据库的三大成就，关系模型、事务处理、查询优化，到互联网盛行以后的 NOSql 数据库崛起，数据库技术在不停地发展、变化。随着信息进村入户工程的进一步推进，政务信息化的进一步深入，农业大数据采集体系的建立，如何以规模化的方式来解决数据的真实性和有效性，将是全社会面临的一个亟待解决的问题。而以区块链为代表的这些技术，对数据真实有效、不可伪造、无法篡改的这些要求，相对于现在的数据库来讲，肯定是一个新的起点和要求。

2. 农业质量安全追溯+区块链

农业产业化过程中，生产地和消费地距离拉远，消费者对生产者使用的农药、化肥以及运输、加工过程中使用的添加剂等信息根本无从了解，消费者对生产的信任度降低。基于区块链技术的农产品追溯系统，所有的数据一旦记录到区块链账本上将不能被改动，依靠不对称加密和数学算法的先进科技从根本上消除了人为因素，使得信息更加透明。

3. 农业物联网+区块链

目前制约农业物联网大面积推广的主要因素就是应用成本和维护成本高、性能差。而且物联网是中心化管理，随着物联网设备的暴增，数据中心的基础设施投入与维护成本难以估量。物联网和区块链的结合将使这些设备实现自我管理和维护，这就省去了以云端控制为中心的高昂的维护费用，降低互联网设备的后期维护成本，有助于提升农业物联网的智能化和规模化水平。

4. 供应链+区块链

产品从生产到销售，从原材料到成品到最后抵达客户手里整个过程中涉及的所有环节，都属于供应链的范畴。目前，供应链可能涉及几百个加工环节，几十个不同的地点，数目如此庞大，给供应链的追踪管理带来了很大的困难。区块链技术可以在不同分类账上记录下产品在供应链过程中涉及的所有信息，包括涉及的负责企业，价格，日期，地址，质量，以及产品状态等，交易就会被永久性、去中心化地记录，这降低了时间延误、成本和人工错误。

第三节　山长制的实践经验

一、我国山林资源现状

中国辽阔的地域环境和复杂多样的立体气候，孕育了类型多样的森林资源。全国第 7 次森林资源普查显示，目前，中国森林面积 1.95 亿公顷，森林覆盖率达 20.35%，森林蓄积量 137.21 亿米^3，活林木总积量 149.13 亿立方米。从经济效益看，经济林产量达 7 000 多万吨，产值达 5 860 亿元。林业产业已经成为农村支柱产业和促进农民增收主要途径之一。据统计，我国林业发展可解决 4 500 多万农村劳动力（约占总剩余劳动力的 37.50%）的就业。我国山林资源具体有以下 3 个特点：

（一）森林资源量小质差

我国森林资源相对于辽阔的地域面积和巨大的人口数量来说，其特点是存量小、分布不均、森林质量差、结构不合理、经营管理化水平低、林木生长量少。

（二）人工林少

我国由于林业发展水平较低，人工造（育）林总体偏少。同时，技术、地理资源等因素也造成人工造（育）林少。

（三）竹资源丰富

我国竹类资源丰富，是世界竹类栽培和加工利用历史最为悠久的国家。竹林面积约占世界竹林总面积的 1/3，达 700.00 万公顷，用材竹林总蓄积量约 9 700万吨。

二、山长制释义

山长制就是“山头、地块”的资源保护责任主体的下延。在以往的森林资源管理工作中，责任主体仅仅到村、社区一级，而随着山长制的出台，森林资源管理的目标责任主体将进一步下延到组一级。

三、山长制的探索与实践

随着我国对生态环保的重视，各地纷纷对山林资源提出了各种保护举措，其中山长制的推行为山林资源保护和开发提供了一条有效的实践路径。

（一）都江堰践行山长制

都江堰是长江中上游的重要生态屏障，也是成都市饮用水源的重要涵养地，保护好山林资源是成都市委、市政府“西控”战略下创新绿色发展的重要内容，也是深化集体林权制度改革的重要载体。为了更好地保护山林资源，都江堰市在全省县级市中率先推行山长制。

1. 打造山长制责任体系

贯彻森林资源目标责任制，建立市、乡、村、组四级山长制组织工作体系，落实森林资源保护责任主体。同时根据遗产区、风景名胜区、自然保护区、河道沟渠水库区、资源利用区的分布情况，设立重点区域包片分区市级山长制，统归总山长管理，总山长由都江堰市长兼任。

2. 大数据智能化管理

都江堰启动了智慧监管手段来辅助山长们的工作，通过 GIS RS 和遥感数据来辅助山长的工作；同时，将整合对接部门视频监测平台，进行无缝对接，实现山林资源数据化管理。

（二）福建安溪——茶山上的山长制

由于过度开垦及不科学管理，莆永高速安溪感德段两侧茶山生态遭到严重破坏，造成生态脆弱、水土流失等后果。因此，安溪县在感德试行山长制，让“秃头茶山”变绿。

1. 打造茶山山长制责任体系

2016 年，感德镇在 35 座茶山试点山长制，建立由镇长担任总山长、分管领导为副总山长、驻村领导为镇山长、各村委会主任为村山长和村组生态专职管护人员的组织管理体系。

2. 精细管理，修复茶山生态

各级山长分工明确，实行精细管理，督促抓好植树造林、水土保持以及茶园生态治理修复各项工作，打击各类破坏森林资源、茶山生态的违法行为。感德镇镇长王焘宗说，两年来，感德镇与安溪县水土办、林业局及农业局等相关部门密切配合，在莆永高速公路（感德段）两侧的茶山上实施水土流失治理工程，采取带状退茶还林、茶树留高和梯壁留草措施，实施高速两侧茶山生态修复工程。通过这一系列措施，茶山生态得到了极大改善。

四、山长制的发展与创新

山林资源具有自然生态的特殊性，如森林覆盖率、动植物数量、负离子含量、水矿资源等，山长制精细管理下的山林资源再利用和开发，需要结合这些特有资源，进行针对性提升和创新。

（一）山林种植、养殖

结合山林的特点，进行特种经济作物的种植，发展林下经济。如“林—粮”套种、“林—油”套种、“林—药”套种、“林—肥”套种等模式；也可以结合山林特点，进行猪、牛、羊、鸡、鸭、鹅以及其他家禽养殖，并不断延伸家禽养殖产业链。

（二）森林旅游

山林一般森林覆盖率较高，具有良好的生态环境，适宜旅游、休闲、度假等，因此，在山林保护前提下的山林旅游开发，是山长们思考如何提升山林效

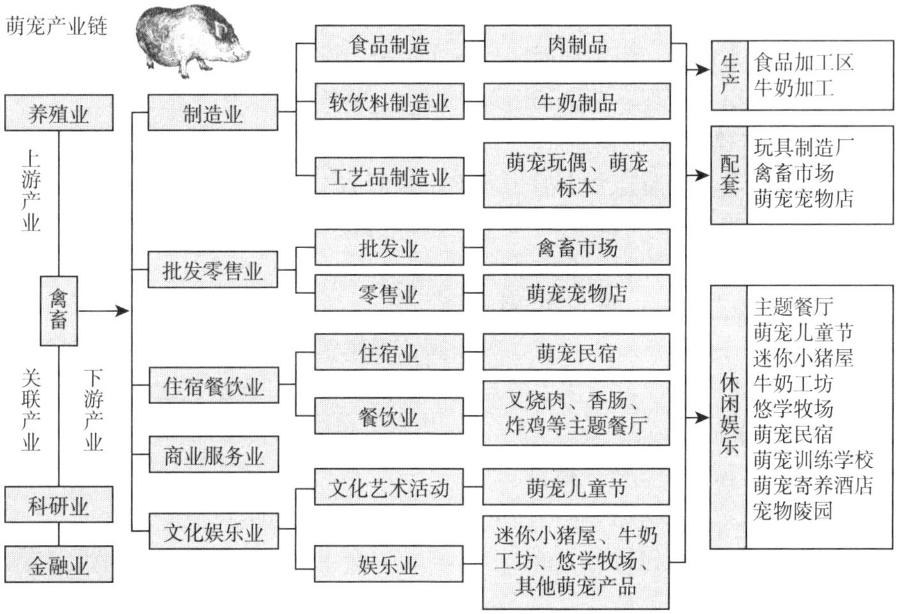

家禽养殖产业链

益的重要途径。

1. 森林主题景区

以山林资源为依托，突出自然生态特色或所承载的文化资源特色，打造特色的森林主题景区。根据资源特色与开发定位的不同，包括以下类型：

（1）自然观光型森林景区，如原始森林景区、国家森林公园等。

（2）文化主题型森林景区，如龙虎山、五台山、武当山等。

2. 森林康养旅游

森林康养是以森林资源开发为主要内容，融入旅游、休闲、医疗、度假、娱乐、运动、养生、养老等健康服务新理念，是一个多元组合，产业共融业态相生的商业综合体，是健康产业一种连锁经营新模式。

3. 度假村

从国内度假项目开发借鉴的角度来说，确定度假资源和打造度假核心吸引物是关键。森林度假项目的核心吸引物包括滑雪、温泉、顶级观光资源、康体运动基地等；也可以打造高端的私人度假村，包括居所类、分时度假类、会所类和私营类等。如沃伦·巴菲特的“快乐山谷”、萨默·雷石东的“比华利山庄”以及迈克尔·戴尔的“山顶神话”等。

（三）山林运动休闲

利用良好的自然条件和生态环境开展各种户外运动项目，无需高大雄伟的建筑，只要满足基本需求，活动项目丰富且安全，就能开发出一个适合团队建设和亲朋好友相聚的山林运动旅游区。

1. 山地训练营

山地训练营项目可以包含动力火车、担担接力、步步高、臂力通道、暗道、走钢丝、高板障、曲径通幽、合力过桥、瞭望塔、徒手攀岩、飞降踩高跷、愚公移山、时代列车、爬网、晃桥、同心圈、赛龙舟、空中抓杠、孤岛求生、盲人方阵、驿站传书、负重行军、孤胆英雄。

2. 攀岩运动

选择合理攀岩路线，利用自然岩石上凸起的支点和棱角，或安置人工支点。最重要的是项目必须安全，配备保护装置及休息的桌椅，并及时供应茶水、多功能饮料、咖啡等。

3. 露营

露营作为一种已经在全球普及的度假形式，与森林度假有着密不可分的关系。中国的露营产业发展潜力巨大，随着私家车的普及，露营人数正在大幅上升，从构成上来看，女性和中老年人群也越来越多地参与到其中。露营地主要有以下几个区域：

（1）基本服务设施区，包括餐厅、厕所、休息区、棋牌区。

（2）住宿区，提供帐篷、睡袋、手电、吊床。

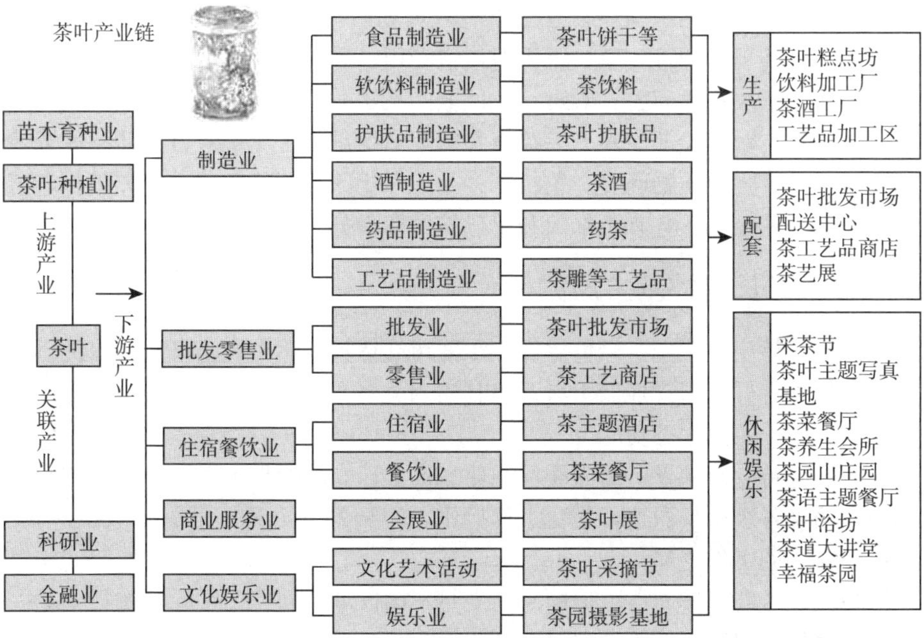

茶叶产业链延伸

③烧烤区，供应当地原材料如土鸡、土猪、蔬菜，烧烤架，调味料，饮料。

④活动区，包括羽毛球场、乒乓球场等。

(四) 山林特色产业

结合山林的种植品种，发展特色产业，如茶山的茶产业、竹山的竹产业等，可以以此为基础衍生出诸多业态。

第四节 花长制的实践经验

一、花长制的组织形式

建立花长制，这一制度可以实现部门联动，可以发挥地方党委、政府治理农田的积极性和责任心。同时，配套出台《临安区治理和保护花田工作问责办法》，对治理保护不力者实行严厉问责。实行花长完不成任务“一票否决制”。在这个机制中，花长制分为四级，临安区委、区政府主要领导分别担任农田的一级花长，有关部门的主要领导分别担任二级花长，相关乡（镇）的主要领导为三级花长，所在行政村的村干部为四级花长。区、乡（镇）两级设置花长制办公室。

二、花长制的工作职责

各级花长负责组织领导相应花田的管理和保护工作，包括花田资源保护、污染防治、环境治理等，牵头组织对侵占花田、破坏花田等突出问题依法进行整治，协调解决重大问题；对跨行政区域的花田明晰管理责任，协调关系，实行联防联控；对相关部门和下一级花长履职情况进行督导，对目标任务完成情况进行考核，强化激励问责。花长制办公室承担花长制组织实施具体工作，落实花长确定的事项。各有关部门和单位按照职责分工，协同推进各项工作。

三、花长制的基本原则

（1）坚持生态优先、绿色发展。牢固树立尊重自然、顺应自然、保护自然的理念，处理好花田管理保护与开发利用的关系，强化规划约束，促进花田休养生息、维护花田生态功能。

（2）坚持党政领导、部门联动。建立健全以党政领导负责制为核心的责任体系，明确各级田长职责，强化工作措施，协调各方力量，形成一级抓一级、层层抓落实的工作格局。

（3）坚持问题导向、因地制宜。立足不同区域不同花田实际，实行一花一策，解决好花田管理保护的突出问题。

（4）坚持强化监督、严格考核。依法治田管田，建立健全花田管理保护监督考核和责任追究制度，拓展公众参与渠道，营造全社会共同关心和保护花田的良好氛围。

四、花长制的保障措施

（1）加强组织领导。地方各级党委和政府要把推行花长制作为推进生态文明建设的重要举措。

（2）健全工作机制。建立花长会议制度、信息共享制度、工作督察制度，协调解决花田管理保护的重点难点问题，定期通报花田管理保护情况，对花长制实施情况和花长履职情况进行督察。

（3）强化考核问责。根据不同花田存在的主要问题，实行差异化绩效评价考核，将领导干部自然资源资产离任审计结果及整改情况作为考核的重要参考。

（4）加强社会监督。建立花田管理保护信息发布平台，通过主要媒体向社会公告花长名单，在花田显著位置竖立花长公示牌，标明花长职责、花田概况、管护目标、监督电话等内容，接受社会监督。

后记

本书由陈放教授、韩纪升教授负责全书的写作策划和提纲拟定，由徐梦竹、黄婷负责统稿和审稿工作。同时需要特别感谢的是邱殿武、谭伙新、喻贤明、冯白璐、李莹、张航、张利娟、张于、张士强、周曙光、蔡虎、王牧野等人员的配合和所做的相关工作。

乡村振兴建设是一个全新的课题，对于参与写作的作者而言，在查阅众多文献、档案资料，走访国内外成功案例及在建甚至规划立项的项目之外，更多的是从参与田园综合体规划建设的实践中总结心得。由于本书编写时间仓促，书中难免有错误或纰漏之处，一些观点也难免会有局限性。另外，由于本书是多人合作完成，文字风格难免不够统一，祈望能得到读者的谅解。

鉴于编者水平有限，敬请社会各界不吝批评和指正。

编　者

2019年2月20日